김옥경의 미국식 실용

Vocabulary & Sentences

김옥경

이 책은 외국에 나가지 않고도 자연스러운 생활영어를 구사할 수 있게 하는 어휘들과 실생활에 쓰이는 다양한 예문들이 갖추어져있는 대단히 유익한 책입니다. 유학, 외교, 토익, 토플, 외국회사근무, 또는 무역 등에 관심이 있다면 인내심을 가지고 체계적이고 깊이 있고 포괄적으로 꾸준히 느리게 반복하여가며 공부하는 것이 좋습니다. 영어를 잘 하려면 기본에 충실하십시오. 방법은 단순합니다. 단어, 숙어, 문법을 알아야 독해를 할 수 있고 영작을 할 수 있습니다. 회화라는 것은 상대와 말을 주고받는 것입니다. 말을 주고받기 위해서는 상대의 말을 들을 수 있어야하며 그리고 그에 따라 나의 말을 적절하게 만들어 할 수 있어야겠지요. 단어, 숙어, 문법, 영작, 듣기, 말하기는 다 연결이 되어 있으며 또한 동시에 이루어져야 합니다.

우용출판사
1997
www.choolpansa.com

Prolog

이 책은 외국에 나가지 않고도 자연스러운 생활영어를 구사할 수 있게 하는 어휘들과 실생활에 쓰이는 다양한 예문들이 갖추어져있는 대단히 유익한 책입니다. **유학, 외교, 토익, 토플, 외국회사근무,** 또는 **무역** 등에 관심이 있다면 인내심을 가지고 체계적이고 깊이 있고 포괄적으로 꾸준히 느리게 반복하여가며 공부하는 것이 좋습니다.

영어를 잘 하려면 기본에 충실하십시오. 방법은 단순합니다. 단어. 숙어. 문법을 알아야 독해를 할 수 있고 영작을 할 수 있습니다. 회화라는 것은 상대와 말을 주고받는 것입니다. 말을 주고받기 위해서는 상대의 말을 들을 수 있어야하며 그리고 그에 따라 나의 말을 적절하게 만들어 할 수 있어야 겠지요. ***단어, 숙어, 문법, 영작, 듣기, 말하기는 다 연결이 되어 있으며 또한 동시에 이루어져야 합니다***. 이 단순한 원리를 명심하여 꾸준히 연습하세요.

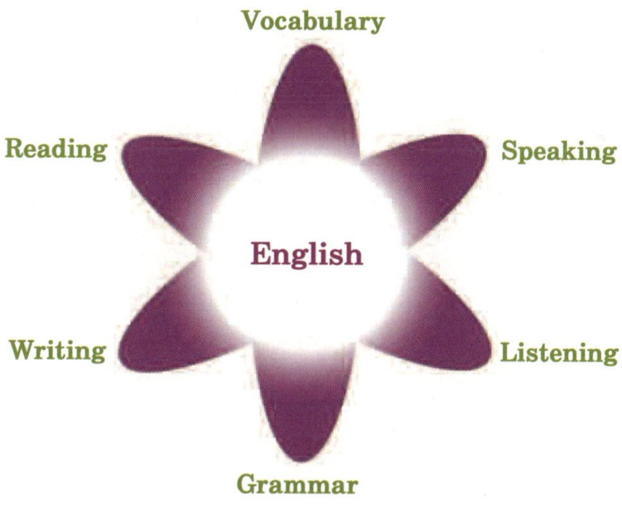

얕은 골짜기를 흐르는 물은 졸졸 소리까지 내며 그 물소리가 요란합니다. 그래서 사람들은 재미있어 합니다. 그러나 깊은 물은 소리 없이 유유히 흐를 뿐입니다. 마치 물이 흐르고 있는지 알 수조차 없을 정도이며 지루하기까지 합니다. 그러나 그 힘은 시냇물에 견줄 수 없이 막강합니다.

바로 영어를 공부하는 자세도 이와 같습니다. 초급이나 중급정도에서는 시냇물과 같고 고급으로 가는 사람은 깊은 물의 성질을 닮아 야 할 것입니다. 이 책을 옆에 두고 ***조금씩 조금씩 느리게 꾸준히 공부해 나가십시요***. 반드시 많은 도움이 될 것을 확신합니다.

김옥경

Contents

서문 1

Index 5

Vocabulary & Sentences 29

A 31
B 51
C 73
D 95
E 105
F 109
G 125
H 145
I 161
J 185
K 187
L 195
M 211
N 225
O 233
P 257
Q 281
R 283
S 299
T 353
U 385
V 389
W 391
Y 405

찾아보기 Index

※ 숫자는 번호순입니다.

ㄱ

가격을 낮추다 ▸ 647
가까이 ▸ 20
가까이 ▸ 518
가까이 하지 않다 ▸ 778
가까이 함께 ▸ 719
가끔 ▸ 228, 511
가라앉다 ▸ 264*
가려내다 ▸ 674
가장하다 ▸ 619
가정해서 ▸ 935
가져가다 ▸ 742
간격을 두다 ▸ 754
간단히 말하면 ▸ 612, 883
간절히 원하다 ▸ 957
간직하다 ▸ 302
간직하다 ▸ 385
간파하다 ▸ 680
갇히다 (폭설 속에) ▸ 744
갇히다 ▸ 144
갇히다 ▸ 616
갈라짐 ▸ 84*
감다(태엽 등) ▸ 940
감소하다 ▸ 153
감소하다 ▸ 197
감정을 자제하지 못하다 ▸ 80
감정이 복받치다 ▸ 118
갑자기 ~하기 시작하다 ▸ 82
갑자기 ▸ 8, 554
갑자기 발생하다 ▸ 83
강요하다 ▸ 312
강조하다 ▸ 694
강탈하다 ▸ 703
강행하다 (무리하게) ▸ 602
같은 상황에 ▸ 366
갚다 ▸ 575
갚으라고 요구하는 ▸ 509
개발하다 ▸ 96, 952
개업하다 ▸ 546
개이다 ▸ 128
개인적으로 ▸ 345
거론중인 ▸ 346, 558*
거스르다 ▸ 814*
거슬러 오르다 ▸ 158
거의 같은 ▸ 25
거의 준비가 된 ▸ 2

거절하다 ▸ 572, 896, 860*
거칠게 대하다 ▸ 386
걱정하는 ▸ 949
걸다 ▸ 275*
검거하다 ▸ 474
검토해보다 ▸ 677
겉만 보고 판단해서는 안 된다 ▸ 212
게다가 ▸ 36*, 313, 545
게양하다 ▸ 666
게으름 피다 ▸ 219
격려하다 ▸ 579
견디다 ▸ 301, 623*, 772, 809, 833
결과로서 ▸ 325, 367, 749
결과를 가져오다 ▸ 7, 87, 902
결과를 보다 ▸ 678
결국 ▸ 43
결정되지 않은 ▸ 359*
결정을 보다 ▸ 701, 702
결정이 되다 ▸ 294, 461
결코 아닌 ▸ 103*
결코 ~않을 ▸ 489
경멸하다 ▸ 429
경시하다 ▸ 94, 713, 850
경우에 ▸ 321*
경유하여 ▸ 102*
경의를 표하여 ▸ 336
경쟁 중 ▸ 364
경험과 능력을 갖다 ▸ 280
경험하다 ▸ 263, 576, 892
계산하다 ▸ 641
계속하다 ▸ 170, 239*, 256*, 303*, 380, 382*, 790
계속해서 ▸ 14, 19, 157*, 514
계승하다 ▸ 841
계획하다 ▸ 207, 284
계획하다 ▸ 843
고갈시키다 ▸ 127
고려될 수 없는 ▸ 558
고려하다 ▸ 632, 832, 856
고려하여 ▸ 326, 338, 346, 371, 426
고용하다 ▸ 838
고의로 ▸ 527
고장나다 ▸ 80
고장난 ▸ 555
고집하다 ▸ 594*, 790
고치다 ▸ 217
곤경 ▸ 159, 307*
곧 다가올 ▸ 20
곧추선 ▸ 514
골리다 ▸ 582*
공개적으로 ▸ 345*
공개적인 ▸ 910
공격을 받는 ▸ 907
공격하다 ▸ 695
공동으로 ▸ 324
공손히 ▸ 943
공정하게 ▸ 190
공제하다 ▸ 954*
공짜 서비스 ▸ 535
공통점 ▸ 142
과녁에서 빗나간 ▸ 937
과로하다 ▸ 97

과장된 ▸ 306
과장하다 ▸ 452, 587*
관련 있다 ▸ 864
관련하여 ▸ 347*, 357
관리하는 ▸ 545
관심을 가지다 ▸ 836
관심을 두지 않다 ▸ 689
관해서 ▸ 24, 34, 634
괜찮은 ▸ 488
괴롭히다 ▸ 242, 613
교대로 하다 ▸ 847
교도소에 ▸ 65
교도소에 보내다 ▸ 685
교제를 시작하다 ▸ 848*
구별하다 ▸ 458
구성하다 ▸ 461
구식의 ▸ 67
구식의 ▸ 872*
구체적으로 ▸ 341
군대가다 ▸ 376*
권위를 세우다 ▸ 698
권한 밖 ▸ 560
권한이 있는 ▸ 322
귀찮은 것 ▸ 562
그 당장 ▸ 540
그 점에 관해서는 ▸ 22*
그대로 ▸ 27, 880
그대로 받아들이든가 그만두든가 하다 ▸ 833*
그래서 ▸ 749
그러나 ▸ 47*
그러므로 ▸ 34
그리워하다 ▸ 957
그밖에 ▸ 934
그저 그런 ▸ 748
극과 극의 ▸ 598
극복하다 ▸ 242, 448
근거로 ▸ 542
근무 중 ▸ 500*
근본적으로 ▸ 41*, 356
근절하다 ▸ 769
글로 적다 ▸ 824
금지하다 ▸ 73
기껏해야 ▸ 51
기능성을 갖다 ▸ 770
기다리다 ▸ 275*
기대대로 ▸ 807
기대를 접다 ▸ 253
기대하다 ▸ 207, 431
기록된 ▸ 528
기복 ▸ 911
기부 ▸ 272*
기억하다 ▸ 428, 856*
기운 내다 ▸ 126
기운이 빠지다 ▸ 782*
기재하다 (숙박부 등) ▸ 125, 721*
기절하다 ▸ 570
기회를 잡다 ▸ 451, 546
기회를 주다 ▸ 546
긴장한 ▸ 513
길을 찾다 ▸ 457
까지 ▸ 32
깨우치다 ▸ 918

깨작거리다 ▸ 582
꺼지다(연료부족으로) ▸ 97
꼭 ▸ 38
꽤 많은 ▸ 626, 627
꾸려나가다 ▸ 181, 449
꾸미다 ▸ 217,461
꾸준하다 ▸ 275
꾸준히 하다 ▸ 594*
끄다 ▸ 76, 620, 716, 769, 898, 902
끊다 ▸ 275*
끌어내다 ▸ 89
끝난 ▸ 13
끝내다 ▸ 84, 131, 182, 213*, 218, 242, 281, 615, 680, 722, 940, 953
끼어들다 ▸ 82*, 154, 785

ㄴ

나가다 ▸ 260
나갈 길이 없는 처지에 자신을 두다 ▸ 98*
나누다 ▸ 252, 785*
나란히 ▸ 15, 719
나무는 보고 숲은 못 보다 ▸ 114
나오다 ▸ 247
나타나다 ▸ 712, 762
나타내지 않다 ▸ 299
낙심 ▸ 409*
낙천적이다 ▸ 427
낡고 헐은 ▸ 659*
남의 떡이 더 커 보인다 ▸ 266
낫다 ▸ 128
낭비하다 ▸ 219, 259
내 뿜다 ▸ 75
내게 좋은 생각이 있는데 ▸ 311
내놓다 ▸ 840
내려가다 ▸ 261, 784
내려놓다 ▸ 617, 691, 697
내려앉다 ▸ 377
내리다 ▸ 240, 241, 245
내밀히 ▸ 66
내보내다 ▸ 389, 398(*), 411(*)
냉담한 ▸ 773*
너무 늦지 않게 ▸ 368
널리 퍼지다 ▸ 761
넘겨주다 ▸ 569
넘치다 ▸ 663
네, 물론이죠 ▸ 103
노력하다 ▸ 675, 708
노출하다 ▸ 252*
논쟁 중 ▸ 328
농땡이 치다 ▸ 589
놓치다 ▸ 439, 471
누르다 ▸ 63
눈에 띠다 ▸ 775, 789
느끼다 ▸ 196
느리다 ▸ 195
늘이다 ▸ 798
능력 밖 ▸ 560
늦게 ▸ 67*
늦게라도 하는 것이 전혀 하지 않는 것 보다 낫다 ▸ 70

ㄷ

다 기재하다 ▸ 954*
다 떨어지다 ▸ 662
다 써버리다 ▸ 662
다 써버리다 ▸ 913
다듬다 ▸ 633, 706
다른 ▸ 598
다른 ▸ 598
다른 것 ▸ 200, 747
다른 사람도 있음 ▸ 492
다른 일 (안팎이) ▸ 475
다시 하다 ▸ 459
다음과 같은 ▸ 23
다음 기회를 의미 ▸ 628
다음 순번 ▸ 339*
단 한번 ▸ 510
단골장소 ▸ 754*
단념하다 ▸ 410
단번에 들이키다 ▸ 876
단속하다 ▸ 148
단장하다 ▸ 763
달려있는 ▸ 52
달려있디 ▸ 636
닮다 ▸ 818
닮은 ▸ 13
담당하는 ▸ 322
당면하고 있는 ▸ 909
당연한 일 ▸ 465, 494, 497
당하다 ▸ 196
대금을 지불하는 제도 ▸ 396*
대기 중 ▸ 303*
대기하다 ▸ 771
대단한 ▸ 625
대변하다 ▸ 755
대부분이 ▸ 334, 362
대비하여 ▸ 321
대성공하다 ▸ 297
대세에 편승하다 ▸ 814
대신 ▸ 308
대신 말하다 ▸ 624
대신하여 ▸ 320*, 343*
대접하다 ▸ 292
대처하다 ▸ 383
대체적으로 ▸ 100
더 건강하게(강하게) ▸ 873*
더 나빠지는 ▸ 224*
더 나은 것을 위한 ▸ 224*
더 나은 결정을 하다 ▸ 858
더 생기 있고 열광하게 만들다 ▸ 374
더 이상 ~않다 ▸ 485
더 천천히 가다 ▸ 738*
더워지다 ▸ 923
덜 집중적인 ▸ 413
덮이다(얼음으로) ▸ 225
데리고 나가다 ▸ 840
데리러오다 ▸ 106
데이트하다 ▸ 262
도망가게 하다 ▸ 672
도망가다 ▸ 658(*)
도전 중 ▸ 364
도착하다 ▸ 239, 245, 712

도처에 ▸ 13
독립하다 ▸ 774*
독립한 ▸ 522
돈을 걸다 ▸ 69*
돈을 쓰다 ▸ 399
돌다 ▸ 255
돌려주다 ▸ 249
돌려주다 ▸ 897
돌보다 ▸ 425, 822
돌아다니다 ▸ 259, 656, 848*
돌진하다 ▸ 594
돕다 ▸ 293, 771
돕다 ▸ 405, 673, 862
동시에 ▸ 8, 48*
동의하다 ▸ 257*, 339*, 723, 765
동정하다 ▸ 260, 290(*)
동행하다 ▸ 136*
동행하다 ▸ 257*, 265
되찾다(침착성을) ▸ 609
두근거리는 ▸ 586
두들겨 패다 ▸ 63*
두려움 ▸ 275*
둥글게 만들다 ▸ 650
뒤따라 잡다 ▸ 124
뒤를 쫓다 ▸ 654, 818
뒤집어 엎다 ▸ 377, 903
뒤쳐지다 ▸ 195
드러나다 ▸ 712
드러내다 ▸ 89, 92
들뜨게 하다 ▸ 813
들르다 ▸ 138*
들어가다 ▸ 743*, 785(*)
들어내 치우다 ▸ 120
들어내다 ▸ 120*, 958
들어오고 나가고 ▸ 315
들어오다(차량 등이) ▸ 607
들여오다 ▸ 90
등록하다 ▸ 376, 723(*)
등장하다 ▸ 110
딜레마 ▸ 305
따돌리다 ▸ 716
따라다니다 ▸ 815
따라서 ▸ 3*
따르는 ▸ 367, 802
때리다 ▸ 649, 800
때문에 ▸ 176, 319, 325, 326, 358, 506
때에 맞춰 ▸ 368
때우다 ▸ 573
떠나게 하다 ▸ 412, 860*
떠나다 ▸ 241, 258(*), 298, 736*, 800, 837, 921
떠나다(급히) ▸ 661
떠나다(숙박시설 등) ▸ 125*
떠맡다 ▸ 838
떠오르다 ▸ 138*, 139*
떨어져 있다 ▸ 725
떨어지다 ▸ 778
떨쳐버리다 ▸ 713
떼어내다 ▸ 824
떼어놓을 수 없는 부분 ▸ 566
또한 ▸ 36
똑같이 ▸ 25*

똑똑한 ▸ 747
똑똑한 사람 ▸ 482
뛰어난 ▸ 58*
뛰어들다 ▸ 596

ㄹ

~로써 ▸ 32

ㅁ

마련하다 ▸ 952
마모되다 ▸ 931
마무리해서 완성하다 ▸ 875
마음 깊은 곳으로부터 ▸ 41
마음대로 하다 ▸ 922
마음으로는 ▸ 41
마음을 바꾸다 ▸ 857
마음을 열다 ▸ 548
마치 ~처럼 ▸ 26
마침내 ▸ 43
막 ~하려던 참 ▸ 2, 539
막다 ▸ 301, 382, 716
만나다 ▸ 246, 468
만들다 ▸ 252, 698
만약 ▸ 321
만약 최악의 사태가 되면 ▸ 309
만족시키다 ▸ 423
많은 ▸ 16
말 그대로 ▸ 948
말다 (둘둘) ▸ 648
말다툼하다 ▸ 198
말대꾸하다 ▸ 849
말을 아끼다 ▸ 669
말하다 ▸ 254, 752, 757*
말하자면 ▸ 28
맛이 있다 ▸ 469
망가뜨리다 ▸ 649
망설임 없이 ▸ 795
망쳐지다 ▸ 199
맞다 ▸ 7
맞서다 ▸ 187, 188
맞추다 ▸ 467
맡기는 ▸ 370, 403
맡기다 ▸ 174
매달리다 ▸ 275*, 802
매듭을 짓다 ▸ 474
매수하다 ▸ 99*
매우 기쁜 ▸ 545*
매우 마르고 영양실조에 걸린 ▸ 730
매우 빠르게 ▸ 408
매우 얇은 ▸ 731
매일 ▸ 157
맹렬히 공격하다 ▸ 642
맹세하다 ▸ 811, 812
머무르다 ▸ 779, 780, 786, 793
먹어치우다 ▸ 599
먹이를 낚아채다 ▸ 604
먼 ▸ 201
멈추다 ▸ 240*, 301(*)
멈추다 ▸ 403
메모하다 ▸ 824
메스껍게 하다 ▸ 901
멤버이다 ▸ 726*

면전에서 ▸ 187
면하다 ▸ 639
명령하는 위치에 ▸ 365
명성을 얻다 ▸ 456
명심하다 ▸ 60
명예를 걸고 ▸ 520
모든 일에 대해 다 아는 것처럼 생각하거나 ▸
행동하는 사람 ▸ 394
모욕하다 ▸ 733*
모으다 ▸ 670
모험을 하다 ▸ 655, 788, 816
몰두하다 ▸ 596
몰래 타다 ▸ 794
몰아내다 ▸ 180, 225*
몸부림치다 ▸ 206*
몹시 비난하다 ▸ 849
몹시 ~해서~하다 ▸ 749*
못쓰게 되다 ▸ 930*
못지 않게 ▸ 947
몽땅 털다 ▸ 642*
무례하게 거절하다 ▸ 733 ▸
무리를 모으다 ▸ 650*
무모한 짓을 하다 ▸ 637
무사하다(사고로부터) ▸ 919
무사히 ▸ 667
무시당하다 ▸ 243
무작위로 ▸ 49
무차별 공격하다 ▸ 800
문제 삼다 ▸ 446, 826
문제를 일으키다 ▸ 137, 462
문제를 일으킬 소지가 많은 위치 ▸ 307*
문제없이 ▸ 640
문지르다 ▸ 651
~묻은 개가~묻은 개를 나무란다 ▸ 601
물러나다 ▸ 784
물러서다 ▸ 56
물려주다 ▸ 270
물리치다 ▸ 206
미리 ▸ 6, 314
미성년의 ▸ 905
미치다 ▸ 129
믿다 ▸ 145, 820
밑고하다 ▸ 897

ㅂ

바가지 씌우다 ▸ 642*
바가지 행위 ▸ 642*
바로잡다 ▸ 796(*)
바보로 만들다 ▸ 444
바쁘다 ▸ 285
바쁜 ▸ 538
반갑게 ▸ 945
반대로 ▸ 17, 532
반대하다 ▸ 688, 775
반반의 ▸ 205
반복해서 ▸ 866
반올림하다 ▸ 650*
반으로 ▸ 335
반환(반품)하다 ▸ 682
반환하다 ▸ 821
받아들이다 ▸ 188, 263, 809, 828, 830,

833
발굴해내다 ▸ 92
발단이 되다 ▸ 882
발생하다 ▸ 134, 256, 842
발송하다 ▸ 684
발표하다 ▸ 139, 693, 709
밝기를 낮추다 ▸ 896
밝기를 높이다 ▸ 896*
밝아지다 ▸ 418
밝히다 ▸ 958
밤을 새우다 ▸ 781
밤의 유흥 ▸ 479
방문을 청하다 ▸ 372
방문하다 ▸ 138, 261, 917
방법을 찾다 ▸ 233
방법이나 재원 ▸ 929
방송 중, 방송 될 ▸ 531
방송금지 ▸ 73*
방심한 ▸ 517*
방지하다 ▸ 481
방출하다 ▸ 251
방해받다 ▸ 863
방향을 바꾸다 ▸ 898
배반하다 ▸ 681*
배수하다 ▸ 661
배신하다 ▸ 165
배열하다 ▸ 399
배우다 ▸ 244
배웅하다 ▸ 679
배제하다 ▸ 652*
배포하다 ▸ 272*, 570
백짓장도 맞들면 낫다 ▸ 464
버리다 ▸ 794, 860(*)
벌어들이다 ▸ 90
벌어지다 ▸ 198
벌을 받지 않다 ▸ 234*
벌주다 ▸ 845
벗어나다 ▸ 289, 411
변죽을 울리다 ▸ 62
변호사시험 ▸ 65*
별개의 것 ▸ 747*
보관하다 ▸ 396
보내다 ▸ 684*, 895
보내다(짐 싸서) ▸ 561
~보다 낫다 ▸ 938
보답하여 ▸ 348
보람이 되는 ▸ 577*
보복하다 ▸ 235*
보상과 벌 ▸ 117
보상하다 ▸ 461
보여주다 ▸ 89
보장 없이 ▸ 27
보조해 주다 ▸ 405
보충하다 ▸ 461
보통이 아닌 ▸ 747
복사하다 ▸ 661
부결하다 ▸ 915
부과 금 ▸ 176*
부담 주다 ▸ 312
부드럽게 하다 ▸ 873
부딪치다 ▸ 58
부분적으로 ▸ 340

부수다 ▸ 84, 854
부식되다 ▸ 80
부적절한 ▸ 343*, 552
부족하다 ▸ 664
분류하다 ▸ 750
분리하다 ▸ 760
분명히 ▸ 166
분명히 하다 ▸ 128, 171, 759, 789, 845
분해하다 ▸ 819, 824
불구하고 ▸ 221, 354, 486
불규칙적으로 ▸ 498*
불균형의 ▸ 499
불러일으키다 ▸ 806
불법적인 일 ▸ 473
불변의 1 ▸ *
불복종하여 ▸ 327
불손하게 ▸ 943*
불손하게 ▸ 943*
불안(불편)하다 ▸ 310, 312, 705
불운의 ▸ 441*
불을 내다 ▸ 692
불친절한 ▸ 773*
불쾌하게 하다 ▸ 245, 562, 826, 835
불평조로 말하다 ▸ 752
비교하여 ▸ 347*
비난하다 ▸ 642
비례하는 ▸ 634
비밀적인 ▸ 130, 345, 908
비번의 ▸ 500
비용이 들다 ▸ 690
비축하다 ▸ 689, 792
비키다 ▸ 783
비판을 일으키다 ▸ 588
비평하다 ▸ 659, 819
비평하다 ▸ 659, 819, 907
빈손으로 ▸ 673*
빌려주다 ▸ 407
빛이 없다 ▸ 235*
빠져나가다 ▸ 736*
빠지다 ▸ 732
빼앗다 ▸ 703

ㅅ

사들이다 ▸ 99*
사라지다 ▸ 160, 931
사랑(풋) ▸ 611
사랑스러운 것 ▸ 18
사랑에 빠지다 ▸ 196(*), 437
사버리다 ▸ 742
사실은 ▸ 329, 330(*), 466
사실을 보다 ▸ 547
사실이 아닌 ▸ 937
사용하다 ▸ 102, 802*
사용할 수 있게 ▸ 518
사전정보를 제공하다 ▸ 868
사회계층 ▸ 920
삭제하다 ▸ 800*
살다 ▸ 421(*), 422
살아남다 (성공적으로) ▸ 638
살짝 칠하다 ▸ 884
살피다 ▸ 379, 537
삼키다 ▸ 810

상관하지마 ▸ 477
상냥하게 ▸ 943
상당한 나이 차이가 나는 사람과 결혼하다 ▸ 645
상상하다 ▸ 172, 856(*)
상속하다 ▸ 270
상쇄하다 ▸ 112
상징하다 ▸ 772
상처를 받다 ▸ 846
상태에 빠지다 ▸ 124
상황에 처하다 ▸ 596
새것의 ▸ 79
새로이 하다(지식, 기술 등을) ▸ 95
생각 속에 ▸ 521
생각나게 하다 ▸ 110(*), 151
생각나는 대로 ▸ 503
생각의 변화 ▸ 676
생각하다 ▸ 675, 677, 832*, 853, 858, 859, 903
생각할 수조차 없는 ▸ 558
생략하다 ▸ 404, 571, 732*
생산하다 ▸ 902
생존하다 ▸ 236
서두르는 ▸ 538
서류 상 ▸ 526
서명하다 ▸ 723*
서비스타임 ▸ 276
서약하다 ▸ 811
섞다 ▸ 472
선착순 ▸ 215
선출하다 ▸ 916
선택하다 ▸ 581, 583
설득하다 ▸ 88, 603, 951
설득해서 ~편으로 만들다 ▸ 939
설득해서 ~하게 하다 ▸ 851(*)
설립하다 ▸ 698
설명하다 ▸ 4, 585, 697
설명하다 ▸ 693
성 관계를 가지다 ▸ 453
성가신 ▸ 718
성공은 성공을 부른다 ▸ 490
성공적으로 완수하다 ▸ 90
성공하다 ▸ 58*, 90, 140, 938
성급하고 부주의하고 불만족스러운 일 ▸ 414
성나게 하다 ▸ 98
성숙해지다 ▸ 269
세를 주다 ▸ 635
세심하게 주의를 보았다 ▸ 880
세일의 ▸ 529
소리를 낮추다 ▸ 896
소리를 높이다 ▸ 896*
소모하다 ▸ 252
소식이 끊어지다 ▸ 440
소용없는 ▸ 484, 493
소유한 ▸ 600
소홀히 여기다 ▸ 452
소환하다 ▸ 110
속도를 늦추다 ▸ 409, 413, 738
속력을 내다 ▸ 758
속박 ▸ 863
속임수를 당하다 ▸ 196

손을 잡고 ▸ 271
손익 없이 ▸ 36
솔직하다 ▸ 291
솔직한 ▸ 910
쇠약해지다 ▸ 149
수리(수선)하다 ▸ 217
수리가 요구되는 ▸ 659
수상하다 ▸ 120
수색하다 ▸ 430
수송하다 ▸ 707
수습하다 ▸ 740
수정하다 ▸ 835
수주 또는 수개월 전에 ▸ 936*
수탈하다 ▸ 604
수표계좌 ▸ 671
수행하다 ▸ 218*
수행하다 ▸ 726*
숙소를 제공하다 ▸ 623
숙취 ▸ 274*
순서가 바뀐 ▸ 555
숨가쁜 ▸ 549
숨겨서 창피한 비밀 ▸ 728
숨김없이 말하다 ▸ 536*
숨을 돌리다 ▸ 123
쉬다 (느긋하게) ▸ 725
쉬다 ▸ 416
쉽게 ▸ 270*, 487
쉽게 눈에 띄는 ▸ 331
쉽게 만들다 ▸ 574
쉽게 배우다 ▸ 584
쉽게 얻은 것은 쉽게 잃는다 ▸ 178
쉽고 빠르게 만들다 ▸ 876
슬프게 하다 ▸ 85
슬픈 표정 ▸ 424
습관을 바꾸다 ▸ 127*
승산이 없는 ▸ 559
승인 ▸ 508
승진하다 ▸ 784*
시간을 내다 ▸ 837
시간을 다투어 ▸ 5
시간이 적당하다 ▸ 867
시계(배터리)가 죽다 ▸ 659
시구하기 387*
시기가 무르익다 ▸ 867
시대에 뒤진 ▸ 872*
시도(실험)하다 ▸ 892
시도하다 ▸ 708
시민 ▸ 476
시스템 연결된 ▸ 536*
시작 시 ▸ 360
시작하다 ▸ 237, 245, 256, 258, 387, 400, 687(*), 777(*), 801, 825, 848, 904
시중들다 ▸ 917
시행착오 ▸ 888
신경 쇠약 ▸ 149*
신경이 곤두선 ▸ 513
신뢰로써 ▸ 516
신뢰를 갖다 ▸ 811
신용하다 ▸ 145
신탁하는 ▸ 370
실망 ▸ 409*
실망시키다 ▸ 409

실수로 한 말 ▸ 737
실수하다 ▸ 737*, 890
실어가다 ▸ 277
실제의 ▸ 330*
실패하다 ▸ 182, 199, 264, 385*
실행하다 ▸ 120*
싫어하다 ▸ 283
싫증나게 하다 ▸ 898
싫증나다 ▸ 202
심다 (묘목을) ▸ 697
싸우다 ▸ 206*
싸울 자세로 들어가다 ▸ 764
쌀쌀맞은 ▸ 773*
쌓아놓다 ▸ 768
써넣다 ▸ 209
쏘아 올려서 터뜨리다 ▸ 709
쏙 빼 닮은 ▸ 13
쓰다 ▸ 954*
쓸데없는 일 ▸ 473
씻어내다 ▸ 924

ㅇ

~아는 한 ▸ 877
아무 것도 없이 ▸ 673*
아슬아슬하게 ▸ 480
아주 잘 된 ▸ 978
아주 좋지도 나쁘지도 않은 ▸ 748
아직 ▸ 37
아직까지는 좋다 ▸ 745
아첨하다 ▸ 99, 415
악의로 ▸ 943*
악화되다 ▸ 390
안내하다 ▸ 710
안에 ▸ 352
안전하게 ▸ 667
안전하고 좋은 방법 ▸ 69
안절부절 ▸ 585*
안착하다 ▸ 699
안팎을 뒤집다 ▸ 902
알려지다 ▸ 92, 211, 232, 252
알려지지 않은 경쟁자 ▸ 156
압박하다 ▸ 933
앞서는(유리한) ▸ 68
앞서서 ▸ 314
앞에 ▸ 6
앞으로 ▸ 878
앞으로 필요한 때 ▸ 630
애정 표시하다 ▸ 193
애정을 품다(계속해서) ▸ 119
액면가격 ▸ 189
야기하다 ▸ 86
야단치다 ▸ 105
야단치다 ▸ 855
약속을 지키는 사람 ▸ 463
약속하다 ▸ 606
약자를 쓰지 않고 전체를 다 쓰다 ▸ 759
약탈하다 ▸ 803
약해지고 야위어 지다 ▸ 925
양도하다 ▸ 273, 459, 724
양보하다 ▸ 250, 783
양육하다 ▸ 93
얕보다 ▸ 850

어김없이 ▸ 946
어느 특정한 임무나 장소 등에 잘 맞지 않는 사람 ▸ 766
어둡게 하다 ▸ 73
어떤 경우에도 ▸ 222
어떤 일이 있더라도 ▸ 316
어떤 활동이나 과정의 자세한 것 ▸ 349
어려운 처지에 ▸ 540
어려움을 겪다 ▸ 288
어렵게 생각함 없이 쉽게 말하다 ▸ 876
어림잡다 ▸ 727
어슬렁거리다 ▸ 274
어울리지 않는 ▸ 343*
어찌할 바를 모르다 ▸ 491
억누르다 ▸ 809*
억압하다 ▸ 300, 381
억압하다 ▸ 769
억제하다 ▸ 75*
언급하다 ▸ 93
언도하다 ▸ 270
얻다 ▸ 138, 211, 238*, 239, 241, 785(*)
엄청나게 들어오다 ▸ 646
~에 의하면 ▸ 3
여기저기 다니다 ▸ 232
여러 손을 거쳐 ▸ 226
여러 종류의 ▸ 11
여분으로 ▸ 313
여유 있게 지내다 ▸ 834
역겹게 하다 ▸ 618
역류하다 ▸ 814*
역시 ▸ 36
연결하다 ▸ 622
연관지어 ▸ 34
연구하다 ▸ 261
연기하다 ▸ 303(*), 619, 629
연락하다 ▸ 238
연령의 ▸ 496
연말에 ▸ 956
연습하다 ▸ 447
연체된 ▸ 317
열등하다고 여기다 ▸ 429
열렬히 ▸ 945
열심히 일하기 시작하다 ▸ 161
열이 있다 ▸ 657
영구적으로 ▸ 222*
영향을 미치다 ▸ 312, 590
영향을 받는 ▸ 804
옆에 ▸ 478
예금계좌 ▸ 671
예외를 만들다 ▸ 797
예정대로 ▸ 530
오(가)는 중 ▸ 543
오래 끌다 ▸ 170*
오래 전부터 ▸ 229
오래지 않아 ▸ 64
오르내림 ▸ 911
오르다 ▸ 264*, 666
오직 ~에만 골똘하다 ▸ 953
오히려 ▸ 308, 337*
올라가다 ▸ 784*
올려놓다 ▸ 619
올리다 ▸ 373, 623, 903

옷을 따뜻하게 입다 ▸ 953*
옹호하다 ▸ 771(*)
완곡히 하다 ▸ 873
완성된 ▸ 213*
완성하다 ▸ 263*, 622
완전히 박살내다 ▸ 739
왜곡된 ▸ 937
외면하다 ▸ 900
요구하다 ▸ 29, 106, 755
요약하다 ▸ 805
요점을 벗어난 ▸ 68
용기 있다 ▸ 287, 829
용기를 내서 맞서다 ▸ 776
용기를 잃다 ▸ 133
우연히 ~하다 ▸ 135, 896*, 653
우연히 ▸ 101
운 좋게 ▸ 224
운수가 나쁜 ▸ 553
움직이다 ▸ 791
원래 자리에 ▸ 343
원인이 되다 ▸ 4, 644*
원하다 ▸ 696, 957
위배되는 ▸ 555
위에 ▸ 545
위태로운 ▸ 536
위하여 ▸ 320(*)
위험에 처하다 ▸ 655
위험에 처한 ▸ 50
위험한 ▸ 339*
유감스러운 ▸ 874
유감으로 여기다 ▸ 388
유대관계를 갖거나 이해하려고 노력하다 ▸ 631
유산으로 남기다 ▸ 270
유죄로 판명되기 전에는 무죄로 믿는 것 ▸ 167
유지하다 ▸ 381*
유행이 지난 ▸ 872
유혹하다 ▸ 401
유효한 ▸ 330*
윤곽을 그리다 ▸ 729
은폐하다 ▸ 147
의견을 말하다 ▸ 757
의구심을 갖다 ▸ 109
의미하다 ▸ 233, 772
의식을 잃다 ▸ 73, 392
의심하다 ▸ 166
의심할 여지없이 ▸ 483, 516, 870
의지하다 ▸ 194, 294, 774*, 904
~의 편에 ▸ 332, 523
의회의 예산위원회 ▸ 929
~이 걸린 ▸ 50
이기다 ▸ 180, 638, 938
이끌다 ▸ 823
~이 될 ▸ 869
이득과 손실이 비기다 ▸ 81
이따금 ▸ 54, 185(*)
이륙하다 ▸ 837
이면의 ▸ 72
이상한 사람 ▸ 495*
이어졌다 끊어졌다 ▸ 498
이와 같은 속도로 ▸ 53
이용하다 ▸ 451*, 590, 817, 887

이유로 ▸ 358
이중 잣대 ▸ 165*
이해하다 ▸ 122, 208, 230*, 233, 245*, 395, 458
인기 있다 ▸ 122
인내심이 필요하다 ▸ 267
인도하다 ▸ 897
인쇄되어지고 있는 ▸ 344
인쇄되지 않는 ▸ 556
인쇄물 ▸ 272
일년 내내 하는 ▸ 955(*)
일등급의 ▸ 214
일반적으로 ▸ 334, 362
일반적인 느낌 ▸ 359
일상적인 일들 ▸ 10
일어나다 ▸ 762, 842
일어서다 ▸ 247
일원이 되다 ▸ 376
일찍 ▸ 6*
일하는 중 ▸ 55
입고 있다 ▸ 284
입다 ▸ 619
입대하다 ▸ 376*
입어보다 ▸ 891
입에서 입으로 ▸ 104
입장하다 ▸ 830
잊어버리다 ▸ 440

ㅈ

자동차 구입 시 ▸ 886
자동차를 교대로 이용하다 ▸ 115
자랑스럽게 여기다 ▸ 605(*)
자랑스럽다 ▸ 304
자랑하다 ▸ 711
자르다 ▸ 155
자발적으로 ▸ 505
자세한 것 ▸ 349
자세히 ▸ 45
자세히 쓰다 ▸ 954*
자세히 의논하다 ▸ 853
자신의 실력으로 따가다 ▸ 919*
자유롭게 되다 ▸ 234
자제하다 ▸ 299
자초하다 ▸ 29
자퇴하다 ▸ 175
작성하다 ▸ 209*, 458
잘 아는 ▸ 545
잘되다 ▸ 952
잘못 알다 ▸ 827
잘못보다 ▸ 59
잘하다 ▸ 458
잠깐 눈을 붙이다 ▸ 734
잠이 깬 ▸ 937*
잠자리에 들다 ▸ 897
잠자지 않다 ▸ 781
잠잠해지다 ▸ 77
재고정리 ▸ 131*
재고하다 ▸ 859*
재빨리 훑어보다 ▸ 663
재촉하다 ▸ 378
재확인하다 ▸ 164
잭으로 들어올리다 ▸ 373

저버리다 ▸ 665
저장하다 ▸ 792*
저축하다 ▸ 397, 616*, 670
저항하다 ▸ 757, 773
적당하게 ▸ 942
적당한 제한 안에 ▸ 339*
적어도 ▸ 44
적어두다 ▸ 691, 954
적응하다 ▸ 216
적자생존 ▸ 808
적절하게 ▸ 3*
적합하다 ▸ 216, 406
전기를 끕다 ▸ 595
전달하다 ▸ 230
전반적으로 ▸ 9
전부 ▸ 12
전부 팔다 ▸ 681*
전시하다 ▸ 711
전액 지불하다 ▸ 577
~전에 ▸ 314
전체적으로 ▸ 334
전하다 ▸ 569
전화선에 ▸ 339*
전화하다 ▸ 110
절단하다 ▸ 154*
점검(조사)위해 잠깐 들르다 ▸ 432
점검하다 ▸ 125*
점령하다 ▸ 841
접근하다 ▸ 139*, 743
정련되지 않은 ▸ 648*
정리하다 ▸ 796*
정시에 ▸ 544
정신을 바짝 차린 ▸ 525
정지(정체)시키다 ▸ 863*
정지. 정체하다 (자동차 등) ▸ 610(*), 863*
정직하게 ▸ 190
정직하고 정당한 행동 ▸ 190*
정화하다 ▸ 127*
제거하다 ▸ 154*, 240, 282, 639, 674, 704,
803 924, 932, 950
제안하다 ▸ 139*
제외하다 ▸ 146, 152, 255, 652*, 716
제자리에 ▸ 343, 616
제철이 아닌 ▸ 557
제출하다 ▸ 272, 897
제한하다 ▸ 381, 863
조건 없이 ▸ 944
조건으로 ▸ 512
조금 ▸ 361
조금 전에 ▸ 936
조금도 아닌 ▸ 408
조롱하다 ▸ 450
조립하다 ▸ 902
조만간 ▸ 515
조사하다 ▸ 125, 426, 433, 677
조심하다 ▸ 434, 517, 822*
조심하다 ▸ 927
조용히 하다 ▸ 699
조이다 ▸ 865
조정하다 ▸ 843, 952
조처를 취하다 ▸ 843
조화되다 ▸ 265, 339*

조화로운 ▸ 47*
존경하다 ▸ 436*
좋아하다 ▸ 116
좋은 증거이다 ▸ 757*
좋지 않은 ▸ 484
주거침입 ▸ 82*
주다 ▸ 248(*), 270, 273, 279*, 293
주선하다 ▸ 419
주시하다 ▸ 279
주의를 집중하다 ▸ 836
주인 역할 을 하다 ▸ 162
주장하다 ▸ 774, 790
죽다 ▸ 568
준비되어있는 ▸ 912
준비된 ▸ 536
준비운동 하다 ▸ 923
준비하거나 접근하다 ▸ 402
줄곧 ▸ 14*
줄다 ▸ 930
줄서서 ▸ 339, 419
줄이 비뚤어진 ▸ 552
줄이다 ▸ 830, 848
중단하다 ▸ 154*, 253, 260, 264*
중앙에서 벗어난 ▸ 495
중요한 ▸ 632*
중요한 순간에 ▸ 363
중지하다 ▸ 107, 131, 410, 714
중퇴자 ▸ 175*
즉석에서 ▸ 502, 540
즉시 ▸ 33, 46, 795 ▸
즐거운 시간을 갖다 ▸ 183, 278
증가하다 ▸ 264*, 784*, 837
지겨운 ▸ 718
지나가다 (눈에 안 띠게) ▸ 736
지나가다 ▸ 236, 263, 568
지나치다 ▸ 571
지내다 (사이좋게) ▸ 295
지다 ▸ 439
지도적 입장에서 ▸ 878
지배하에 있는 ▸ 804
지불기일이 된 ▸ 176*
지불하다 ▸ 337
지불해야할 ▸ 176*
지우다 ▸ 152
지원하다 ▸ 57, 422
지적하다 ▸ 585, 593
지지하여 ▸ 332
지체없이 ▸ 350, 640
지치다 ▸ 97, 392
지켜보다 ▸ 680
지키다 (규칙 등) ▸ 1
지키다 ▸ 771(*), 774*
지키지 못하다 ▸ 56*
지휘를 하는 위치에 ▸ 365
직면하다 ▸ 304*
직접 ▸ 342
진실을 말하지 않는다 ▸ 797
진실한 ▸ 291
진심으로 ▸ 227
진압하다 ▸ 617
진저리나다 ▸ 202
진전을 보다 ▸ 231, 239

진정시키다 ▸ 740
진정하다 ▸ 143(*), 834
진지하게 ▸ 329
진퇴양난 ▸ 305
진행을 더디게 하다 ▸ 690
진행하다 ▸ 256*, 257
집어 올리다 ▸ 584
집에 ▸ 42
집중하다 ▸ 237, 426
집착해서 살다 ▸ 177
짓누르다 ▸ 933
짓다 ▸ 623
징집하다 ▸ 110
짜내다 ▸ 840
짜증나게 하다 ▸ 620
짝을 짓다 ▸ 563
쪼개다 ▸ 760
쫓아내다 ▸ 389, 902
쭉 뻗다 ▸ 798
찢다 ▸ 643, 854

ㅊ

차감 계산하다 ▸ 954*
차단하다 ▸ 715
차려내다 ▸ 686, 698
차려입다 ▸ 173
차례로 하다 ▸ 847
차이를 만들다 ▸ 443
차지하다 ▸ 848
참가하다 ▸ 565, 723*, 716
참관하다 ▸ 726
참다 ▸ 61, 833
참석하다 ▸ 376*, 902
참으로 안된 ▸ 874
참을 수 없다 ▸ 283
참작하여 ▸ 338
참조하다 ▸ 904
창피하지 않은 ▸ 304
~찾다 ▸ 430, 436
찾아가다 ▸ 584
찾아내다 ▸ 245*
채널을 조정하다 ▸ 894
채우다 ▸ 209, 210, 432
책략을 쓰다 ▸ 591
책임 있는 ▸ 4*, 322, 519, 524, 871
책임지다 ▸ 4*, 823
처리하다 ▸ 426, 822
처분하다 ▸ 131*
처음부터 끝까지 ▸ 14*
처음에 ▸ 40, 360
천연그대로 ▸ 648*
천천히 하다 ▸ 738, 839
천천히 한자씩 읽다 ▸ 759
철회하다 ▸ 809*, 821
첫 번째 단계 ▸ 220
첫눈에 ▸ 40*
청구하다 ▸ 755
청산하다 ▸ 767
청소해내다 ▸ 127*
체면을 살리다 ▸ 668
체포된 ▸ 906
초감각적 느낌 ▸ 470

초대하다 ▸ 30, 286
초조하다 ▸ 180*
총계하다 ▸ 7*
최근에 ▸ 504
최상의 ▸ 224, 333
최상의 서비스의 ▸ 214
최상의 컨디션이다 ▸ 204
최선을 다하다 ▸ 448*
최선을 다해 ▸ 21
최신지식 ▸ 872*
추구되어지는 ▸ 751
추구하다 ▸ 263*
추론하다 ▸ 621
추적하다 ▸ 659, 885
축적하다 ▸ 648
축하하여 ▸ 336
출마하다 ▸ 660
출발하다 ▸ 693
출세하다 ▸ 6
출판된 ▸ 344, 556*
충동적으로 ▸ 541
충분하지 않은 ▸ 351
충분함 ▸ 184
충실하게 남다 ▸ 787
취급받다 ▸ 243
취소하다 ▸ 56*, 108, 179
측정하다 ▸ 727
치다 (자동차 등) ▸ 659, 663
치우다 ▸ 127
친구가 되다 ▸ 231
친절하게 ▸ 943
침입하다 ▸ 82

ㅋ

캐내다 ▸ 161*
컴퓨터 기록을 복사/저장하다 ▸ 57
켜다 ▸ 418, 898*

ㅌ

타다 ▸ 98, 239(*), 584
타진하다 ▸ 753
탁월하다 ▸ 775
탈출하다 ▸ 83, 234
탓으로 돌리다 ▸ 691
~탓의 ▸ 523
터지다 ▸ 76, 258
털다 ▸ 94
털어놓다 ▸ 501
토론해서 해결하다 ▸ 852
토하다 ▸ 861
통제할 수 없는 ▸ 551
투표하다 ▸ 914(*)
튀다 ▸ 789
트집잡다 ▸ 582
특히 ▸ 341, 357
틀로 찍어내다 ▸ 769
틀림없는 ▸ 71, 103
틀림없이 ▸ 103

ㅍ

파견하다 ▸ 684*
파괴하다 ▸ 80, 391, 588, 810

파산하다 ▸ 264
파업하다 ▸ 921
판결을 내리다 ▸ 652
판단하다 ▸ 621
판명되다 ▸ 902
팔아 치우다 ▸ 681
펴놓다 ▸ 761
편들다 ▸ 720*, 771
편안히 ▸ 42, 455
편입되다 ▸ 141
펼쳐놓다 ▸ 399
평가하다 ▸ 727
평결하다 ▸ 90
평균해서 ▸ 507
평소와 같이 ▸ 35
평소와는 다른 ▸ 550
평소처럼 하는 ▸ 323
폐쇄하다 ▸ 131
폐업하다 ▸ 714
포개다 ▸ 768
포기하다 ▸ 56, 253, 273
포기하지 않다 ▸ 275
포장하다 ▸ 953*
포함하다 ▸ 146*, 830
폭로하다 ▸ 78
폭발하다 ▸ 75*, 411, 694, 882
표면 상 ▸ 533
표면상의 가치 ▸ 189
표면을 닦다 ▸ 943
풀가동 중인 ▸ 333
풀다 ▸ 208, 950
풀려나다 ▸ 241
피곤한 ▸ 10*, 930*
피골상접한 ▸ 730
피는 물보다 진하다 ▸ 74
피부염이 생기다 ▸ 83
피상적인 ▸ 731
피하다 ▸ 232, 241, 384, 618, 717, 810
피할 수 없는 상황에 ▸ 881
필요 없다 ▸ 283
필요로 하다 ▸ 106
필요하다면 ▸ 321*

ㅎ

하고 싶은 기분이다 ▸ 203
~하고 있는 ▸ 912
~하기 쉬운 ▸ 804
~하기 위해 ▸ 749*
하나 걸러 ▸ 186*
하나하나(강조) ▸ 186
하는 한 ▸ 22, 31, 353
하여튼 ▸ 39, 316
~하지 않을 수 없다 ▸ 113
하찮은 대우 ▸ 133*
한 세기의 말과 다음세기 초의 중간시기 ▸ 899
한가하게 이야기를 주고받다 ▸ 386
한곳에 쏟아 붓다 ▸ 614
한번에 ▸ 47
한시도 한눈을 팔지 않다 ▸ 379
한자도 빠짐없이 ▸ 948
한정된 양의 ▸ 746*

할로윈 데이 관습 ▸ 889
~할지라도 ▸ 486
함께 나누는 ▸ 324
함께 쓰다 ▸ 168
항거하다 ▸ 644
항복하다 ▸ 250
항상 ▸ 14, 222*
해결하기 힘든 문제점 ▸ 307
해결하다 ▸ 282, 702, 952
해결해 나가다 ▸ 831
해내다 ▸ 608
해치우다 ▸ 599
행운은 반복해서 같은 장소에 오지 않는다 ▸ 417
행운을 빌다 ▸ 150
행운이다 ▸ 441
향상시키다 ▸ 96, 136, 633
향상하다 ▸ 584, 706, 884
허락하다 ▸ 412
헐다 ▸ 854
헛된 말 ▸ 420
헤어지다 ▸ 84, 567
현실적 ▸ 169
현재 ▸ 48
현재 보유하고 있는 ▸ 355
현재까지 ▸ 872
혐오하게 하다 ▸ 898
협의로 ▸ 322*
협력하다 ▸ 609*, 375
협조하다 ▸ 802
형편없는 상태가 되다 ▸ 659
형편이 좋을 때만 찾아오는 친구 ▸ 191
호랑이도 제 말하면 온다 ▸ 756
호미로 막을 것을 가래로 막다 ▸ 578
호소하다 ▸ 106*
호출대기 중 ▸ 509
혼동하다 ▸ 472
혼란을 일으키다 ▸ 588
화난 ▸ 442, 949
화내다 ▸ 75*, 296, 438, 442, 949
화장하다 ▸ 461
화풀이하다 ▸ 833*
화합하다 ▸ 458
화해하다 ▸ 461, 573
확실하게 ▸ 223
확실히 ▸ 223, 316, 870, 946
확실히 하다 ▸ 460, 483*, 510
확실히 하다 ▸ 460, 483*, 510
확인하다 ▸ 460
환심을 사려하다 ▸ 587*
활기를 되찾다 ▸ 580
활동 준비된 ▸ 525, 535
회복하다 ▸ 242, 609*, 741
회비 ▸ 176*
회상하다 ▸ 856
회전이 되는 ▸ 323
횡재를 하다 ▸ 799
효과가 있다 ▸ 951
효력발생의 ▸ 330
효력을 발생하다 ▸ 825
후퇴하다 ▸ 194*
후회하다 ▸ 388, 493

훌륭한 감각을 지니다 ▸ 279

훑어보다 ▸ 435

훔쳐서 달아나다 ▸ 919*

훔치다 ▸ 454

휘젓다 ▸ 791

휴식시간 ▸ 132

흥미 등이 생기게 하다 ▸ 898*

흥미를 개발하다 ▸ 848

흥분한 ▸ 782*, 949

희망을 갖다 ▸ 770

희생하다 ▸ 119

히트하다 ▸ 445

Vocabulary & Sentences

A

1. **Abide (by)** (*v.*) – to live up to (a promise), to fulfill (a requirement), to agree to

(약속, 협정, 결의, 규칙 등을) 지키다, 따르다.

1) Workers have promised to *abide by* the terms of the agreement they signed last week.
노동자들은 자신들이 지난 주에 서명한 협정을 준수하겠다고 약속했다.

2) Athletes must *abide by* the decision of the referee.
선수들은 심판의 결정에 따라야만 한다.

3) I will *abide by* the company's rules and regulations.
저는 회사의 규정과 규칙을 준수하겠습니다.

4) The football players played the games *abiding by* the rules.
축구선수들은 규칙을 지키면서 경기를 했다.

• Promise (v) 약속하다. • regulation (n) 규정 • regulate (v) 규정·통제, 단속하다.

** **Abiding** (*adj.*) – long-lasting, permanent, enduring 영원한, 불변의

1) She has an *abiding* love for him.
그녀는 그에 대한 불변의 사랑을 가지고 있다.

2) He has an *abiding* dream of being a soccer player.
그는 축구선수가 되겠다는 불변의 꿈을 가지고 있다.

2. **About to** (*adj.*) – ready to, close to, almost, intending

막 ~하려던 참의, 거의 준비가 된, ~할 작정인

1) He was *about to* leave the bank when the alarm went off.
경보가 울렸을 때 그는 막 은행을 떠나려던 참이었다.

2) She is *about to* open her own dry cleaning business.
그녀는 세탁사업을 시작할 준비가 거의 다 되었다.

3) I am *about to* finish my homework.
나는 숙제를 거의 끝내었다.

4) I am not *about to* do anything with him.
나는 그와 어떤 일도 하지 않으려는 참이다.

• go off (v) 발사되다. 터지다.

3. **According to** (*prep.*) – as stated or indicated by ~에 의하면, ~에 의해서

1) *According to* the weather forecast, it will rain this afternoon.
일기예보에 따르면 오늘 오후에는 비가 올 것이다.

2) Proceed *according to* the instructions.
지시에 따라서 계속 진행해라.

3) Prepare it *according to* the instructions.
지시에 따라서 그것을 준비해라.

• indicate (v) 가리키다. 지적하다. • weather forecast (n) 일기예보
• proceed (v) 진행하다.

** **Accordingly** (*adj.*) – in a proper way, therefore 적절하게, 따라서, 그러므로

1) Students should act *accordingly* in class.
학생들은 수업 중에 적절히 행동해야 한다.

2) The students completed all the course work, and *accordingly* they will receive their grades and should be able to graduate.
학생들은 모든 교육과정을 마쳤으며 그에 따라서 성적을 받고 졸업을 할 수 있을 것이다.

4. **Account for** (*v.*) – to explain, to be responsible for
설명하다, 책임 또는 원인이 되다.

1) You should *account for* failing the exam.
너는 시험에 떨어진 책임을 져야 한다.

2) The man makes his wife *account for* every penny she spends.
그 남자는 아내가 쓴 1원까지 설명하도록 만든다.

3) Traffic accidents *account for* many deaths every year.

교통사고가 매년 많은 사람들의 죽음에 책임이 있다.

• fail the exam 시험에 떨어지다.

** **Accountable** (*adj.*) – responsible, obliged to explain the reason for one's actions

책임 있는, 자신의 행동에 대해 해명할 의무가 있는

1) The Minister of Environment and the President should be held *accountable* for the destruction of the natural environment.
환경부장관과 대통령에게 자연 환경 파괴에 대한 책임을 물어야 한다.

2) He must be *accountable* for everything he does.
그는 그가 한 모든 일에 책임을 져야 한다.

• be obliged ~해야 한다. • obligation (n) 의무, 책임 • environment (n) 환경 • destruction (n) 파괴

** **Answer for** (*v.*) – to be held responsible for 책임지다.

1) Everyone must *answer for* their own actions.
모든 사람들은 그 자신들의 행동에 대해서 책임을 져야만 한다.

2) You cannot *answer for* your brother.
너는 너의 동생을 책임질 수 없다.

** **Answerable** (*adj.*) – responsible for, accountable, liable 책임있는

1) The corrupt politicians, connected with the briberies and unfair practices, should be *answerable* to society and resign from their positions.
뇌물과 불공정한 행위에 연루된 부패 정치인들은 사회에 대한 책임을 져야하고 그들의 직위들로부터 사임하여야 한다.

• corrupt (adj.) 부패한, (v) 부패하게 만들다. • politician (n) 정치인 • bribery (n) 뇌물행위 • unfair practice 불공정행위 • resign (v) 사직하다.

5. **Against time / Against the clock** (*adv.*) – with a rapidly approaching time limit

시간을 다투어, 기한에 임박해서

1) We worked *against* the clock, however, we were able to finish the project on *time*.
우리는 시간을 다투어 일했으나, 시간에 맞추어 과제를 끝마칠 수 있었다.

2) Deadlines are the reason reporters usually work *against time*.
기사 마감시간이 기자들이 보통 시간을 다투어 일하는 이유이다.

3) It's stressful to work *against time*.
기한에 임박해서 일하는 것은 스트레스다.

6. **Ahead** (*adv.*) – in advance, up forward, to(at) the front 미리, 전에, 앞에

1) I should buy a ticket at least two days *ahead* of the train's departure.
나는 최소한 기차출발 이틀 전에는 표를 사야만 한다.

2) Go *ahead*.
계속하세요.

3) There is a traffic accident *ahead*.
앞쪽에 교통사고가 났다.

** **Get ahead** (*v.*) – to attain success, to advance 성공하다, 승진하다.

1) I work hard to *get ahead*.
나는 성공하기 위해 열심히 일한다.

2) To *get ahead* at your work, you must work harder.
너의 직장에서 승진하기 위해서, 너는 더 열심히 일해야만 한다.

** **Ahead of the game** (*adj., adv.*) – ahead, winning 앞서는, 유리한

1) Her knowledge of calculus put her *ahead of the game* on the math exam.
미적분에 대한 그녀의 지식은 그녀가 수학시험에서 앞서게 만들었다.

2) I'd like to be *ahead of the game*, so I preview the next unit before my math class.
나는 앞서고 싶다. 그래서 수학시간 전에 미리 다음 장을 예습한다.

• calculus 미적분 • calculation (n) 계산

** **Ahead of time** (*adv.*) – before the scheduled or expected time, early

예정시간보다 일찍

1) The flight from London arrived *ahead of time*.
   런던에서 오는 비행기는 예정보다 일찍 도착하였다.

2) He arrived *ahead of time*, so I was not ready to go out right away.
   그는 예정보다 일찍 도착했다, 그래서 나는 당장 나갈 준비가 되어있지 않았다.

7. **Add up** (*v.*) – to come to a correct amount, to make sense

(계산, 이치 등이) – 맞다.

1) These numbers don't *add up*. So you need to check them.
   이 숫자들은 계산이 맞지 않는다. 그래서 너는 그것들을 확인해 볼 필요가 있다.

2) His story doesn't *add up* when compared with that of the other witnesses.
   그의 이야기는 다른 증인들의 이야기와 비교했을 때 조리가 맞지 않는다.

** **Add up to** (*v.*) – to make a total of, to result in

총계 하다, 결과를 가져오다, 의미하다.

1) The monthly bills *added up to* $1,400.00.
   매달 나오는 청구서 총계가 $1,400 이 되었다.

2) Several days of rain *added up to* flooding in the lowlands.
   몇 일간의 비가 저지대에 홍수를 가져왔다.

3) Drinking and driving often *add up to* serious accidents.
   음주운전은 종종 심각한 사고를 초래한다.

• flood (n, v) 홍수, 홍수가 나다. • lowland (n) 저지대

8. **All at once** (*adv.*) – at the same time, all of a sudden 동시에, 갑자기

1) She failed the exam because she was trying to do many things *all at once*.
   그녀는 동시에 여러 가지 일을 하려고 했기 때문에 시험에서 떨어졌다.

2) *All at once* a man became angry and began yelling obscenities.
   갑자기 한 남자가 화를 내어 욕설을 하기 시작했다.

3) Usually bad things seem to happen *all at once*.
대개 나쁜 일들은 동시에 발생하는 것 같다.

• obscenity (n) 음란, 음란한 말 • obscene (adj.) 음란한, 추접스런

** **All of a sudden** (*adv.*) – by a total surprise 갑자기

1) He was driving his car, and *all of a sudden* a drunk ran onto the road.
그가 차를 운전하고 있었다. 그리고 갑자기 술 취한 한 사람이 길로 뛰어들어 왔다.

9. **All in all** (*adv.*) – on the whole, in general, considering everything 전반적으로

1) *All in all*, it was a long but productive day.
전반적으로, 오늘은 힘든 날이었지만 생산적인 날이었다.

2) *All in all*, the movie wasn't as scary as I thought it would be.
전반적으로, 그 영화는 내가 생각했던 것만큼 무섭지는 않았다.

10. **All in a day's work** – something expected (and usually unpleasant)
예상되는 일상적인 일들 (대개 부정적인 의미로)

1) Her job is demanding, but she thinks that the paperwork, the long hours and the demanding customers are *all in a day's work*.
그녀의 일은 벅찬 일이지만, 그녀는 문서처리, 오랜 노동시간과 요구 많은 소비자들을 일상적인 일들로 생각한다.

2) It's *all in a day's work*, so make the best of it.
그것은 모두 일상적인 일들이야. 그러니 순응해서 잘 해라.

• demand (v) 요구하다. • customer (n) 고객
• make the best of 순응해서 잘 처리하다.

** **All in** – exhausted 매우 피곤한

1) The soccer players were *all in* when the game was over.
경기가 끝났을 때, 축구 선수들은 매우 피곤해 있었다.

2) After she took care of the customers' complaints on various things, she was *all in*. But it's *all in* a day's work!
다양한 것들에 대한 소비자들의 불만을 해결한 후 그녀는 매우 피곤했다. 그러나 그것은 일상적인

일이다.

11. **All kinds of** (*adv.*) – various kinds of, plenty of 여러 종류의, 많은

1) In America, drugstores and pharmacies sell drugs and *all kinds of* other merchandise.
미국에서는, 잡화점과 약국에서 약과 다양한 종류의 다른 상품들을 판다.

2) The grocery store has *all kinds of* fruit and vegetables.
식료품점에 많은 종류의 과일과 채소들이 있다.

3) My friends gave me *all kinds of* advice, but I still did what I wanted to do.
나의 친구들은 내게 많은 충고를 했지만, 나는 여전히 내가 하고 싶은 것들을 했다.

12. **All of** (*adv.*) – fully 전부

1) He couldn't believe he had spent *all of* his vacation working.
그는 휴가 전부를 일하는데 써버렸다는 것을 믿을 수가 없었다.

2) This is *all of* the money I have now.
이것이 지금 내가 가진 돈의 전부이다.

13. **All over** (*adv.*) – everywhere, finished 도처에, 여러 곳에, 끝난

1) I can't find my keys and I've looked *all over* for them.
나는 나의 열쇠들을 찾을 수가 없다. 그리고 나는 여러 곳을 찾아보았다.

2) I have a fever and my body aches *all over*.
나는 열이 나고 온몸이 아프다.

3) Their relationship is *all over* now.
그들의 관계는 이제 끝났다.

14. **All the time** (*adv.*) – very often, continuously 매우 종종, 항상

1) People make mistakes *all the time*.
사람들은 매우 종종 실수를 한다.

2) I study *all the time* because I want good grades.
나는 좋은 점수를 원하기 때문에 늘 공부를 한다.

• grade (n) 성적, 평점, (v) 등급을 매기다. • good grade 좋은 성적
• bad grade 나쁜 성적 • 1st grade 1학년

** **All the way** (*adv.*) – from the beginning to the end, in complete agreement
처음부터 끝까지, 완전히 동의하는

1) The hikers were exhausted after hiking *all the way* up the mountain.
등산객들은 정상에 오른 다음에 기진맥진했다.

2) The corporate administration wouldn't go *all the way* in meeting its workers' demands.
그 회사의 경영진들은 회의에서 노동자들의 요구에 완전히 동의하지는 않을 것이다.

• exhausted (adj.) 지친 • corporate (adj.) 법인의 • corporation 법인(회사)

** **All along** (*adv.*) – all the time 줄곧, 항상

1) I knew we could win the election *all along*.
나는 그가 선거에서 이길 것이라는 것을 줄곧 알았다.

2) She knew *all along* that he was cheating on her.
그녀는 그가 그녀를 속인다는 것을 항상 알았다.

15. **Alongside of** (*adv., prep.*) – at the side of, with ~와 접하여 나란히, ~와 함께

1) She walked down the aisle *alongside of* her husband.
그녀는 남편과 나란히 복도를 걸었다.

2) The boys sat *alongside of* the girls.
소년들이 소녀들과 함께 앉았다.

16. **A lot (of)** (*adj., adv.*) – many, much 많은

1) I have *a lot of* things to do this afternoon.
나는 오늘 오후에 할 일이 많다.

2) I enjoyed the movie *a lot*, but I thought it was a bit long.
나는 그 영화를 매우 재미있게 보았지만, 내 생각에 조금 긴 것 같았다.

** **Any number of** (*adj.*) – many　　많은

1) Let's not panic, she could be late for *any number of* reasons.
겁먹지 말자, 그녀는 많은 이유 때문에 늦을 수도 있다.

2) Problems often have *any number of* solutions.
문제들은 종종 많은 해법을 가지고 있다.

• panic (n) 공포, (v) 몹시 겁먹다, (adj.) 몹시 겁먹은　• solution (n) 해결, 용해, 용액

17. **Anything but** (*adv.*) – the opposite, far from　　반대로

1) He was *anything but* happy when he was laid off.
그는 그가 임시로 해고되었을 때 결코 행복하지 않았다.

2) She didn't get the promotion because she was *anything but* organized.
그녀는 체계적으로 준비성이 없어 승진 하지 못했다.

18. **Apple of one's eye** (*n.*) – something that is so adored　　무척 사랑스러운 것

1) She is the *apple of* her *father's eye*.
그녀는 그녀의 아버지에게 무척 사랑스러운 존재이다.

2) His son is the *apple of his eye*.
그는 아들을 매우 끔찍이 사랑한다.

19. **Around the clock** (*adv.*) – for 24 hours a day　(24시간 동안) 하루 종일 계속해서

1) The employees worked *around the clock* to complete the job on time.
직원들은 일을 제시간에 끝내기 위해서 하루 종일 일을 했다.

2) Many convenience stores are open *around the clock*.
많은 편의점들은 하루 종일 문을 연다.

3) Some American factories operate *around the clock*.
어떤 미국 공장들은 하루 종일 조업을 한다.

• on time 정시에　• convenience (n) 편리　• operate (v) 작동하다.

20. **Around the corner** (*adv.*) – close by, soon to happen 가까이, 곧 다가올

1) The drugstore is *around the corner* from the library.
그 약국은 도서관에서 가까운 곳에 위치해 있다.

2) Spring is just *around the corner*.
봄이 곧 다가올 것이다.

21. **As best as one can** (*adv.*) – in the best way one can
할 수 있는 한 최대로, 최선을 다해

1) I did *as best as I could*, but I don't know what the outcome will be.
나는 최선을 다했다. 그러나 결과가 어떻게 나올지는 모르겠다.

2) She always tries to do *as best as she can*.
그녀는 항상 최선을 다한다.

3) He ran *as best as he could* even though his foot was aching.
그는 다리가 아픔에도 불구하고 그가 할 수 있는 한 최선을 다해 달렸다.

22. **As far as / so far as** (*adv.*) – to the extent that, to the degree that ~하는 한

1) *So far as* I know, next weekend will be sunny.
내가 아는 한 다음 주말은 맑을 것이다.

2) *As far as* I know, the flight will arrive on time.
내가 아는 한 그 비행기는 정시에 도착할 것이다.

** **As far as ~ goes** (*adv.*) – for that matter, actually 사실은, 그 점에 관해서는

1) *As far as* it *goes*, business is booming and we have plenty of new orders.
사실 사업이 성황 중이고 새 주문을 많이 받았다.

2) *As far as* the concert *goes*, it was terrible.
콘서트에 대해 말하자면, 그것은 아주 형편없었다.

23. **As follows** – listed next 다음과 같은

1) The reasons for firing you are *as follows*: First, you are late too often and

you don't work well.
당신을 해고하는 이유는 다음과 같다: 첫째, 당신은 지각이 잦고 일도 잘하지 못 한다.

2) The list of goods to be shipped is *as follows* : 100 cases of canned fruits, 25 tons of rice, 25 tons of fertilizer and 12 tractors.
선적될 물건의 목록은 다음과 같다. 통조림 과일 100상자, 쌀25톤, 비료25톤과 12대의 트랙터이다.

- fire (v) 해고하다. • be shipped 수송되다. • fertilizer (n) 비료

24. As for (*prep.*) – speaking of, with regard to, concerning

~에 대해 말한다면, ~에 관해서는

1) She likes cream and sugar in her coffee, but *as for* me, I like mine black.
그녀는 커피에 설탕과 프림을 넣는 것을 좋아하지만, 나에 대해 말한다면, 나는 블랙커피를 좋아한다.

2) *As for* money, he likes to spend more than he earns. So sooner or later he will be broke.
돈에 대해 말한다면, 그는 버는 것 보다는 쓰는 것을 좋아한다. 그래서 그는 머지않아 파산할 것이다.

25. As good as (*adv.*) – almost the same

거의 같은

1) This watch is *as good as* that one, but it's less expensive.
이 시계는 저 것과 성능은 거의 같지만 덜 비싸다.

2) After the chair was repaired, it looked *as good as* new.
그 의자는 수리 후, 거의 새것과 같이 보였다.

3) This is a used one, but it's *as good as* new.
이것은 중고품이지만, 거의 새것과 다름이 없다.

** As much as (*adv.*) – almost the same

거의 같이, 같은 양으로

1) I have felt *as much* pain *as* you are feeling right now.
나는 네가 지금 느끼는 것과 거의 같은 고통을 느껴 왔다.

2) I care *as much* for you *as* you do for me.
나는 네가 나를 생각하는 만큼 너를 생각한다.

3) I ate *as much as* you did, maybe more.
나는 네가 먹은 만큼 먹었다. 아마 더 먹었을 지도 모른다.

26. **As if / As though** (*conj.*) – in the same way one would if, in a way that it would seem to be true or not true

마치 ~처럼

1) My dog often behaves *as if* he knows what goes on.
나의 개는 종종 무슨 일이 일어나고 있는 지 아는 것처럼 행동한다.

2) My cat sometimes looks at me *as though* she understands me.
내 고양이는 종종 나를 이해하는 것처럼 나를 바라본다.

27. **As is** (*adv.*) – in its present condition, without a guarantee 그대로, 보장 없이

1) If I were you, I would leave the writing *as is*.
내가 만약에 너라면, 그 글을 그대로 놓아둘 것이다.

2) Goods bought *as is* cannot be returned.
보증 없이 산 물건은 반품할 수 없다.

• guarantee (v) 보장하다. (n) 보증 • return 돌아가다. 돌려주다.

28. **As it were** (*adv.*) – so to speak

말하자면

1) He was a hero among gangsters, *as it were*, until he was caught.
그가 잡히기 전까지 그는, 말하자면, 갱들의 영웅이었다.

2) Nowadays, young people seem to live, *as it were*, in a different world.
요즘에는, 말하자면, 젊은이들은 다른 세계에 살고 있는 것 같다.

29. **Ask for** (*v., informal*) – to cause, to bring upon, to require

문제를 자초하다. 요구하다.

1) If you continue to drive without a license, you're *asking for* trouble.
만약 네가 운전면허 없이 계속 차를 운전한다면, 너는 화를 자초하는 것이다.

2) He keeps *asking for* trouble by arguing with his boss.
그는 상사와 말다툼을 함으로써 화를 계속 자초한다.

3) The job advertisement *asks for* a resume and a photo.
그 일자리 광고는 이력서와 사진을 요구한다.

• a license (n) 면허 • keep ~ing 계속해서 ~하다. • advertisement (n) 광고
• a resume 이력서

30. Ask to / Ask over (*v., informal*) – to invite to 초대하다.

1) I ***asked*** some people ***to*** my birthday party.
나는 내 생일 잔치에 몇몇 사람들을 초대했다.

2) I ***asked*** some of my friends ***over*** for dinner.
나는 내 친구들 중 몇 명을 저녁 식사에 초대했다.

31. As long as / So long as (*conj.*) – considering that ~을 고려한다면, ~하는 한

1) ***As long as*** you return the book tomorrow, there will be no late charge.
내일까지 책을 반납하면, 연체료는 없습니다.

2) You may use the computer ***as long as*** you like.
당신은 원하는 대로 컴퓨터를 사용해도 좋습니다.

3) ***So long as*** you play by the rules, you can play the game with us.
당신이 규칙에 따라 플레이한다면, 우리와 함께 게임을 할 수 있다.

• late charge 연체료 • return the book 책을 반환하다.

32. As of (*prep.*) – at a specified time or on a certain date
(지정된 시간이나 날짜)~로써, ~까지, ~에

1) ***As of*** today, I am 25 years old.
나는 오늘로써 25살 이다.

2) ***As of*** today, all employees must use a timecard.
오늘로써 모든 직원들은 근무시간 기록카드를 사용해야만 한다.

3) My assignment is due ***as of*** Monday.
나의 과제는 목요일까지이다.

4) My new job begins ***as of*** Monday.
내 새로운 일은 월요일에 시작이다.

33. **As soon as** (*conj.*) – immediately after ~하자마자, 즉시

1) Tell him that I'll return his call ***as soon as*** the meeting ends.
회의가 끝나자마자 그의 전화와 관련해 내가 전화한다고 그에게 말해라.

2) I do my chores ***as soon as*** I get home from school.
나는 학교가 끝나고 집에 오자마자 집안일을 한다.

34. **As to** (*prep.*) – about, on the basis of ~에 관해서, ~에 기본하여

1) I doubt she'll get the promotion because there's some doubt ***as to*** her ability to get the job done.
그녀의 업무 수행능력에 약간의 불신이 있기 때문에 나는 그녀가 승진할 수 있을지 의심한다.

2) Promotions were given ***as to*** length of service and productivity.
승진은 근무연수와 근무성과를 기본으로 하여 주어진다.

• get the job done 업무를 수행·완수하다. • promotion 승진 • productivity 생산성

35. **As usual** (*adv.*) – in the usual way 평소와 같이

1) The factory reopened a week after the fire and its business is ***as usual***.
그 공장은 화재 후 일주일 만에 다시 문을 열었고 평소와 같이 일을 한다.

2) He was late, ***as usual***, for the meeting.
그는 회의에 여느 때와 같이 지각했다.

36. **As well** (*adv.*) – also, without gain or loss 또한, 역시, 손익 없이

1) I like apples ***as well***.
나는 사과도 좋아한다.

2) I might ***as well*** give up now.
나는 손익 없이 지금 포기할지도 몰라.

** **As well as** (*conj.*) – also, besides ~뿐만 아니라, 게다가

1) I like rock and roll ***as well as*** classical music.
나는 고전음악뿐만 아니라 락음악도 좋아한다.

2) *As well as* Mary, Nancy is also one of my best friends.
메리뿐만 아니라 낸시도 나의 가장 친한 친구들 중 한명이다.

37. **As yet** (*adv.*) – so far 아직

1) He hasn't returned my phone call *as yet*.
그는 아직 내게 전화하지 않았다.

2) We don't know, *as yet*, what university she wants to attend.
우리는 아직 그녀가 어떤 대학에 다니고 싶어 하는지 모른다.

38. **At all cost / at any cost** (*adv.*) – at any expenses, regardless of the cost 어떠한 대가를 치르더라도 꼭

1) He wanted to attend an Ivy League school *at all cost*.
그는 꼭 북동부 명문대학에 다니고 싶어 했다.

2) We want to buy this house *at any cost*.
우리는 가격에 상관없이 꼭 이 집을 사고 싶다.

39. **At any rate** (*adv.*) – anyhow 하여튼

1) The movie was a little long, but, *at any rate*, it was interesting.
그 영화는 조금 길었지만, 어쨌든 재미있었다.

2) *At any rate*, an agreement was reached, although we disagreed on some issues.
우리는 비록 몇몇 쟁점들에 대해서 동의하지 않았지만, 어쨌든 합의 안에 도달했다.

40. **At first** (*adv.*) – in the beginning 처음에, 시작할 때

1) I didn' t like her *at first*, but now she's one of my best friends.
나는 처음에는 그녀를 좋아하지 않았지만, 지금은 내 가장 친한 친구들 중의 하나이다.

2) *At first*, it looked like the home team was going to lose the match.
처음에는 홈팀이 경기에 지는 것처럼 보였다.

- lose the match 시합에 지다.
- win the match 시합에 이기다.

** **At first glance** (*adj., adv.*) – at first sight 첫눈에

1) They fell in love with the house *at first glance*.
그들은 첫눈에 그 집에 반했다.

2) *At first glance*, I didn't have much hope for the success of the project.
나는 첫눈에 그 과제의 성공에 대해 별로 희망이 없었다.

• fall in love 사랑에 빠지다.

41. **At / From the bottom of one's heart** (*adv.*) – deep down in one's heart
마음 깊은 곳에

1) She says that it doesn't matter, but *at the bottom of her heart*, she really wants to have a piano.
그녀는 그것은 중요하지 않다고 말하지만, 마음 깊은 곳에서는, 정말로 피아노를 가지고 싶어 한다.

2) I thank you for your kindness, *from the bottom of my heart*.
진심으로 당신의 친절에 대해서 감사드립니다.

3) *From the bottom of my heart*, I thank you.
진심으로 감사합니다.

** **at heart** (*adv.*) – basically 근본적으로, 마음으로는

1) He isn't very generous, but he's a good man *at heart*.
그는 별로 관대하지는 않지만, 근본은 착한 사람이다.

2) She acts mean, but she's not a bad person *at heart*.
그녀는 비열하게 행동하지만, 근본이 나쁜 사람은 아니다.

• generous 관대한 • mean 비열한

42. **At home** (*adj., adv.*) – where one lives or came from, comfortable or relaxed
집에, 편안히

1) I'm sorry, she's not *at home* right now.
죄송합니다만, 그녀는 지금 집에 없습니다.

2) Come on in and make yourself *at home*.
들어오셔서 편하게 계시기 바랍니다.

43. **At last** (*adv.*) – finally, in the end — 드디어, 마침내, 결국

1) *At last*, the longest football game in history came to an end.
마침내, 역사상 가장 길었던 축구 경기가 끝났다.

2) He married his longtime sweetheart, *at last*.
그는 마침내 오래된 애인과 결혼했다.

• longtime sweetheart 오랜 연인 • came to an end 끝나다.

44. **At least** (*adv.*) – no less than — 적어도, ~보다 적지 않은

1) You should study English *at least* an hour a day.
적어도 하루에 한 시간은 영어 공부를 해야만 한다.

2) Drivers must be *at least* 18 to be eligible to apply for a license.
운전면허 시험 신청자격이 되기 위해서 운전자는 적어도 18살이 되어야만 한다.

• be eligible 자격이 되다. • apply for 신청하다.

45. **At length** (*adv.*) – in detail — 자세히, 충분히

1) I wrote a letter describing the incident *at length*.
나는 그 사건을 자세히 설명하는 편지를 썼다.

2) I didn't understand the song until he explained it *at length*.
나는 그가 자세히 설명해 주기 전에는 그 노래를 이해하지 못했다.

46. **At once** (*adv.*) – immediately — 즉시, 지체하지 않고

1) I need to return this videotape *at once*, otherwise, I have to pay a fine.
나는 이 비디오테이프를 즉시 반납해야 한다. 그렇지 않으면 벌금을 물어야 한다.

2) I must get back to work *at once*.
나는 지금 즉시 일하러 돌아가야 한다.

• pay a fine 벌금을 물다. • be fined 벌금에 처해지다. • get back 돌아가다.

47. **At one time** (*adv.*) – at the same time, simultaneously — 한꺼번에, 한번에

1) Everything seemed to happen *at one time*.
모든 일이 한꺼번에 일어나는 것 같았다.

2) I like to pay all my monthly bills *at one time*.
나는 매월 나오는 모든 청구서들을 한 번에 지불하기를 좋아한다.

** **At the same time** (*adv.*) – at one time, nevertheless, however
동시에, 그럼에도, 그러나

1) At the movie theater, two people in front of me stood up *at the same time* and blocked my view.
영화관에서, 내 앞에 앉았던 두 사람이 동시에 일어나서 내 시야를 가렸다.

2) I love him, *at the same time*, I hate him.
나는 그를 사랑한다. 동시에 그를 증오한다.

3) That was the second time I met him, *at the same time*, I still felt uncomfortable being around him.
그것이 내가 그를 두 번째 만난 것이었다. 그럼에도 나는 여전히 불편했다.

** **At one** (*adv.*) – in harmony, in agreement 조화로운, 동의 또는 합의 하는

1) Walking through the woods made her feel *at one* with nature.
숲속으로 산책하는 것이 그녀를 자연과 동화되는 느낌을 갖도록 하였다.

2) The board's opinion was *at one* with his own.
위원회의 의견은 그 자신의 의견과 같았다.

3) Mr. Kim's opinion is *at one* with mine.
김선생의 의견은 나의 의견과 같다.

• walk through the woods 숲속을 걷다.

48. **At present** (*adv.*) – now, currently 현재

1) I am unemployed *at present*, but I expect that to change soon.
나는 지금 현재는 실업상태 이지만, 조만간 바뀌기를 희망한다.

2) *At present*, the apartment is for rent, but it won't be available for long.
현재는 이 아파트는 임대로 내어 놓았지만, 오래지 않아 나갈 것이다.

49. **At random** (*adv.*) – without order or plan (계획, 순서 없이) 무작위로

1) The lottery numbers are picked *at random*.
복권 번호는 무작위로 선택된다.

2) The contestants were picked, *at random*, from the telephone directory.
그 경쟁자들은 전화번호부에서 무작위로 선발되었다.

• contestant (n) 경쟁자 • telephone directory 전화번호부

50. **At stake** (*adv.*) – at risk ~이 걸린, 문제가 있는, 위험에 처한

1) This is an important game because the district championship is *at stake*.
이 게임은 지역 우승컵이 걸린 중요한 경기이다.

2) Their relationship is *at stake* because they argue too much.
그들은 말다툼을 너무 많이 하기 때문에 그들의 관계는 위험에 처해 있다.

A

51. **At best / at most** (*adv.*) – at the best possibility, the most one can expect
기껏해야, 최대한

1) He is a competent guitarist *at best*, though not a great one.
그는 위대한 연주자는 아니지만 그래도 유능한 기타연주자 이다.

2) The new computer is, *at most*, $2,000.00 including a 19" monitor.
그 새 컴퓨터는 19인치 모니터를 포함해서 최대한으로 잡아 2000불이다.

52. **At the mercy of** (*adj.*) – in the power of, at one's mercy ~의 손에 달려있는

1) Children are often *at the mercy of* unscrupulous adults.
어린이들은 종종 철칙도 없는 부정직한 어른들의 손에 달려있다.

2) The babysitter felt that her sanity was *at the mercy of* the children's moods.
보모는 그녀 자신의 온전한 정신이 아이들의 기분에 달려 있는 것을 느꼈다.

• unscrupulous (adj.) 철칙도 없고 부정직한

53. **At this rate / At that rate** (*adv.*) – at a rate of speed or rate of progress
이(그)와 같은 속도로

1) If my stocks keep earning *at this rate*, I will be rich soon.

만약 내 주식이 이 같은 속도로 계속 돈을 번다면, 나는 머지않아 부자가 될 것이다.

2) If you keep working *at that rate*, you'll never finish the work on time.
만약 그런 속도로 계속 일을 한다면, 너는 결코 제시간에 일을 끝낼 수 없을 것이다.

54. **At times** (*adv.*) – not often, once in a while 이따금

1) *At times*, she seems moody and depressed.
이따금, 그녀는 우울해 하거나 풀이 죽어 보인다.

2) I visit my grandparents on a regular base, and *at times* I bring them small gifts.
나는 정기적으로 조부모님을 방문한다. 그리고 이따금 조그마한 선물을 가져간다.

• depressed 우울한 • on a regular base 정기적으로

55. **At work** (*adj.*) – working 직장에서 일하고 있는 중, 근무 중

1) "Where's your mom now?" "She is *at work*."
"너의 엄마 지금 어디 계시니?" "지금 직장에 계십니다."

2) He is happy when he's *at work*.
그는 직장에서 일할 때 행복을 느낀다.

56. **Back off** (*v.*) – to give up, to withdraw a claim, to move backwards

포기하다, 물러서다.

1) Confronted with the evidence, he *backed off* on his claim of innocence.
증거에 직면했을 때, 그는 그의 무죄주장을 포기했다.

2) He told the aggressive saleswoman to *back off*.
그는 과격한 판매여성에게 물러서라고 말했다.

3) The man *backed off* when my dog barked at him.
그 사람은 나의 개가 짖었을 때, 뒤로 물러섰다.

- withdraw 물러나다, 철회하다, 돈을 인출하다.
- confront (v) 직면하다.
- innocence (n) 결백
- evidence (n) 증거
- claim (v) 주장하다.
- aggressive (adj.) 공격적인

** **Back out** (*v.*) – to withdraw from

지키지 못하다, 취소하다, 그만두다.

1) She *backed out* of her promise to help him buy a new car.
그녀는 그에게 새 차를 사도록 도와준다는 약속을 지키지 못했다.

2) In the beginning, they were going to Rome for a vacation, but *backed out* at the last minute.
처음에 그들은 로마로 여행 갈 예정이었으나, 마지막 순간에 취소하였다.

3) He accepted the job offer, but *backed out* when he found out he'd have to take a salary cut.
그는 채용제의에 승낙했으나, 연봉이 감소된다는 것을 알았을 때, 그만두었다.

57. **Back up** (*v.*) – to move backward, to support, to assist, to copy computer records

뒤로 움직이다, 지원하다, 보조하다, 컴퓨터 기록을 복사 / 저장하다.

1) The driver *backed up*, so the other car could get through.
그 기사가 뒤로 물러났다, 그래서 다른 차가 지나갈 수 있었다.

2) He asked his father to *back* him *up* until his business improved.
그는 아버지께 사업이 나아질 때까지 지원을 해달라고 요청했다.

3) Volunteers *backed up* the regular staff during the emergency.
비상시에 자원봉사자들이 정규 직원들을 지원했다.

4) I usually *back up* my work on the computer.
나는 보통 나의 작업을 컴퓨터에 저장한다.

** **Backup** (*n.*) – support, assistance, a copy of computer work
지원, 보조, 컴퓨터 작업의 복사본

1) The rescue team asked for *backup*.
구조팀이 지원을 요청했다.

2) I made the *backups* of my computer work on some floppy diskettes.
나는 디스켓 몇 장에다 내 컴퓨터의 작업의 복사본을 만들었다.

58. **Bang up** (*v.*) – to damage, to injure, to hit 세게 부딪쳐 엉망으로 만들다.

1) She was *banged up* in a motorcycle accident. She banged up her leg.
그녀는 오토바이 사고에서 크게 다쳤다. 특히 그녀의 다리를 다쳤다.

2) Her car was so ***banged up*** in the collision that she had to declare it a total loss.
그녀의 차는 충돌에서 너무 크게 망가져서 완전손실로 신고해야 했다.

• collide (v) 충돌하다. • collision (n) 충돌 • declare (v) 선언하다. 의견을 밝히다.

** **Bang-up** (*adj.*) – very good, successful, great, exciting
매우 뛰어난, 성공적인, 신나는

1) They did a *bang-up* job on preparing for the party.
그들은 파티 준비를 매우 잘해 놓았다.

2) The football team did a *bang-up* job and won the game.
그 축구팀은 경기를 매우 잘 하였고 게임에서 이겼다.

59. **Bark up the wrong tree** (*v.*) – to choose a wrong person or action, to make a mistake
사람이나 액션을 잘못 선택하다. 실수하다.

1) If you think you can beat me, you're *barking up the wrong tree*.
만약에 네가 나를 이길 수 있다고 생각한다면, 그것은 잘못 본 것이다.

2) If he thinks she likes him, he's *barking up the wrong tree*.
만약 그가 그녀가 자기를 사랑한다고 생각한다면 그것은 착각하고 있는 것이다.

60. **Bear in mind** (*v.*) – to keep in mind 명심하다.

1) *Bear in mind* that happiness is the most important thing in life.
행복이 인생에서 가장 중요한 것이라는 것을 명심해라.

2) *Bear* this *in mind*: You must work hard and also have luck to achieve success.
성공하기 위해서는 열심히 일을 해야 한다. 또한 운도 따라야 한다는 것을 명심해라.

• achieve success 성공하다.

61. **Bear with** (*v.*) – to have patience with, to endure patiently, to stand
인내심을 가지다. 참다.

1) She's new on the job, so please *bear with* her when she makes mistakes.
그녀는 그 일이 처음이니, 그녀가 실수를 하더라도 부디 인내심을 가지기 바란다.

2) I can't *bear with* his vulgar language.
나는 그의 상스러운 말을 참을 수가 없다.

3) Please *bear with* me.
저에게 인내심을 가져주세요.('미안합니다. 실례합니다'의 의미가 들어 있음)

• endure (v) 참다. • stand (v) 참다. • patience (n) 인내 • vulgar (adj.) 상스러운

62. **Beat around the bush** (*v.*) – to avoid the point
요점을 말하지 않고 변죽만 울리다.

1) We talked, but he said nothing important; instead he *beat around the bush*.
우리는 대화를 했지만 그는 아무런 중요한 말도 하지 않고 대신에 빙빙 돌리기만 했다.

2) Quit *beating around the bush*, and just tell me what you want.
그만 둘러대고 원하는 것을 말해라.

3) Don't *beat around the bush*. Just get to the point.

빙빙 돌려 말하지 말고, 요점으로 들어가라.

• get to the point 요점으로 들어가다.

63. **Beat down** (*v.*) – to conquer, to force down, to lower the price
정복하다. 이기다. 누르다. (가격 경쟁에서) 값을 내리다.

1) Invaders often try to *beat down* the natives, but are rarely successful.
침략자들은 종종 원주민들을 이기려고 시도하지만, 거의 성공하지 못한다.

2) She always *beats* him *down* in front of her friends.
그녀는 항상 그녀의 친구들 앞에서 그를 깎아 내린다.

3) She is a great shopper, she always *beats down* the prices.
그녀는 정말 쇼핑을 잘 하는 사람이다. 그녀는 항상 가격을 깎는다.

4) Kim charges $100.00 per hour for his consulting. But Lee can *beat* it *down* easily since he is a good negotiator.
킴은 상담의 대가로 매 시간 $100을 받는다. 그러나라는 훌륭한 협상자이기 때문에 쉽게 깎을 수 있다.

** **Beat up** (*v.*) – to give a beating 두들겨 패다

1) The neighborhood bullies *beat up* the new boy.
동네 불량배들이 새로 온 소년을 두들겨 팼다.

2) After a night of hard drinking, he felt like he had been *beaten up*.
하루 밤새 심하게 술을 마신 후, 그는 마치 두들겨 맞은 듯한 느낌을 받았다.

• neighborhood 동네 • bully 불량배

64. **Before long** (*adv.*) – soon 오래지 않아, 얼마 안 있어

1) The semester will be over *before* too *long*.
학기는 오래지 않아 끝날 것이다.

2) The family was split up during the IMF period, but they were reunited *before long*.
그 가족은 IMF 동안에 헤어졌지만, 오래지 않아 다시 결합했다.

• semester 학기 • split 쪼개다. • reunite 재결합하다.

65. **Behind bars** (*adv.*) – in jail 교도소에

1) That fellow standing by the door will most likely end up *behind bars*.
저 문 옆에 서있는 녀석은 결국 교도소에 갇히게 될 것이다.

2) People who commit crimes often end up *behind bars*.
범죄를 저지르는 사람들은 종종 교도소에 갇힌다.

• fellow 친구, 놈 • end up 결국 ~하게 되다. • commit crimes 범죄를 저지르다.

** **Bar exam** (*v.*) – an exam for becoming a lawyer 변호사 시험

1) A law school graduate must pass the *bar exam* after two years of internship to become a lawyer.
법학대학 졸업생들은 변호사가 되기 위해서 2년간의 수습사원기간 후에 시험을 통과해야 한다.

B

66. **Behind the scenes** (*adv.*) – unknown to most people, out of sight
외부에 알려지지 않게, 내밀히

1) Our committee worked *behind the scenes* to assist single parents.
우리 위원회는 편부 편모를 보조하기 위해서 외부에 알려지지 않게 일했다.

2) Most corporate decisions are made *behind the scenes*.
대부분의 기업의 결정들은 내밀히 이루어진다.

67. **Behind the times** (*adv.*) – old fashioned, outdated 구식의, 시대에 뒤진

1) The company's policies concerning female employees are *behind the times*.
그 회사의 여자 직원들에 관한 정책은 시대에 뒤쳐져 있다.

2) His political views are *behind the times*.
그의 정치적 소견은 구식이다.

** **Behind time** (*adj., adv.*) – late, behind schedule 늦게, 예정보다 늦게

1) The musicians were late, so the concert was *behind time*.
음악가들이 늦게 도착해서, 음악회가 제시간보다 늦어졌다.

2) My watch is twenty minutes *behind time*.
내 시계는 20분 늦다.

68. **Beside the point** (*adj., adv.*) – off the subject, something different

요점을 벗어난, 다른

1) "Its price is *beside the point*," he said, "The quality isn't what I expected."
"그것의 가격이 문제가 아니다."라고 그가 말했다. "품질이 내가 기대했던 것과 다르다."

2) Winning or losing is *beside the point*, how the game is played is more important.
이기고 지는 것은 중요하지 않다. 게임을 어떻게 하는가가 중요한 것이다.

69. **Best bet** – best way

가장 안전하고 가장 좋은 방법

1) Your *best bet* is to find any job and get some work experience.
너에게 가장 좋은 대책은 일단 아무 일이나 잡고 근무 경력을 쌓는 것이다.

2) Route 24 is probably our *best bet*.
24번 도로가 아마 우리에게 최선의 선택일 것이다.

** **Make a bet** – to bet money

돈을 걸다.

1) He often *makes a bet* on a soccer play with his friends and he sometimes wins.
그는 종종 친구들과 축구 경기에 내기를 걸고 가끔은 그가 내기에서 이긴다.

2) I *made a bet* on the Korean soccer team in the World Cup Games.
나는 월드컵 경기에서 한국 팀에게 돈을 걸었다.

3) Many people *make a bet* on horserace.
많은 사람들이 경마에 돈을 건다.

• soccer play 축구경기 • soccer team 축구팀

70. **Better late than never (a cliché)** – doing something is better than not doing anything at all, even though it is late

늦게라도 하는 것이 아주 하지 않는 것보다는 낫다(속담).

1) She was three hours late and said, "*Better late than never*."
그녀는 세 시간이나 늦었다. 그리고는 "안 오는 것 보다는 낫다"하고 말했다.

2) Although I'm middle aged, I want to learn to play an instrument because it's *better late than never*.

비록 내가 중년의 나이이기는 하지만, 나는 악기를 연주하는 것을 배우고 싶다. 왜냐하면 늦더라도 안 하는 것보다는 낫기 때문이다.

71. **Beyond question** (*adj., adv.*) – very certain, without doubt
틀림없는, 의심할 여지가 없는

1) The unparalleled quality of this stereo system is ***beyond question***.
이 전축의 뛰어난 음질은 틀림없다.

2) His honesty and integrity are ***beyond question***.
그의 정직성과 성실성은 의심할 여지가 없다.

• unparalleled (adj.) 견줄데 없는, 뛰어난 • integrity (n) 성실성

72. **Black-and-white** (*adj.*) – having only two sides; one right, the other wrong
이면만 있는, 오직 옳고 그름 만으로 나누어지는

1) Unification is not a ***black-and-white*** issue. It's much more complicated.
통일은 흑백논리의 문제가 아니다. 그것은 훨씬 더 복잡하다.

2) Modern problems rarely have a ***black-and-white*** solution.
현대적인 문제들은 흑백논리로 풀 수 있는 것이 거의 없다.

• unify (v) 통일하다. • unification (n) 통일 • complicated (adj.) 복잡한

73. **Black out** (*v.*) – to darken, to prevent, to lose consciousness
어둡게 하다. 금지하다. 의식을 잃다.

1) During the war, the country's people had to cover their windows at night to ***black out*** the city.
전쟁 동안에는, 국민들은 밤에 도시를 어둡게 하기 위해 창문을 덮어야만 했다.

2) The repressive government ***blacked out*** all anti-government news reports.
억압적인 정부는 반정부 신문의 모든 기사를 금지시켰다.

3) She ***blacked out*** after she drank too much.
그녀는 술을 너무 많이 마신 후 의식을 잃었다.

• conscious (adj.) 의식있는 • repressive (adj.) 억압적인 • anti-government 반정부

** **Blackout** (*n.*) – an electrical stoppage, a temporary loss of consciousness, the act of prohibiting transmission of TV, radio, etc.

전기 공급 중단, 일시적인 의식 불명, 방송금지

1) The storm caused a major *blackout* in the area.
폭풍우가 이 지역 일대에 큰 정전을 야기했다.

2) Drinking too much alcohol can cause *blackouts*.
너무 많은 술을 마시는 것은 의식불명을 일으킬 수 있다.

3) The government demanded a *blackout* of all foreign media.
정부는 모든 외신의 방송금지를 요구했다.

74. **Blood is thicker than water (a cliché)** 피는 물보다 진하다.

1) The mother believed her son's fabricated story in spite of the evidence that it wasn't true because *blood is thicker than water*.
그 어머니는 아들의 꾸며낸 이야기가 거짓이라는 증거가 있음에도 피는 물보다 진하기 때문에 그것을 믿었다.

2) The mother stood by her son regardless of the laws he broke since *blood is thicker than water*.
그 어머니는 아들이 법들을 어겼음에 상관없이 피는 물보다 진하기 때문에 그녀의 아들의 편을 들었다.

- fabricated story 조작된 이야기
- in spite of ~에도 불구하고
- regardless of ~에도 불구하고

75. **Black off** (*v.*) – to allow (gas under pressure, steam, air, or anger) to escape

(압축된 가스, 증기, 공기, 또는 노여움 등을) 내뿜다.

1) Trains used to *blow off* their steam before beginning their run.
기차는 출발하기 전에 증기를 뿜어내곤 했다.

2) Accumulated anger is usually *blown off* in a destructive manner.
축적화 된 화는 대개는 파괴적인 양상으로 나타난다.

3) His yelling was a way to *blow off* steam.
그가 소리를 지르는 것은 화를 표출하는 한 방법이다.

- accumulated (adj.) 축적된
- destructive (adj.) 파괴적

** **Bottle up** (*v.*) – to restrain, to hold in (출구 없이) 억제하다.

1) ***Bottled up*** anger is a leading cause of stress related illnesses.
억제된 화는 스트레스와 연관된 병의 대표적인 원인이다.

2) Her unhappy marriage caused her to ***bottle up*** her feelings.
그녀의 불행한 결혼은 그녀에게 감정을 안으로 억제하도록 만들었다.

** **Blow up** (*v.*) – to explode, to lose one's temper, to fill with air, inflate, to enlarge

폭발하다. 화내다. 공기 주입으로 부풀리다. 확대하다.

1) The latest satellite ***blew up*** shortly after it was launched.
최근의 인공위성이 발사되자마자 폭발했다.

2) He has a tendency to ***blow up*** when he gets angry.
그는 화가 나면 엄청 성질을 부리는 경향이 있다.

3) He ***blew up*** balloons for his sister's party.
그는 여동생의 파티를 위해 풍선을 불었다.

4) Having the picture ***blown up*** was more expensive than we expected.
그림을 확대하는 것은 우리가 예상했던 것 보다 훨씬 더 비쌌다.

• the latest 최초의 • launch (v, n) 발사하다. 착수하다. 시작하다.

76. **Blow out** (*v.*) – to extinguish, to explode violently, to melt and open an electric circuit

끄다. 갑자기 터지다. 전기배선이 녹아서 터지다.

1) The girl ***blew out*** the candles on her birthday cake.
그 소녀는 생일 케이크 위의 촛불을 껐다.

2) The tire ***blew out*** while I was driving on the freeway.
내가 고속도로를 달리는 동안 자동차의 타이어가 터졌다.

3) Our electricity was cut off when the fuse ***blew out***.
퓨즈가 녹아 내렸을 때, 전기가 나갔다.

77. **Blow over** (*v.*) – to reach a lower level, to become unimportant after a while

잠잠해지다. 한동안 후 중요하지 않게 되다.

1) Meteorologists are hoping that the strong typhoon will *blow over* before it reaches land.
기상학자들은 그 강한 태풍이 육지에 도달하기 전에 잠잠해지기를 희망하고 있다.

2) The latest political scandal *blew over* quickly.
최근의 정치적 추문은 빨리 잊혀졌다.

• Meteorology (n.) 기후와 날씨의 연구 • Meteorologist (n) 기상학자

78. **Blow the lid off** (*v.*) – to reveal the fact that has been kept as a secret
비밀로 감추어온 사실을 폭로하다.

1) He threatened to *blow the lid off* the company's secret money dealings.
그는 회사의 불법 자금거래 사실을 폭로하겠다고 협박했다.

2) The news reporter's article *blew the lid off* the governmental cover-ups.
그 신문기자의 기사는 정부의 비밀을 폭로했다.

• reveal (v) 폭로하다. • threat (v) 위협하다. • money dealing 돈거래
• cover up (v) 숨기다. • cover-up (n) 숨김, 은폐

79. **Brand-new** (*adj.*) – very new, not used
아주 새 것의

1) I bought a *brand-new* car, not a used one.
나는 중고가 아니라 새 자동차를 샀다.

2) It's a *brand-new* television, so it shouldn't need servicing this soon.
그것은 새 TV 이다. 그래서 이렇게 빨리 수리를 받아야 할 필요가 있어서는 안 된다.

80. **Break down** (*v.*) – to destroy, to decay, to stop working, to lose control over one's emotions
파괴, 부식, 분해 또는 고장나다, 감정의 자제를 못하다.

1) The bridge was *broken down*.
그 다리가 무너졌다.

2) Rocks *break down* and turn into sand over a long period of time.
바위들은 오랜 시간에 걸쳐 부식되어 모래가 된다.

3) The car *broke down* on the way to Seoul.
차가 서울로 가는 도중에 고장이 났다.

4) When her father died, she ***broke down*** and cried.
그녀의 아버지가 돌아가자, 그녀는 감정을 주체하지 못하고 울었다.

** **Breakdown** (*n.*) – a destruction, a stopping, a collapse of physical and mental health, an analysis or summary consisting of itemized data

파괴, 정지, 육체적 정신적 붕괴, 항목화 된 자료의 분석이나 요점

1) A *breakdown* in the tunnel caused a massive traffic jam.
터널 안에서의 고장은 엄청난 교통대란을 초래했다.

2) She had a nervous *breakdown* when her husband died.
그녀의 남편이 죽었을 때 그녀는 신경쇠약에 걸렸다.

3) This is a *breakdown* on the price of the completed new house.
이것은 완성된 새 집의 항목화 된 가격 분석이다.

- destroy (v) 파괴하다.
- massive (adj.) 거대한
- collapse (v) 무너지다. 무너뜨리다. (n) 붕괴

81. **Break even** (*v.*) – to have equal gain and loss 이득과 손실이 비기다.

1) I lost money on a few stocks, but *broke even* with most of my investments.
나는 두세 주식에서 돈을 잃었지만, 나의 대부분의 투자는 본전이었다.

2) I barely *broke even* with my investment this time.
나는 이번 나의 투자에서 가까스로 본전이다.

** **Break-even** (*adj.*) – making neither a profit nor a loss 본전인

1) This was a *break-even* month, so I didn't manage to save any money.
이번 달은 겨우 본전이다. 나는 조금도 저금을 할 수 없었다.

82. **Break in / into** (*v.*) – to enter by force, to interrupt, to begin suddenly

무력으로 침입하다. 끼어들다. 갑자기 ~하기 시작하다.

1) The burglars *broke into* the store through the rear window.
강도들은 뒷창을 이용하여 가게로 침입했다.

2) A strange man *broke in* on our conversation.
어떤 이상한 사람이 우리가 대화하는 도중에 갑자기 말참견을 하였다.

3) The girl *broke into* tears when she heard the sad news.
그 소녀는 슬픈 소식을 듣자마자 갑자기 울기 시작했다.

** **Break-in** (*n.*) – a forced illegal entry 무력을 사용한 불법침입

1) My next door neighbor had a *break-in* last night and their VCR was taken.
내 바로 옆집에 지난 밤에 도둑이 들어서 VCR을 도둑맞았다.

83. **Break out** (*v.*) – to begin showing a skin irritation, to begin suddenly, to escape
피부염이 생기다. 갑자기 일어나다. 탈출하다.

1) Her skin began to *break out* because she ate some meat. She is allergic to meat.
고기를 먹었기 때문에 그녀에게 피부염이 생기기 시작했다. 그녀는 고기에 알레르기 반응을 보인다.

2) Sweets make me *break out* with red spots.
단것은 내게 붉은 반점의 피부염이 생기도록 한다.

3) A riot *broke out* near the American Embassy.
미국 대사관 근처에서 갑자기 폭동이 일어났다.

4) A war *broke out* in the Middle East.
중동에서 갑자기 전쟁이 일어났다.

5) Three inmates *broke out* of the local prison during the night.
밤사이 지역 교도소의 수감자 세 명이 탈출했다.

- allergic (adj.) 알레르기성의
- riot (n) 폭동
- Embassy (n) 대사관
- inmate (n) 수감자

84. **Break up** (*v.*) – to separate, to end a relationship, to put an end to, to break into pieces
헤어지다, 관계를 끝내다. 끝내다. 부수다.

1) He recently *broke up* with his girlfriend, but he still has feelings for her.
그는 최근에 여자 친구와 헤어졌지만, 여전히 그녀를 사랑한다.

2) Did you hear that John and Lilly were going to *break up*?
John과 Lilly가 곧 헤어질 것이라는 이야기를 들었니?

3) Police moved in quickly and *broke up* the riot before it got out of control.
경찰이 재빨리 진입해서 폭동이 통제 불능의 상태가 되기 전에 진압하였다.

4) Icebergs are powerful enough to *break up* a strong ship like the Titanic.
빙산은 타이타닉과 같은 튼튼한 배를 부술 수 있을 만큼 충분히 강력하다.

• have feelings for ~를 사랑하다. • out of control 통제불능의

** **Breakup** (*n.*) – the act of breaking up 갈라짐, 헤어짐

1) The *breakup* of the earth can be seen through erupting volcanoes.
화산폭발을 통해서 땅이 갈라지는 것을 볼 수 있다.

2) The *breakup* of the family unit continues to worry social organizations.
가정의 파괴는 계속적으로 복지단체들을 걱정하게 한다.

** **Break off** (*v.*) – to stop suddenly, to end a relationship
갑자기 중지하다. 관계를 끝내다.

1) We *broke off* our conversation when the phone rang.
전화벨이 울렸을 때 우리는 갑자기 대화를 중단했다.

2) She *broke off* with her boyfriend last week.
그녀는 지난 주에 남자친구와 헤어졌다.

** **Break with** (*v.*) – to end a membership, to end a relationship
멤버십을 끝내다. 관계를 끝내다.

1) His decision to *break with* the company was based on personal reasons.
그 회사와 관계를 끝내기로 한 그의 결정은 개인적인 사유에 있다.

2) They will *break with* tradition and get married by the sea.
그들은 전통을 깨고 바다 옆에서 결혼할 것이다.

• be based on ~에 근거하다. • get married 결혼하다.

85. **Break one's heart** (*v.*) – to dishearten, to make very sad
깊게 상심 시키다. 슬프게 하다.

1) It *breaks my heart* to see animals being mistreated.
동물들이 학대 받는 것을 보면 나의 마음이 슬프다.

2) Seeing dying animals in all kinds of useless and cruel testing *broke my heart*.
쓸모없고 잔인한 모든 종류의 실험으로 죽어가는 동물을 보는 것은 나를 몹시 슬프게 했다.

• mistreated (v) 학대하다. • useless (adj.) 쓸모없는 • cruel testing 잔인한 실험

86. **Bring about** (*v.*) – to cause to happen ~을 가져오다. ~을 야기하다.

1) Diligence as well as frugality *brought about* his success.
검소뿐만이 아니라 부지런함은 그에게 성공을 가져다주었다.

2) I need to *bring about* some changes in my lifestyle.
나는 내 생활방식에 약간 변화를 주어야 할 필요가 있다.

• diligent (adj.) 부지런한 • diligence (n) 근면
• frugality (n) 검소 • frugal (adj.) 검소한

87. **Bring on** (*v.*) – to result in ~의 결과를 가져오다.

1) Heart disease is often *brought on* by excessive smoking, a lack of exercise and some genetic disorder.
심장질환은 종종 과도한 흡연, 운동 부족과 유전적 장애 때문에 야기된다.

2) Eating too much spicy food *brought on* indigestion.
매운 음식의 과다 섭취가 소화불량을 초래했다.

• excessive (adj.) 과도한 • genetic disorder 유전적 장애
• spicy food 자극성이 강한 음식 • indigestion (n) 소화불량

88. **Bring around** (*v.*) – to persuade, to make change in thinking
설득하다. 생각을 바꾸게 하다.

1) Management is opposed to the idea, so we need to find a way to *bring* them *around* to our way of thinking.
경영진은 그 생각에 반대한다. 그래서 우리는 그들을 우리가 생각하는 식으로 설득할 방법을 찾아야한다.

2) After a long debate, we finally *brought* them *around* to our side.
오랜 시간의 토론 후에, 우리는 마침내 그들을 우리 편으로 설득했다.

89. **Bring out** (*v.*) – to enhance, to improve, to show, to reveal
(가치 등을) – 높이다. 끌어내다. 보여주다. 드러내다.

1) She always seems to *bring out* the best in others.
그녀는 항상 다른 사람들에서 최선을 끌어내는 것 같다.

2) The band will *bring out* a new album this fall.
그 밴드는 이번 가을 새로운 음반을 발표할 것이다.

3) The public needs to know the truth of the matter ; but the government obviously doesn't want it *brought out* because it will cost them votes.
대중들은 그 사건에 관한 진실을 알기를 원하지만, 정부는 그것이 표를 떨어뜨릴 것이기 때문에 분명히 그것을 드러내지 않기를 원한다.

4) Seasonings can *bring out* the flavor in foods.
조미료는 음식에 맛을 줄 수 있다.

90. **Bring in** (*v.*) – to bring, to earn money, to produce, to give a verdict, to arrive at a verdict
들여오다. 돈을 벌어들이다. 생산하다. 평결하다.

1) The store *brought in* some different styles of dresses.
그 가게는 약간의 다른 스타일의 옷을 들여왔다.

2) Big department stores compete to *bring in* more customers and their annual sales bring in millions of dollars.
대형백화점들은 더 많은 고객들을 유치하기위해 경쟁한다. 그리고 그들의 연간 매출은 수백만 달러를 벌어들인다.

3) A new architect was *brought in* on the building project.
그 빌딩 프로젝트에 새로운 건축사가 투입되었다.

4) The jury *brought in* a verdict of not guilty due to the lack of evidence.
배심원은 증거 부족으로 인해서 무죄를 평결했다.

5) The judge arrived at a verdict of "not guilty" for the defendant.
판사는 피고에게 무죄를 선고했다.

- annual sales 연간 판매
- verdict (n) 평결, 결정
- guilty 유죄의
- lack of evidence 증거부족
- defendant (n) 피고

91. **Bring off** (*v.*) – to succeed in, to accomplish successfully, to make it happen

성공적으로 완수하다.

1) I wasn't sure if I was going to be able to *bring* it *off*.
나는 내가 그것에 성공할 수 있을 지 확신하지 못했다.

2) I finally *brought off* the deal.
나는 결국 그 거래를 성사시켰다.

3) I hope I can *bring off* the deal.
나는 그 거래를 성사시킬 수 있기를 바란다.

92. **Bring to light** (*v.*) – to discover from hidden, to expose

발굴해 내다. 드러내다. 알려지다.

1) The incident was *brought to light* after a lengthy cover-up.
그 사건은 오랜 시간의 은폐 후에 진상이 알려졌다.

2) The writer's most recent work wasn't *brought to light* until after his death.
그 작가의 가장 최신작품은 그의 죽음 후에야 알려졌다.

3) Our research will be *brought to light* next year.
우리의 연구는 내년에 발표될 것이다.

• lengthy (adj.) 긴 • cover-up (n) 숨김

93. **Bring up** (*v.*) – to raise, to mention 양육하다, 언급하다.

1) She wants to *bring up* her children in a good environment.
그녀는 좋은 환경에서 자녀를 양육하길 원한다.

2) Several key issues were *brought up* at the meeting.
그 회의에서 몇몇의 중요한 쟁점들이 언급되었다.

94. **Brush off** (*v.*) – not to take seriously, to remove (with a brush)

가벼이 여기다. 털다.

1) She *brushed off* his advice.
그녀는 그의 충고를 가벼이 여겼다.

2) I need to ***brush*** the snow ***off*** my car.
나는 내 차에 쌓인 눈을 털어야 한다.

** **Brush-off** (*n.*) - an abrupt refusal 퉁명스러운 거절

1) He tried to say something nice to her, but she just gave him the ***brush-off***.
그는 그녀에게 친절하게 말하려고 노력했으나, 그녀는 퉁명스럽게 거절했다.

95. **Brush up / brush up on** (*v.*) - to refresh one's knowledge or skill of a certain subject
어느 특정 분야에 대한 지식이나 기억 기술 등을 새로이 하다.

1) I need to ***brush up on*** my Spanish before I go to Spain next summer.
내가 내년 여름에 스페인에 가기 전에 내 스페인어 실력을 새롭게 해야 할 필요가 있다.

2) I forgot much of the math I had learned. I'll ***brush up on*** it this semester.
나는 내가 배웠던 수학을 많이 잊었다. 이번 학기에 다시 공부하여 기억을 되살릴 것이다.

96. **Build up** (*v.*) - to increase or develop steadily, to improve, to construct by degrees
꾸준히 증가 시키다. 향상 시키다. 점진적으로 건축을 하다.

1) To ***build up*** your credit, you should make your payments on time.
신용을 향상시키기 위해서 너는 제때에 납부금을 내야만 한다.

2) I exercise every day in order to ***build up*** the strength of my body.
내 건강을 증진시키기 위해 나는 매일 운동을 한다.

3) This area has been ***built up*** in recent years.
이 지역은 최근 몇 년 간 점진적으로 개발이 되어왔다.

- steadily (adv.) 꾸준히
- by degrees 점진적으로
- make a payment 납부금을 내다.

97. **Burn out** (*v.*) - to extinguish from a lack of fuel, to be overworked
연료부족으로 타는 것이 중단되다. 지치다. 과로하다.

1) The campfire ***burned out*** because there wasn't any more wood.
나무가 더 없었기 때문에 캠프파이어가 꺼졌다.

B

2) I am completely *burned out* after studying for weeks for the exam.
나는 시험공부를 몇 주 간 한 뒤 완전히 지쳤다.

3) I am *burned out* from working too many hours.
나는 일을 너무 오랜 시간하기 때문에 지쳐있다.

98. **Burn up** (*v.*) – to consume or be consumed completely by fire, to burn completely, to cause to become very angry
완전히 태워 없애다. 완전히 타다. 성나게 하다.

1) After she got married, she *burned up* all the letters from her old boyfriends.
결혼 후 그녀는 옛 남자친구들이 보낸 편지를 모두 불태워 버렸다.

2) The bank seized her car when she missed three payments. That really *burned* her *up*.
그녀가 세 번 지불금을 못 내자 그 은행은 그녀의 차를 압류해 버렸다. 그것은 그녀를 매우 화나게 했다.

• consume (v) 소비, 소모, 소실하다. • seize (v) 압류하다.

** **Burn down** (*v.*) – to burn or cause to burn to the ground 다 태워 없애다.

1) One careless smoker can *burn down* an entire forest.
한 사람의 부주의한 흡연자가 온 숲을 다 태워 버릴 수 있다.

2) The house was *burned down* because of faulty electrical wiring.
그 집은 전기 선 이상으로 다 타버렸다.

3) The candle's wick was *burned down* very quickly.
그 초의 심지는 매우 빨리 탔다.

** **Burn one's bridges (a cliché)** – to leave oneself without a way to get out, to damage the relationship
(속담) – 나갈 길이 없는 처지에 자신을 두다. 관계를 나쁘게 하다. 어려운 처지에 있게 되다.

1) Don't *burn your bridges* by arguing with your supervisor.
상사와 다툼으로 인해 어려운 처지에 놓이지 말아라.

2) She *burned her bridges* by behaving rudely in front of her friends.
그녀는 친구들 앞에서 무례하게 행동했기 때문에 관계를 나쁘게 만들었다.

99. **Butter up** (*v.*) – to try to get a favor by flattery 아첨하여 이득을 얻으려고 하다.

1) Some students try to *butter up* their teachers for better grades.
어떤 학생들은 성적을 더 잘 받기 위해 선생님에게 아첨을 한다.

2) No matter how much he tried to *butter* her *up*, she wouldn't date him.
그가 아무리 그녀에게 아첨을 했어도 그녀는 그와 데이트 하지 않았을 것이다.

3) Sometimes the boss tries to *butter up* his employees by buying them dinner. Of course he wants them to work harder for him.
종종 사장은 사원들에게 저녁을 사줌으로써 그들에게 잘 보이려고 한다. 이는 물론 그들이 더 열심히 일하기를 원하기 때문이다.

4) I think you're trying to *butter* me *up*.
나는 네가 아첨을 하려고 한다고 생각한다.

B

** **Buy off** (*v.*) – to bribe 뇌물로 매수하다.

1) Some lobbyists try to *buy off* politicians with large sums of money.
어떤 로비스트들은 많은 돈을 가지고 정치인들을 매수하려고 시도한다.

• sums of money 금액 • sum (n) 총계, 금액 • sum up 요약하다.

** **Buy out** (*v.*) – to buy someone's share to gain all of something
~의 전부를 얻기 위해 누군가의 몫을 사들이다.

1) He *bought out* all the shares of the company and gained complete control.
그는 그 회사의 지분의 전부를 사들였고, 완전히 회사를 장악했다.

2) I want to *buy out* my partner to own the company.
나는 그 회사를 소유하기 위해서 내 동업자의 지분을 사길 원한다.

100. **By and large** (*adv.*) – for the most part, on the whole 대체적으로, 전체적으로

1) We have a good relationship, *by and large*.
우리는 대체적으로 좋은 관계를 가지고 있다.

2) *By and large*, it was a good, but a very expensive trip.
대체적으로 그 여행은 좋았지만, 너무 비쌌다.

3) He made some small mistakes here and there, but *by and large* he did a good job.
그는 여기저기에서 약간의 작은 실수들을 했지만, 전체적으로 일을 잘했다.

101. **By chance** (*adv.*) – accidentally 우연히

1) Many new vaccines are discovered *by chance*.
   많은 새로운 백신들이 우연히 발견된다.

2) We met *by chance*, but we got married by choice.
   우리는 우연히 만났지만 원해서 결혼했다.

3) Discovery of the new vaccine was *by chance*.
   새 백신의 발견은 우연이었다.

102. **By means of** (*prep.*) – by using, with the help of ~을 사용하여, ~의 도움으로

1) They made their way across the river *by means of* a wooden raft.
   그들은 나무 뗏목을 사용하여 강을 건넜다.

2) He got across the river *by means of* a small boat.
   그는 작은 보트를 사용하여 강을 건넜다.

** **By way of** (*prep.*) – through, via, as a means of
~을 경유하여, ~의 방법 또는 수단으로

1) I flew from Seoul to Cleveland *by way of* San Francisco.
   나는 서울에서 샌프란시스코를 경유하여 클리블랜드까지 비행기를 타고 갔다.

2) What do you suggest we do *by way of* a celebration?
   우리가 기념을 하기 위해서 무엇을 하도록 제안하겠니?

103. **By all means** (*adv.*) – certainly 네, 물론이죠. 틀림없이

1) "May I sit here?" "*By all means*, please."
   "제가 여기 앉아도 될까요?" "물론이죠."

2) *By all means*, you should give her a call.
   너는 틀림없이 그녀에게 전화를 걸어야만 한다.

3) *By all means*, let's meet this week.
   이번 주에 꼭 만나자.

** **By no means** (*adv.*) – certainly not 결코 ~이 아닌, 전혀 아닌

1) "Could you let me use your car today?" "*By no means*."
"제가 오늘 당신 차를 사용해도 될까요?" "결코 안 된다."

2) I am *by no means* a fool.
나는 결코 바보가 아니다.

104. **By word of mouth** (*prep.*) – information passed from person to person by words

사람들의 입에서 입으로

1) The news of the tragic accident quickly has spread around *by word of mouth*.
비극적 사고에 대한 소식이 사람들의 입에서 입으로 빨리 퍼졌다.

2) I heard about the story *by word of mouth*.
나는 그 이야기를 사람들로 부터 전해 들었다.

C

105. Call down (*v.*) – to scold 야단치다.

1) The dentist *called down* his assistant today because she wasn't careful in treating a patient. Yesterday, he also called her down.
   오늘 그 치과의사는 그의 조수가 환자를 조심해서 다루지 않았기 때문에 야단을 쳤다. 어제도 또한 그녀를 야단쳤다.

• assist (v) 돕다. 보조하다. • assistant (n) 조수, 보조원 • assistance (n) 원조, 보조

C

106. Call for (*v.*) – to require, to come and get or pick up

요구하다. 필요로 하다. 와서 가지고 가다. 데리러(오)가다.

1) The delicate surgical procedure *calls for* precision.
   섬세한 수술 과정은 정밀함을 필요로 한다.

2) This test *calls for* exact timing, otherwise the whole thing will fail.
   이 실험은 정확한 시간조절을 필요로 한다. 그렇지 않으면 모든 것이 실패로 돌아갈 것이다.

3) She is supposed to *call for* me to go to a movie, but she hasn't come yet.
   그녀는 영화 보러 가기 위해서 나를 데리러 와야 하지만, 아직까지 오지 않았다.

• delicate (adj.) 섬세한 • surgical (adj.) 수술의 • proceed (v) 진행하다.
• procedure (n) 진행, 절차 • precise (adj.) 정확한 • precision (n) 정확

** Call on (*v.*) – to request or appeal, to visit, to ask to speak

요청하다. 호소하다. 방문하다. 발언을 요청하다.

1) The Mayor *called on* the residents to conserve the electricity and water during summer.
   시장은 시민들에게 여름동안 물과 전기를 절약해 줄 것을 요청했다.

2) I *called on* a friend while I was in Seoul.
   나는 내가 서울에 있는 동안 친구를 방문했다.

3) The Red Cross *calls on* volunteers to donate blood.
적십자사는 헌혈을 하라고 자원자들에게 호소한다.

4) When his teacher *called on* him, he didn't know the answer.
그의 선생님이 질문을 했을 때, 그는 답을 몰랐다.

107. **Call it a day** (*v.*) – to stop for the day　　오늘은 이만하다. 중지하다.

1) We only played nine holes and then *called it a day*.
우리는 단지 아홉 홀만 치고 그만했다.

2) Let's *call it a day*. We've done enough work for one day.
오늘은 이만하자, 우리는 하루 일은 충분히 했다.

108. **Call off** (*v.*) – to cancel　　취소하다.

1) We've had to *call off* the picnic because of the approaching rain storm.
다가오는 폭풍우 때문에 우리는 소풍을 취소해야만 했다.

2) The wedding was *called off* because they weren't sure whether they were truly in love.
그들은 정말로 사랑하는지 확신이 서지 않았기 때문에 그 결혼식은 취소되었다.

109. **Call into question** (*v.*) – to raise doubt about　　의구심을 갖다.

1) His honesty was *called into question* when they discovered there was some money missing from the treasury.
회사의 계좌에서 얼마간의 돈이 없어진 것을 그들이 발견했을 때, 그들은 그의 정직성에 의구심을 가졌다.

110. **Call up** (*v.*) – to telephone, to remind, to call for service into court, to draft
전화하다. 생각나게 하다. 소환 또는 징집하다.

1) Please *call* me *up* at six p.m.
저녁 여섯시에 전화하세요.

2) The pictures *called up* memories of their holiday in Greece.
그 사진들은 그리스에서의 휴가에 대한 기억들을 떠올리게 했다.

3) The court *called up* local citizens for jury duty.

법원은 지역 주민들을 배심원 의무를 하게 하기위해 소환했다.

4) The government *calls up* young people to serve their country.
정부는 국가에 봉사하도록 젊은이들을 징집한다.

• jury duty 배심원의 의무
(법정에서 사건의 심리, 평결을 하고 재판장에게 의견서를 제출함)

** **Call to mind** (*v.*) – to remind of 생각나게 하다.

1) Your statement *calls to mind* something I've wanted to discuss with you.
너의 말은 내가 너와 논의 하고 싶어 했던 것을 생각나게 한다.

111. **Come / Bring to the fore** (*v.*) – to come or to bring into leadership, to come into the public attention
지도자의 위치에 서다. 표면화 되다. 대중에 파고들다.

1) During the war, some great leaders *came to the fore*.
그 전쟁 중에, 약간의 훌륭한 지도자들이 등장했다.

2) Some brilliant young businessmen *came to the fore* during the depression.
약간의 뛰어난 젊은 사업가들이 불황기 중에 등장했다.

3) In recent years, more complicated cellular phones have *come to the fore*.
최근 몇 년간에 더욱 복잡한 휴대폰들이 등장했다.

• brilliant (adj.) 대단히 명석한 • depression (n) 우울, 불황 • complicated (adj.) 복잡한

112. **Cancel out** (*v.*) – to balance, to get rid of the effect
균형을 맞추다. 상쇄시키다.

1) I got an A in Chinese Literature to *cancel out* the D which I got in Human Anatomy.
나는 인체 해부학에서 받은 "D"를 상쇄시킬 수 있도록 중국 문학에서는 "A"를 받았다.

2) His wealth *canceled out* his lack of a formal education.
그의 부는 그가 정식 교육을 별로 받지 못한 것을 상쇄시켰다.

• anatomy (n) 해부학, 생체구조

113. **Can't help but / cannot but** (*v.*) – be compelled to, be unable to resist

~하지 않을 수 없다. ~하는 수 밖에 없다.

1) When I see cats playing, I *cannot help but* laugh.
   고양이들이 놀고 있는 것을 볼 때, 나는 웃지 않을 수 없다.

2) When he was called up, he *couldn't help but* serve his country.
   그가 병역에 소집되었을 때, 그는 나라에 봉사를 하지 않을 수 없었다.

114. **Cannot see the wood for the trees / Can't see the forest for the trees** (*v.*) – be unable to understand the whole, or to value the whole, by focusing only on the small parts

나무는 보고 숲을 못 본다. 작은 부분에 집중하느라 전체를 이해하거나 또는 그 전체의 가치를 알지 못하다.

1) You *can't see the forest for the trees*. Please try to see the big picture instead of seeing only a few small points.
   너는 나무를 보느라고 숲은 보지 못하는 구나. 두세 개의 작은 부분만을 보는 대신에 큰 그림을 보려고 노력해보라.

115. **Car pool** (*n*) – a plan by a group of people to rotate the use of their cars, such as going to work or school or to a vacation place

(일하러 가거나, 학교 가거나, 휴가 갈 때) 사람들이 교대로 차를 이용하는 것. 카풀

1) It's your week to drive in the *car pool*.
   이번 주는 네가 카풀에서 운전할 차례다.

2) *Car-pooling* is economical, though sometimes inconvenient.
   카풀을 하는 것은 종종 불편하기는 하지만 경제적이다.

• rotate (v) 교대하다. • economical (adj.) 경제적인 • inconvenient (adj.) 불편한

116. **Care for** (*v.*) – to like, to look after 좋아하다. 돌보다.

1) Would you *care for* another cup of coffee?
   커피 한잔 더 하시겠어요?

2) I don't *care for* rap music.
   나는 랩 음악을 좋아하지 않는다.

3) I *care for* my pets.
나는 내 애완동물들을 돌본다.

117. **Carrot and stick** (*n.*) – reward and punishment 보상과 벌(당근과 채찍)

1) The company used both a *carrot and a stick* to negotiate with their employees.
그 회사는 사원들과 협상을 하는데 당근과 채찍을 둘다 사용했다.

• negotiate (v) 협상하다. • negotiation (n) 협상

118. **Carry away** (*v.*) – to arouse 감정이 북 받치다. ~에 넋을 잃다.

1) I was *carried away* when I heard the sound of the national anthem, and I cried.
나는 국가가 연주되는 것을 들었을 때, 감정이 북 받쳐서 울었다.

2) Most of the people got *carried away* when our football players won in the World Cup Game.
우리 선수들이 월드컵 경기에서 이겼을 때, 대부분의 사람들은 너무나 감격했다.

• national anthem 애국가

119. **Carry a torch** (*v.*) – to continue to hold in affection, to sacrifice voluntarily to help someone

계속해서 애정을 품다. 대단한 충성심을 보이다. 다른 사람을 돕기 위해 자발적으로 희생하다. 총대를 메다.

1) Even though their relationship has ended, he still *carries a torch* for her.
그들의 관계가 끝났음에도 불구하고, 그는 여전히 그녀를 대단히 좋아한다.

2) When the man was in deep trouble, some of his followers were willing to *carry a torch* for him.
그 사람이 심각한 곤경에 빠졌을 때, 그의 추종자 몇 명은 기꺼이 그를 위해 희생을 하려했다.

• even though 비록 ~이지만 • in trouble 곤경에 빠진 • follower 추종자

120. **Carry off** (*v.*) – to remove, to win or succeed 들어내다. 상을 타다.

1) They *carried off* the trash and they got paid for doing it.
그들은 쓰레기를 들어내 치웠고, 그 일을 한 돈을 지불 받았다.

2) The athlete hopes to *carry off* a gold medal in the 2004 Athens Olympic Games.
그 선수는 2004년의 아테네 올림픽에서 금메달을 받길 희망한다.

** **Carry out** (*v.*) – to remove, to fulfil, to accomplish 들어내다. 실행하다. 성취하다.

1) Would you help me *carry out* the groceries?
내가 식료품을 밖으로 운반하는 것을 도와 주시겠읍니까?

2) The President must *carry out* the duties of his office.
대통령은 그의 공식적인 의무를 수행해야만 한다.

3) We *carried out* our wedding plans without spending too much money.
우리는 돈을 너무 많이 쓰지 않으면서 우리의 결혼 계획을 실행했다.

** **Carryout** (*n.*) – take – out food 가지고 나가는 음식

1) Sometimes, I order at the Chinese *carryout* restaurant.
가끔 나는 음식을 싸서 주는 중국 식당에서 음식 주문을 한다.

121. **Carry on** (*v.*) – to go on with, to continue despite difficulties
계속하다. 어려움에도 불구하고 계속하다.

1) We've *carried on* our correspondence for over a year.
우리는 일년 넘게 계속 편지 왕래를 했다.

2) They *carried on* their relationship despite his family's objections.
그들은 그의 가족의 반대에도 불구하고 그들의 관계를 계속 유지했다.

• despite ~에도 불구하고 • correspond (v) 서신왕래를 하다. 조화하다. 같다.
• correspondent (n) 특파원, 편지 왕래하는 자, 거래처

** **Carry through / carry through with** (*v.*) – to get done, to accomplish
끝까지 해내다. 성취하다.

1) I *carried through* with my plan to get my book published.
나는 내 책을 출판하려는 나의 계획을 끝까지 성취했다.

2) She had to work full time, but *carried through* with her plan to finish her education.
그녀는 전일제로 근무해야 했지만, 그녀의 교육을 끝마치려는 계획을 성취했다.

122. **Catch on / catch on to** (*v.*) – to understand, to become popular
이해하다. 인기 있다. 눈길을 끌다.

1) She will soon *catch on to* the duties of her new position.
그녀는 곧 그녀의 새 직책의 직무에 대해서 이해할 것이다.

2) Cellular phones have really *caught on* with the youth market.
휴대폰은 젊은 층을 위한 시장에서 정말로 인기를 끌었다.

123. **Catch one's breath** (*v.*) – to get back to normal breathing, to rest for a moment
정상적인 호흡 상태로 돌아가다. 잠깐 숨을 돌리다.

1) I need a minute to *catch my breath*.
나는 숨 돌릴 시간이 필요하다.

2) Would you like to sit down while you *catch your breath*?
잠깐 숨 돌리는 동안 앉으시겠어요?

124. **Catch up** (*v.*) – to bring up to date, to come up from behind, to trap in a situation, to become involved with (often against one's wishes)
뒤따라 잡다. ~의 상태에 빠지게 하다. 연관이 되다(종종 본인 의사에 반하여)

1) I should *catch up* on my correspondence.
나는 내게 온 편지들에 밀리지 않도록 답장을 해야 되겠다.

2) I've almost *caught up* with my studies.
나는 공부해야 할 것을 거의 따라 잡았다.

3) We were *caught up* in a traffic jam and arrived at the opera center an hour late.
우리는 교통 체증에 빠져서, 오페라 극장에 한 시간 늦게 도착했다.

4) Nowadays it's rare that a politician is not *caught up* in a scandal.
최근에 정치인이 스캔들에 빠지지 않는 것은 매우 드물다.

125. **Check in / into** (*v.*) – to register, to examine or investigate

(숙박부나 출근 카드 등에) 기재하다. 조사하다.

1) We can *check in* at the hotel after 10:00 a.m.
오전 10시 이후에 호텔에 투숙할 수 있다.

2) I'm going to *check into* the hotel as soon as I arrive in Sydney.
나는 시드니에 도착하자마자 그 호텔에 투숙할 것이다.

3) I must *check into* that when I get back to my office.
나는 사무실에 돌아가자마자 그것을 조사해야만 한다.

** **Check out** (*v.*) – to leave, to test, to borrow, to investigate

(퇴근 시나 숙박시설에서 떠날 때) 떠나다, 점검하다. 빌리다. 조사하다.

1) Can I pay my bill when I *check out*?
퇴실 할 때 요금을 내어도 됩니까?

2) I need to have my car engine *checked out*.
나는 내 차의 엔진을 점검할 필요가 있다.

3) There are some strangers in town. *Check* them *out*.
마을 안에 몇몇 수상한 사람들이 있다. 그들을 확인해 보라.

4) The library is closing in 10 minutes, please *check out* all the books at the front desk.
도서관이 10분후에 문을 닫으니 모든 책은 앞에서 대출하시기 바랍니다.

5) I *checked out* a book for a week.
나는 일주일간 책을 대출했다.

126. **Cheer up** (*v.*) – to become cheerful, to make cheerful

기운 내다. 기운 내게 하다.

1) *Cheer up*, the good times are just around the corner.
기운 내, 곧 좋은 시기가 곧 올 거야.

2) He thought that taking her to the dance would *cheer* her *up*.
그는 그녀를 댄스파티에 데리고 가는 것이 그녀를 기운 내게 할 것이라고 생각했다.

127. **Clean off** (*v.*) – to clean the surface of 표면을 치우다.

1) My desk needs to be cleaned off. I need to *clean off* my desk.
내 책상 위가 치워져야 될 필요가 있다. 나는 내 책상위를 치워야 할 필요가 있다.

2) After dinner I usually *clean off* the table, then I wash the dishes.
나는 대개 저녁을 먹은 뒤, 탁자를 치우고, 설거지를 한다.

** **Clean out** (*v.*) – to deprive completely (as of money), to remove everything from

완전히 빼앗다 / 고갈시키다. (안의 것을) 깨끗이 청소해 내다.

1) The slumping economy has virtually *cleaned out* the company's treasury.
경기 침체는 사실상 그 회사의 재정을 고갈시켰다.

2) He was *cleaned out* at the horse races.
그는 경마에서 완전히 빈털터리가 되었다.

3) He helped his father *clean out* the garage.
그는 아버지가 차고를 깨끗이 청소하는 것을 도왔다.

- deprive of (v) ~를 빼앗다.
- be deprived of ~를 빼앗기다.
- slump (v) 푹 빠지다. (n) 폭락, 침체
- treasury (n) 국고, 기금, 재무

** **Clean up** (*v.*) – to clean thoroughly, to change one's habits

구석구석 깨끗이 청소하다. (주로 나쁜) 습관을 바꾸다.

1) She *cleans up* her bedroom every other weekend.
그녀는 매 2주말마다 침실을 깨끗이 청소한다.

2) Members of the community got together to *clean up* the neighborhood park.
그 지역 구성원들은 동네 공원을 청소하기 위해 모였다.

3) You need to *clean up* your act, or you'll never pass the course.
너는 너의 행위를 고쳐야한다. 그렇지 않으면 너는 그 과목을 패스할 수가 없다.

128. **Clear up** (*v.*) – to make clear, to heal (particularly a skin condition)

분명히 하다. 개이다. (상처 부위 등이) 낫다.

1) The weather is going to *clear up* this afternoon.
날씨가 오늘 오후에는 갤 예정이다.

2) There's a small problem that we need to *clear up*.
우리가 분명히 해 두어야 할 작은 문제가 있다.

3) My skin rash has all *cleared up*.
내 피부의 발진은 모두 깨끗이 나았다.

129. **Climb the walls** (*v.*) – to react in frustration or be frustrated
(불안, 당황 등으로) 어찌할 바를 모르다. 미치다. 도망가고 싶을 정도다.

1) She's *climbing the walls* because she lost heavily in the stock market.
그녀는 주식시장에서 돈을 많이 잃었기 때문에 어쩔 줄을 몰라하고 있다.

2) If the professor had talked for another minute, I would have been *climbing the wall*.
만약 그 교수님이 일분만 더 말했다면, 나는 미쳐버렸을 것이다.

3) I am *climbing the walls* because I am so bored.
심심해서 미칠 지경이다.

** **Drive up the wall** (*v.*) – to annoy very much, to drive someone crazy
매우 화나게 하다. 다른 사람을 미치도록 몰다.

1) Please stop complaining about everything I do. You are *driving* me *up the wall*.
내가 하는 모든 일에 대해서 제발 그만 불평해라. 너는 나를 미치도록 만든다.

2) The noisy children are *driving* me *up the wall*.
그 시끄러운 아이들은 나를 미치게 만들고 있다.

130. **Closed-door** (*adj.*) – in secret, limited to a few 비밀적인, 아주 제한적인

1) The Appropriations Committee held a *closed-door* meeting to decide the fate of the new missile system.
예산위원회는 새로운 미사일 체계의 운명을 결정할 비밀회의를 개최했다.

2) The board of trustees often holds *closed-door* meetings before making an announcement.
이사회는 성명을 발표하기 전에 종종 비밀회의들을 한다.

- appropriate (adj.) 적당한, 적절한 (v) 충당하다, 예산에 넣다.
- The Appropriations Committee (미의회) 예산위원회
- trust (n, v) 신뢰하다.
- appropriation (n) 충당, 예산
- trustee (n) 이사, 보관인, 피신탁인

131. **Close down** (*v.*) – to shut down, to stop operating completely

폐쇄하다. 완전히 가동을 중지하다.

1) The shoe factory *closed down* because making shoes was no longer profitable.
신발을 만드는 것이 더 이상 이익을 내지 못했기 때문에 그 신발회사는 가동을 중지했다.

2) Many of the shops on the beach *close down* during the winter.
해변에 있는 많은 상점들은 겨울동안에는 문을 닫는다.

** **Close out** (*v.*) – to end, to get rid of all the goods

끝내다. (상품 등을) 다 처분해 버리다.

1) The company has *closed out* its entire line of furs. They don't plan to carry furs anymore in respect of wildlife.
그 회사는 모피 전제품의 취급을 끝냈다. 그들은 야생동물을 소중히 여겨 앞으로는 더 이상 모피 종류를 취급하지 않을 계획이다.

• get rid of 제거하다. • entire (adj.) 전체의 • in respect of ~를 존중하여

** **Close-out** (*n.*) – a sale in which goods are sold at greatly reduced prices to dispose of them quickly

재고 정리, 다 팔아 치우기 위해 대폭 할인 된 가격으로 상품을 파는 것

1) Many shops offer *close-out* sales on Christmas items after the holiday shopping season.
휴일의 쇼핑 기간이 끝나면 많은 상점들은 크리스마스 용품들을 재고 정리로 내어 놓는다.

2) A motor company is having a *close-out* sale on last year's models.
한 자동차 회사가 작년 모델의 재고 정리 할인을 하고 있다.

132. **Coffee break** (*n.*) – a short recess from work to have coffee and to rest

일 하다가 잠깐 쉬거나 커피를 마시기 위한 짧은 휴식, 커피 휴식시간

1) Let's take a quick *coffee break* before the meeting begins.
회의를 시작하기 전에 잠깐 커피 휴식시간을 가집시다.

2) The company gives its employees *coffee breaks* twice a day.
그 회사는 직원들에게 하루에 두 번 커피휴식 시간을 준다.

133. **Cold feet** (*n.*) – a loss of courage 용기를 잃음

1) He was going to ask them for a job, however he got *cold feet*.
그는 그들에게 일자리를 부탁할 예정이었지만, 용기를 잃었다.

2) He wanted to go skydiving, but he got *cold feet* at the last minute.
그는 스카이다이빙을 하고 싶어 했지만, 마지막 순간에 용기를 잃었다.

** **Cold shoulder** (*n.*) – unfriendly or insignificant treatment 불친절하고 하찮은 대우

1) His colleagues started giving him the *cold shoulder*. And it was a sure sign that he was in danger of losing his job.
그의 회사 동료들이 그를 불친절하고 하찮게 취급하기 시작했다. 그것은 그가 그의 직업을 잃을 위험에 처해 있다는 명백한 신호였다.

2) After losing his job, even his closest friends gave him the *cold shoulder*.
그가 일자리를 잃은 후, 그의 가장 친한 친구마저도 그를 냉대했다.

• colleague (n) 동료 • in danger of ~의 위험에 처한 • lose a job 직장을 잃다.

134. **Come about** (*v.*) – to happen 발생하다.

1) He wanted to know how his low bank balance had *come about*.
그는 그의 은행계좌에 잔고가 적은 이유를 알고 싶어했다.

2) He wanted to know how his daughter's expulsion from university had *come about*.
그는 딸이 대학에서 제적당하게 된 이유를 알고 싶었다.

3) I want to know how this incident *came about*.
나는 이 사건이 어떻게 발생한 것인지 알고 싶다.

• bank balance 은행 잔고 • expulsion (n) 추방, 제적

135. **Come across** (*v.*) – to find or meet by accident 우연히 발견하다. 우연히 만나다.

1) I *came across* my missing credit card while I was moving the bookcase.
나는 책장을 옮기다가 내가 잃어버린 신용카드를 우연히 발견했다.

2) She *came across* a university friend last week. She hadn't seen him in years.

그녀는 지난주에 대학친구를 우연히 만났다. 그녀는 그를 수년 동안이나 보지 못했다.

3) I hope I *come across* my assignment paper. I lost it and it's due tomorrow.
나는 내 과제물을 찾기를 바란다. 나는 그것을 잃었고 내일이 기한이다.

136. **Come along** (*v.*) – to make progress 진전 향상하다.

1) The doctor said, "She's *coming along* well after her surgery."
의사는 "그녀는 수술 뒤에 상태가 좋아지고 있다"라고 말했다.

2) "How are your classes going?" "They're *coming along* well."
"수업들은 어떻게 잘 받고 있나?" "점차 나아지고 있습니다."

** **Come along with** (*v.*) – to accompany 동반, 동행하다.

1) I'm going to the movies. Do you want to *come along with* me?
나는 영화보러 갈 예정이다. 너도 같이 갈래?

2) When the football coach came to Korea, his sweetheart *came along with* him.
그 축구 감독이 한국에 왔을 때, 그의 애인도 같이 왔다.

137. **Come between** (*v.*) – to cause a problem 문제를 일으키다.

1) He doesn't like to lend money to his friends because he doesn't want it to *come between* them.
그는 돈이 친구들과의 사이에 문제를 일으키는 것을 원치 않기 때문에 그들에게 돈을 빌려주는 것을 좋아하지 않는다.

2) I don't want money matter to *come between* us.
나는 우리 사이에 돈 문제가 끼이는 것을 원하지 않는다.

3) When money problems *came between* them, their relationship was in jeopardy.
그들 사이에 돈 문제가 일어났을 때, 그들의 관계는 위기에 처해졌다.

• money matter 돈 문제 • in jeopardy 위기에 처한

138. **Come by** (*v.*) – to visit, to acquire (사전 약속 없이) 방문하다. 얻다. 손에 넣다.

1) The neighbors *came by* for a cup of coffee and a chat.
이웃들이 커피를 마시고 잡담을 하려고 들렸다.

2) Where did you *come by* that beautiful jacket?
너는 그 아름다운 재킷을 어디서 샀니?

** **Come over** (*v.*) – to come, to occur clearly 오다. 분명하게 떠오르다.

1) *Come over* to my house to study with me.
나하고 같이 공부하게 우리 집에 와라.

2) It suddenly *came over* me that I had forgotten all about my appointment.
내가 약속에 대해서 까마득히 잊고 있었다는 것이 갑자기 생각났다.

** **Drop in / drop by / stop by / stop in** (*v.*) – to make a casual, unannounced, and a short visit
잠깐 들르다. (대개 사전 약속없이)

1) I just *dropped in* since I was in the neighborhood.
동네에 왔기 때문에 그냥 들렀어.

2) *Stop by* my office when you have a minute.
잠깐 시간 나면 내 사무실에 들러라.

139. **Come out with** (*v.*) – to make known or say something unexpected
(생각, 계획 등을)발표하다. 가지고 오다.

1) The Democratic Party *came out with* a modest economic proposal.
민주당은 적당한 경제 제안을 내어 놓았다.

2) Don't say anything unless you can *come out with* the truth.
진실을 말할 것이 아니면 아무것도 말하지 말아라.

• modest 적당한 • economic proposal 경제제안 • unless ~하지 않는다면

** **Come up** (*v.*) – to arise by chance in a discussion, to approach
토의 중에 우연히 어떤 생각이나 화제가 오르다. 접근하다.

1) We were just chatting and suddenly the issue of abortion *came up*.
우리는 단지 잡담을 하고 있었는데 갑자기 낙태에 관한 문제가 떠올랐다.

2) The subject of real estate *came up* while we were talking.
우리가 이야기 하는 동안 부동산에 관한 주제가 떠올랐다.

3) A street man *came up* to me and begged for some money.
한 걸인이 내게 다가 와서 돈을 구걸했다.

• by chance 우연히 • abortion (n) 낙태 • real estate (n) 부동산
• begged for ~ ~를 구걸하다.

** **Come up with** (*v.*) – to provide, to propose 제공하다. 제안하다.

1) Employees often *come up with* solutions that elude management.
노동자들은 종종 경영진을 교묘하게 피해나가는 해결책을 제안한다.

2) She *came up with* a fantastic idea for the spring fashion show.
그녀는 봄 패션쇼에 대한 아주 환상적인 제안을 했다.

140. **Come through** (*v.*) – to achieve success in spite of difficulties, to do a desired action
(어려움에도 불구하고) 성공하다. 원했던 것을 잘 해내다.

1) The business had a lot of difficulties in the beginning, but it *came through* the tough times and now it's very secure.
그 사업은 초기에 많은 어려움이 있었지만, 지금은 그런 어려운 시절을 잘 견디고 매우 견실하다.

2) I was sure that the Korean football team would *come through* and win the games.
나는 한국 축구팀이 어려움을 잘 이겨내고 경기에서 이길 것이라는 것을 확신했다.

3) The publication of my book finally *came through*.
내 책의 출판이 어려움에도 불구하고 결국 이루어졌다.

• achieve (v) 성취하다. • desire (n) 욕망 • publication (n) 출판, 간행
• secure (adj.) 확실한, 안전한, 견고한 • security (n) 안전

141. **Come under** (*v.*) – to come under the authority of 편입되다. 영향력을 받다.

1) The small financial firm *came under* one of the major insurance companies.
그 작은 금융회사가 큰 보험 회사들 중 한곳에 편입되었다.

142. **Common ground** (*n.*) – shared interests, beliefs, or similar ways
공통점, 함께하는 흥미, 믿음, 또는 비슷한 일

1) Their marriage failed because of a complete lack of *common ground*.
그들은 공통점이 거의 없기 때문에 결혼 생활이 파경에 이르렀다.

2) The committee's goal is to find areas of *common ground*.
그 위원회의 목적은 공통영역을 찾는 것이다.

3) Since they could not find any *common ground*, the deal fell through.
그들은 어떠한 공통점도 찾아내지 못했기 때문에 그 거래는 실패했다.

• a lack of ~ 부족한 • fall through 실패하다.

143. **Cool down / cool off** (*v.*) – to become or make calm, to make cool 진정하다.

1) You're too emotional, try to *cool down*.
너는 너무 감정적이다. 진정하려고 노력해라.

2) The engine of the car has been overheated. Don't drive until it *cools down*.
그 차의 엔진은 과열되었다. 그 엔진이 식을 때까지 운전하지 마라.

** **Calm down** (*v.*) – to make or become calm (노여움 흥분 등을) 가라앉히다.

1) You need to *calm down* and think clearly, otherwise you'll fail the exam.
너는 흥분을 가라앉히고 잘 생각해야만 한다. 그렇지 않으면 시험에서 떨어질 것이다.

2) Yoga helps me *calm down*.
요가는 내가 마음을 진정시키는데 도움을 준다.

144. **Coop up** (*v.*) – to feel confined in a small place
비좁은 곳에 갇히거나 그런 느낌을 갖다.

1) I've been *cooped up* in my place doing a final editing of my book for a long while.
나는 내 책의 마지막 수정을 하느라 오랜 시간동안 내 방안에 갇혀 지냈다.

2) The rainy days keep me *cooped up* in my small apartment.
비오는 날들이 나를 내 조그만 아파트에 가두어 놓았다.(비가 와서 나는 내 작은 아파트에서 꼼짝도 못하고 있다.)

145. **Count on / upon** (*v.*) – to rely on, to depend on 믿다. 의지하다. 신용하다.

1) You can *count on* me to raise funds for Amnesty International.
국제 사면회의 기금 모금은 내게 의지해도 좋습니다.

2) The team *counts on* him to score points.
그 팀은 점수를 내는데 그에게 의지한다.

3) The Korean team *counted on* the excellent coach, Hiddink.
한국 팀은 훌륭한 감독인 히딩크에게 의지 했었다.

4) You know you can *count on* me anytime you need my help.
너는 내 도움이 필요할 때면 언제나 나에게 의지 할 수 있다는 것을 알잖아.

- raise fund 기금을 모으다.
- amnesty (n) 사면
- Amnesty International 정치범 구제를 위한 국제사면회의

146. **Count out** (*v.*) – to exclude 제외하다.

1) The incumbent won the election despite being *counted out* by the press.
재선을 원하는 그 정치인은 언론에 의해서 소외되었음에도 불구하고 선거에서 이겼다.

2) Don't *count* them *out*, the game's not over yet.
그들을 제외시키지 마라, 아직 경기가 끝난 것은 아니다.

3) I don't want to be involved in your plot. *Count* me *out*, please.
나는 너의 계략에 동참하고 싶지 않다. 제발 나는 제외시켜줘.

- incumbent (n) 현직에 있으면서 재선에 당선되기를 바라는 정치인

** **Count in** (*v.*) – to include 포함하다.

1) If you need a fourth person for the bridge game, *count* me *in*.
브리지 게임에 네 번째 사람이 필요하거든 나를 좀 끼어줘.

2) We're planning a surprise party for her. Should we *count* you *in*?
우리는 그녀를 위한 깜짝 파티를 준비 중이다. 너도 끼워주어야 하나?

147. **Cover up** (*v.*) – to hide, to conceal 은폐하다.

1) The recent money scandal was quickly *covered up*.
최근의 돈에 대한 추문은 재빨리 덮어졌다.

2) I don't think that *covering up* a mistake is the best way to handle it.

나는 실수를 덮어두는 것이 그것을 처리 하는 최선의 방법이라고는 생각하지 않는다.

148. **Crack down on** (*v.*) – to take strong actions to stop illegal or disapproved activities

불법적 또는 불허된 행위들을 중지시키기 위해 강력한 행동을 취하다. 단속하다.

1) The police started to ***crack down on*** drunk driving.
경찰은 음주운전에 대해서 강력하게 처리하기 시작했다.

2) The police neglected to ***crack down on*** forced prostitution and furthermore they condoned it by taking bribes from the owners of bordellos. Then they used a cunning scheme to cover it up.
경찰은 강요된 매춘에 대해서 태만했고 게다가 유곽 업주들로부터 뇌물을 받고 그것을 묵인하였다. 그리고 그것을 은폐시키기 위해서 교활한 계획까지 사용했다.

- approve (v) 승인하다.
- disapprove (v) 불허하다.
- drunk driving 음주운전
- neglect (v) 태만하다.
- forced (adj.) 강제된
- prostitution (n) 매춘
- condone (v) 승인하는 것은 아니지만 받아들이다. 봐주다.
- a cunning scheme 교활한 계획

** **Crackdown** (*n*) – a strong action taken to stop illegal or disapproved activities

단속, 강경조치

1) There was a ***crackdown*** on illegal gambling casinos.
불법적인 도박을 하는 카지노들에 대해서 단속이 있었다.

2) The ***crackdown*** on forced prostitution has been less successful.
강요된 매춘에 대한 단속은 별로 실효를 거두지 못해왔다.

149. **Crack up** (*v.*) – to break down emotionally 정신적으로, 신체적으로 쇠약해지다.

1) He is about to ***crack up*** with his overloaded responsibilities.
그는 과중된 책임들로 인해서 정신적, 신체적으로 몹시 지칠 지경이다.

2) The nurse is about to ***crack up*** with her overloaded responsibilities in the hospital.
그 간호사는 병원에서의 그녀의 과중한 업무로 인해 거의 지칠 정도이다.

** **Crackup** (*n.*) – a nervous breakdown 신경쇠약

1) With overloaded responsibilities, he finally had a *crackup*.
과중된 책임 때문에 그는 결국 신경쇠약이 되었다.

• overload (n) 과(중)하게 하다.

150. **Cross one's fingers** (*v.*) – to keep one's fingers crossed hoping for good luck

(두 손가락을 꼬아) 행운을 빌다.

1) Let's *cross our fingers* and hope the flight isn't cancelled.
우리 모두 행운을 빌어서, 우리의 비행이 취소되지 않기를 희망하자.

2) I'll keep *my fingers crossed* and hope everything turns out all right for you.
나는 내 손가락을 꼬아 행운을 빌어서, 너를 위하여 모든 일이 잘 되길 바란다.

• the flight is cancelled 비행기가 취소되다.

151. **Cross one's mind** (*v.*) – to have sudden and passing thoughts

문득 생각이 나다.

1) The thought of quitting the job *crossed her mind*.
그녀는 문득 직장을 그만두고 싶은 생각이 났다.

2) It just *crossed my mind* that we haven't paid you for the work you did.
당신이 한 일에 대해서 임금을 지불하지 않은 것이 문득 생각이 났다.

• quit the job 직장을 그만두다.

152. **Cross off / out** (*v.*) – to remove (as from a list), to draw a line through

(목록에서) 제외시키다. 선을 그어 지우다.

1) His name was on the list of promotion, but it was *crossed off* at the last minute.
그의 이름은 승진자 명단에 있었으나, 마지막 순간에 제외 되었다.

2) I want to *cross out* this sentence because it's redundant.
이 문장은 불필요한 중복이기 때문에 선을 그어 지우고 싶다.

• at the last minute 마지막 순간에 • redundant (adj.) 중복된, 군더더기의

153. **Cut down** (*v.*) – to reduce 감소하다. 줄이다.

1) The doctor has advised her to *cut down* on fatty food.
의사는 그녀에게 기름진 음식을 줄이라고 충고했다.

2) *Cut down* on your spending or you'll end up a pauper.
씀씀이를 줄이지 않으면 너는 거지가 되고 말 것이다.

154. **Cut in (on)** (*v.*) – to interrupt, to move in front of someone or something
끼어들다. ~의 앞으로 움직이다.

1) I didn't want to *cut in* on their conversation, but it was an emergency.
나는 그들의 대화에 끼어들고 싶지 않았지만, 그것은 긴급 상황이었다.

2) The accident occurred when a motorbike suddenly *cut in* the line of traffic.
그 사고는 오토바이가 갑자기 차선을 끼어들면서 발생했다.

** **Cut off** (*v.*) – to stop abruptly, to shut off, to amputate
갑자기 중단하다. 단절하다. 절단하다.

1) A telecommunication company *cut off* our phone service without notice.
전화회사가 통고도 없이 전화를 끊어버렸다.

2) He is completely *cut off* from his family.
그는 가족으로부터 완전히 단절 되었다.

3) Her insurance has been *cut off* since January.
그녀의 보험은 1월 이후로 중단되었다.

4) The doctor *cut off* the patient's wounded leg.
의사는 그 환자의 부상당한 다리를 절단했다.

** **Cut out** (*v.*) – to remove, to stop doing something 제거하다. 중지하다.

1) The butcher *cut out* the entrails of the dead chicken.
그 푸주한은 죽은 닭의 내장을 제거했다.

2) He should *cut out* smoking cigarettes.
그는 담배피우는 것을 중지해야 한다.

** **Cut it out** (*v.*) – to stop (bad behavior or annoying)
중지하다. (나쁜 행위 또는 귀찮게 하는 것)

1) I don't like your nagging. Why don't you ***cut it out***?
나는 너의 잔소리가 싫다. 그만 좀 해.

155. **Cut up** (*v.*) – to cut in small pieces 작은 조각으로 자르다.

1) She is ***cutting up*** some vegetables.
그녀는 채소를 잘게 자르고 있다.

롱아일랜드 루드

D

156. **Dark horse** (*n.*) – A contestant who is not well-known and then becomes a possible winner

잘 알려지지 않은 경쟁자 (그러나 최후의 승자가 될 가능성을 가진).

1) To everyone's surprise, the Best Actor Award went to the *dark horse* nominee.
모든 사람들이 놀랍게도, 최우수 남자 연기상은 잘 알려지지 않은 후보자에게 돌아갔다.

• nominate (v) 추천, 지명하다. • nominee (n) 추천이나 지명된 사람

157. **Day after day** (*adv.*) – everyday, all the time 매일, 한결같이

1) The swim team practiced *day after day* for the entire summer.
그 수영 팀은 여름 내내 매일매일 연습을 했다.

2) I've worked on this project *day after day* without a break.
나는 이 과제를 하느라 휴식 없이 매일 일을 했다.

** **Day and night** (*adv.*) – continuously, around the clock (밤낮으로) 계속해서

1) Most convenience stores are open, *day and night*, for 365 days a year.
대부분의 편의점들은 밤낮으로 계속 1년 365일 문을 연다.

2) The factory operated *day and night* in order to complete the job.
그 공장은 작업을 완성하기 위해 밤낮으로 쉬지 않고 가동했다.

158. **Dates back** (*v.*) – to have a particular point of origin in the past

거슬러 오르다.

1) The stoneware *dates back* hundreds of years.
석기시대는 수백 년을 거슬러 올라간다.

2) This pottery *dates back* to the Silla Dynasty.
이 도자기는 신라 왕조까지 거슬러 올라간다.

159. **Deep water** (*n.*) – a serious problem, difficulty 심각한 문제, 곤경

1) The President's family is in *deep water* now.
대통령가가 지금 곤경에 처해 있다.

2) Her small lie got her into *deep water* with her parents.
그녀의 작은 거짓말은 그녀의 부모님과 심각한 문제에 빠지게 했다.

3) Not studying put him in *deep water* when finals arrived.
공부를 하지 않은 것이 기말고사에 이르러서 그를 곤경에 빠뜨렸다.

160. **Die out** (*v.*) – to disappear slowly, to become extinct 서서히 사라지다. 죽다.

1) The candle burned down and slowly *died out*.
그 초는 다 타버렸고, 서서히 꺼졌다.

2) Many endangered species have already *died out*.
많은 멸종위기의 종들이 이미 사라져 버렸다.

3) Humanity must prevent endangered species from *dying out*.
인류는 멸종위기의 종들이 사라져 가는 것을 막아야만 한다.

- burned down 다 타버리다.
- humanity (n) 인류, 인간성, 인간애, 박애
- humanism (n) 인도주의, 인본주의, 인간성
- endangered species 멸종위기의 종들
- humankind (n) 인류
- humanitarianisim (n) 인도주의

161. **Dig in** (*v.*) – to begin to work hard 열심히 일하기 시작하다.

1) They *dug in* and worked until the project was finished.
그들은 열심히 일하기 시작해서 그 과제가 끝날 때까지 계속했다.

2) I must *dig in* and keep on studying until the exam day.
나는 열심히 공부하기 시작해서 시험 날까지 계속해야만 한다.

** **Dig out** (*v.*) – to get information or to find by searching, to remove or take out by digging

정보를 알아내다. 캐내다.

1) *Digging out* the information from the records is difficult.
기록에서 정보를 찾아내는 것은 어렵다.

2) The old dead tree was finally *dug out* of my yard.
그 오래된 고목이 마침내 내 뜰에서 캐내어졌다.

3) In Africa, one day, several sweet potato diggers *dug out* a huge diamond accidentally.
아프리카에서 어느 날 몇몇 고구마 채굴자들이 우연히 대단히 큰 다이아몬드를 캐냈다.

4) They had a big job to *dig out* after the snow storm.
그들은 눈보라 후에 눈을 치우는 힘든 일을 했다.

• accidentally (adv.) 우연히 • dig (v) 파다.

162. **Do the honors** (*v.*) – to act as host or hostess 주인 역할을 하다.

1) Our boss asked me to *do the honors* and represent our branch office at the company's annual banquet.
내 상사는 회사의 연례 연회에서 내게 우리 지사를 대표하여 주인 역할을 하도록 부탁했다.

• branch office 지사

163. **Do over** (*v.*) – to do again, to redo 다시하다.

1) Your assignment has too many errors, so *do* it *over*.
너의 숙제에는 잘못 된 것이 너무 많다. 다시 하도록 해라.

2) I don't like the interior design of my apartment, so I want to *do* it *over*.
나는 내 아파트의 실내 장식이 맘에 안 든다. 그래서 다시 하고 싶다.

164. **Double-check** (*v.*) – to check again to make sure it is right 재확인하다.

1) I think I locked the door, but I should *double-check* it.
나는 문을 잠근 것으로 생각한다. 하지만, 재확인 해야겠다.

2) You should *double-check* your itinerary before going on your trip.
너는 여행을 떠나기 전에 여행일정을 재확인 해야만 한다.

3) Did you *double-check* the oven to make sure it was turned off?
너는 오븐이 꺼져 있는지 재확인 했니?

4) She *double-checked* her essay and found several minor errors.
그녀는 그녀의 글을 재확인 했고, 몇 개의 사소한 오류들을 발견했다.

5) I should *double-check* tomorrow's schedule.
나는 내일 일정을 재확인해야겠다.

• itinerary (n) 여행일정표 • go on a trip 여행가다.

165. **Double-cross** (*v.*) – to betray by doing the opposite of what was agreed on
동의해 놓고 다른 일을 함으로써 배신하다.

1) The CIA agent *double-crossed* the government by giving away the country's top secret to the enemy.
그 중앙정보부 요원은 국가의 1급 비밀을 적에게 주어버림으로써 정부를 배신했다.

2) Don't try to *double-cross* me.
나를 배신하려 들지 마라.

• betray (v) 배반하다. • give away 주어버리다.

** **Double-dealing** (*adv., n.*) – treacherous, treachery 배반하는, 배반

1) The *double-dealing* policemen, who received money from the bordellos, are in deep water.
매춘업주들로부터 돈을 받은 불성실한 경찰관들이 심각한 곤경에 처해있다.

• in deep water 심각한 곤경에 빠진

** **Double standard** (*n.*) – a hypocritical principle which works only for one side
위선적인 이중 잣대.

1) It's okay for men to remarry with children, but if it's not okay for women to do so, then, it is a *double standard*.
아이를 가진 남자가 재혼하는 것은 괜찮고, 여자가 그렇게 하는 것은 안 된다면, 그것은 위선적인 이중의 기준을 적용한 것이다.

• hypocritical (adj.) 위선적인

** **Double talk** (*n.*) – what is said, thought and acted is different
말과 생각과 행동이 다른 것

1) She is full of *double talk*. She says nice things in front of you, but behind your back, she speaks differently
그녀는 표리부동하다. 그녀는 네 앞에서는 항상 좋은 말만하지만, 네 등 뒤에서는 다르게 말한다.

2) On the phone, she said that she would be glad to see me and I believed it, but it turned out that it was *double talk*.
전화를 통해서 그녀는 나를 만나면 반가울 것이라고 말했고 나는 그것을 믿었는데, 후에 그것은 그녀가 생각과 말을 다르게 한 것임이 드러났다.

166. **Doubt** (*n., v.*) – to distrust, to disbelieve, uncertainty

의심하다. 믿지 않다. 확실치 않다. 의심

1) "You think the economy will improve soon? I *doubt* it."
"너는 경제가 곧 회복 될 것이라고 생각하니? 나는 그렇게 생각하지 않는다."

** **Beyond doubt** (*adj.*) – certainly, without question 분명히

1) It's *beyond doubt* that the economy will improve within a few years.
2-3년 안에 경기가 나아질 것이라는 것은 분명하다.

167. **Give the benefit of the doubt** (*v.*) – to believe someone is innocent until proven guilty

유죄로 판명되기 전에는 무죄라고 믿는 것

1) Without clear proof you should *give* people *the benefit of the doubt*. Everyone is innocent until proven guilty.
명백한 증거 없이는 죄인이라고 판명되기 전까지는 무죄라고 믿어야만 한다. 유죄라고 판명되기 전까지 모든 사람은 무죄이다.

2) She thought the students had cheated but she *gave* them *the benefit of the doubt* and passed them.
그녀는 학생들이 부정행위를 했다고 생각했지만, 유죄로 판명되기 전에는 무죄로 인정해야 하기 때문에 그들을 시험에서 통과 시켰다.

- innocent (adj.) 무죄의, 결백한
- guilty (adj.) 유죄의
- prove (v) 증명하다.
- cheat (v) 속이다.

168. **Double up** *(v.)* – to share a room or any other area meant for one (1인용 방 등을) 함께 쓰다.

1) We had to *double up* our office space to accommodate the new employees.
우리는 새 직원들에게 자리를 마련해 주기위해 방을 함께 써야만 했다.

2) There's only one room available, so we'll have to *double up* for the night.
방이 하나밖에 없다. 그래서 우리는 밤에 방을 함께 써야만 할 것이다.

- accommodate (v) 편의를 봐주다. (숙소, 일정, 돈 등)조절, 조정하다.
- accommodation (n) 숙박시설, 조정, 융통

169. **Down-to-earth** *(adj.)* – realistic, practical, sensible 현실적, 실질적, 센스 있는

1) The plan seems to be *down-to-earth*, but is it going to work?
그 계획은 실현 가능성이 있어 보인다. 하지만 정말로 잘 될까?

2) He's well liked because of his *down-to-earth* management style.
그는 그의 현실적인 경영 기법으로 인해 많은 사랑을 받는다.

170. **Drag on** *(v.)* – to continue slowly for a long time 천천히 오랫동안 계속하다.

1) The meeting *dragged on* until well into the evening.
그 모임은 저녁까지 오랫동안 계속되었다.

2) The hot weather *drags on* and on. Will it never end?
뜨거운 날씨가 오랫동안 계속되고 있다. 결코 끝나지 않을 것인가?

** **Drag out** *(v.)* – to prolong 오래 끌다.

1) I hope this meeting won't be *dragged out*, it usually tends to go on too long.
나는 이 모임이 오래가지 않기를 바란다. 그 모임은 너무 길게 가는 경향이 있다.

171. **Draw a (the) line** *(v.)* – to distinguish, to set a limit to 분명히 하다. 한계를 정하다.

1) Sometimes, it's not easy to *draw a* clear *line* between moral and immoral.
때때로, 도덕적, 비도덕적이라는 것의 명백한 한계를 정하는 것이 쉽지 않다.

2) I have to *draw the line* on the amount I spend monthly on entertainment.
나는 매달 유흥에 쓰는 돈의 한계를 정해야 한다.

172. **Dream of** (*v.*) – to think or imagine about 상상하다. 생각하다.

1) I often *dream of* having my own business. Maybe I am a dreamer.
나는 항상 내 사업을 하고 싶은 상상을 한다. 나는 아마도 공상가일지도 모른다.

2) *Dreaming of* a white Christmas is sweet.
눈 내리는 성탄절을 꿈꾸는 것은 달콤하다.

173. **Dress up** (*v.*) – to dress formally or elegantly
정식으로 또는 우아하게 잘 차려입다.

1) Why don't we get *dressed up* for the party on Friday night?
금요일 밤의 파티에는 우리 멋있게 잘 차려 입는 것이 어때?

2) You look great when you *dress up*.
너는 잘 차려 입으면 매우 멋있어 보인다.

174. **Drop off** (*v.*) – to leave something 맡기다. 내려주다.

1) I need to *drop off* some clothes at the dry cleaner's.
나는 세탁소에 옷 몇 가지를 맡길 필요가 있다.

2) Can you *drop* me *off* near the train station?
나 좀 가까운 역에 내려주겠니?

175. **Drop out** (*v.*) – to stop attending, to quit 중도에 그만두다. 자퇴하다.

1) Some students *drop out* of college in their freshman year.
몇몇 학생들은 1학년 때 대학을 그만둔다.

2) He *dropped out* of school because of financial difficulties.
그는 경제적 어려움으로 인해서 학교를 그만두었다.

** **Dropout** (*n.*) – One who withdraws from school before graduating
졸업 전에 학교를 그만두는 사람.

1) He is a high school *dropout* and will have difficulty finding a good job.
그는 고등학교 중퇴자이다. 그래서 그는 좋은 직업을 구하는데 어려움을 겪을 것이다.

2) Our company doesn't hire *dropouts* because they usually lack necessary skills.
중퇴자들이 대개 필요한 기술들이 결여되어 있어 우리 회사는 그들을 고용하지 않는다.

- withdraw (v) 철수하다. 철회하다. 인출하다.
- find a job 직장을 찾자.
- lack skills 기술이 부족하다.

176. **Due to** (*prep.*) – caused by, because of ~에 의해 야기된, ~ 때문에

1) Many forest fires are *due to* carelessly extinguished fires.
많은 산불들이 부주의하게 꺼진 불들로 인해 발생한다.

2) The game was called off *due to* rain.
그 경기는 비 때문에 취소되었다.

- extinguish fire 불을 끄다.
- be called off 취소되다. 중지 또는 연기되다.

** **Due** (*adj.*) – required to be paid, submitted, or finished, etc.
지불 기일이 된, 지불해야 할, 빚진

1) My phone bill is *due* today.
내 전화비는 오늘이 지불 기일이다.

2) The amount *due* is $42.95.
지불해야 할 돈은 42달러 95센트 이다.

3) My homework assignment is *due* next week.
나의 과제는 다음 주가 기한이다.

** **Dues** (*n.*) – a charge or fee for membership 부과금, 회비

1) The swimming club *dues* are $120.00 per year.
수영 클럽의 연간 회비는 120달러이다.

2) *Dues* should be paid by the fifth of the month.
회비는 매월 5일에 납부되어야 한다.

177. **Dwell on** (*v.*) – to linger over, to stay on, not to leave something

(~의 생각 등에서) 쉽게 벗어나지를 못하다.

1) Don't ***dwell on*** your mistakes.
너의 실수에 집착하지 말라.

2) She is always ***dwelling on*** her past events.
그녀는 항상 과거 일에 집착해서 산다.

스토어-롱샴

E

178. **Easy come, easy go (cliché)** – Something easily earned may easily go
쉽게 얻은 것은 쉽게 잃는다. (속담)

1) As soon as Jim inherited a lot of money, he began to spend it lavishly because it was easy money. *Easy come, easy go*.
집은 많은 돈을 상속 받자마자, 쉽게 들어온 돈이었기 때문에 그는 사치스럽게 돈을 쓰기 시작했다. 쉽게 얻는 것은 쉽게 잃는다.

2) The money Jim won was spent very quickly. His friend told him it was *easy come, easy go*.
짐이 얻은 돈은 빨리 써졌다. 그의 친구가 쉽게 얻는 것은 쉽게 잃는다고 그에게 말했다.

- inherit (v) 상속받다.
- inheritance (n) (돈, 땅 …) 물려받는 것
- lavishly (adv.) 사치스럽게, 헤프게

179. **Eat one's words** (*v.*) – to take back what one has said, to hold back what one wants to say
한 말을 취소하다. 하고 싶은 말을 삼키다.

1) I wanted to complain to my boss, but I *ate my words* instead.
나는 나의 상사에게 불평을 하고 싶었으나 참았다.

2) He had to *eat his words* in front of his angry boss.
그는 그의 화난 상사 앞에서 할 말을 삼켜야만 했다.

3) She told everybody that she would win the game, but she lost. Now she has to *eat her words*.
그녀는 그 게임에서이길 것이라고 모든 사람들에게 말했으나 졌다. 이제 그녀는 그녀가 한 말을 취소해야 한다.

180. **Edge out** (*v.*) – to defeat by a small margin 근소한 차이로 이기다. 몰아내다.

1) New York *edged out* Toronto in a close game.

뉴욕은 토론토를 아슬아슬한 경기로 이겼다.

2) She was *edged out* of the position by someone with better qualifications.
그녀는 더 나은 자격을 가진 사람에 의해 그 자리를 얻지 못했다.

• be qualified 자격이 있다. • qualification (n) 자격

** **to be on edge** (*v.*) - to feel apprehensive or nervous
염려와 긴장이 되고 초조하다

1) He *is on edge* today.
그는 오늘 마음이 초조하고 긴장되어있다.

2) I *am* a little *on edge* waiting for my interview result.
나는 인터뷰 결과를 기다리며 마음이 초조하다.

181. **Eke out** (*v.*) - to manage or to make with difficulty 근근히 꾸려나가다.

1) Most farmers are barely able to *eke out* a living.
대부분의 농부들은 간신히 생활을 꾸려나간다.

2) Many families are barely *eking out* a living because of the economic crisis.
많은 가족들이 경제위기로 인해 겨우 생활을 꾸려나가고 있다.

182. **End up** (*v.*) - to finish, to come to an end 끝내다. 결국 ~로 끝나다.

1) The football match *ended up* with Korea beating Japan 2-0.
그 축구 경기는 한국이 일본을 2:0으로 이기며 끝났다.

2) If he keeps spending more then he earns, he'll *end up* in bankruptcy court.
만약 그가 계속해서 버는 돈보다 더 쓴다면, 그는 결국에는 파산 법정에 서게 될 것이다.

3) They *ended up* divorcing.
그들은 결국 이혼으로 끝났다.

• bankrupt (adj.) 파산한 • divorce (v) 이혼하다.

183. **Enjoy oneself** (*v.*) - to have a good time, to have a pleasurable time
즐거운 시간을 갖다.

1) Please *enjoy yourself*.
즐거운 시간을 가지세요.

2) Did you *enjoy yourself* at the party last night?
지난 밤 파티에서 즐거운 시간을 가졌습니까?

184. Enough is enough – that's enough 이제 그만 충분함

1) I'm tired of your nagging, *enough is enough*.
당신의 잔소리에 너무 질렸어. 이제 그만 좀 해요.

2) When she asked to borrow more money, in addition to what she had already borrowed, her irate father said, "*Enough is enough*."
그녀가 이미 빌려간 돈에 추가해서 그녀가 돈을 더 빌려달라고 부탁했을 때, 그 녀의 성난 아버지는 "이제 그만 좀 해"라고 말했다.

• nagging (n) 잔소리 • borrow (v) 빌리다. • in addition to ~에 추가하여

185. Every now and then / Every once in a while (*adv.*) – occasionally 이따금

1) We like to eat out *every now and then*.
우리는 이따금 외식하기를 좋아한다.

2) I like to go to a movie *every now and then*.
나는 이따금 영화 보러 가기를 좋아한다.

3) We used to spend a lot of time together, but now we only see each other *every once in a while*.
우리는 함께 많은 시간을 보내곤 했었다. 그러나 이제는 이따금씩만 만난다.

• eat out 외식하다. • go to a movie 영화보러 가다. • spend time 시간을 보내다.

** Every so often (*adv.*) – occasionally 이따금

1) We used to go there a lot, but now we only go there *every so often*.
우리는 그곳에 많이 가곤 했다. 그러나 지금은 이따금만 간다.

186. Every single (*adj.*) – every (usually for emphasis)

매, 각, 하나하나 (대개 강조하여)

1) I've been working hard *every single* day since last year.
나는 지난해 이래로 매일 매일을 열심히 일해오고 있다.

2) I appreciate *every single* thing you've done for me.
나는 네가 나를 위해 한 모든 일에 대해 감사한다.

** **Every other** (*adj.*) – on alternate occasions 하나 걸러

1) The milk man comes *every other* day.
우유배달원은 격일로 온다.

2) We do the bulk of our grocery shopping *every other* Saturday.
우리는 한 주 걸러 토요일마다 대량의 식료품을 산다.

- alternate (v) 교대, 교체하다. (adj.) 번갈아 하는
- alternation (n) 교대, 교체
- alternative (adj.) 양자택일의
- bulk (n) 부피, 크기

F

187. **Face to face** (*adj.*) – directly confronting each other in each other's presence
직접 서로 맞서서, 서로의 면전에서

1) The two boxers stood *face to face* and readied themselves for the bout.
그 두 권투선수들은 서로 마주보고 서서 한판승부를 위해 싸울 준비가 되었다.

2) I haven't met him *face to face*, but I've heard good things about him.
나는 그를 직접 만나지는 못했지만 그에 관해 좋은 평을 들어 왔다.

3) Let's talk *face to face*.
직접 대면해서 말하자.

• confront (v) 맞서다. • bout (n) 한판승부

188. **Face up to** (*v.*) – to accept as real, to confront bravely
사실로 받아들이다. 용감하게 맞서다.

1) If he doesn't *face up to* his drinking problem, he won't be able to overcome it.
만약 그가 그의 술 마시는 문제를 사실로 받아들이지 않는다면 그는 그것을 극복할 수 없을 것이다.

189. **Face value** – the value written on, truth of something
액면가격, 표면상의 가치, 액면그대로

1) This rare silver coin has a *face value* of five dollars, however, its market value can be much more.
그러나 그것의 시장가치는 훨씬 더 많을 수 있다.

2) I took what he said at *face value*, never thinking he would lie.
나는 그가 거짓말을 하리라고는 전혀 생각지 않고 그의 말을 액면그대로 받아들였다.

** **Market value** – the current value in the market　　현재 시장에서의 가격

1) The face value of this stock certificate is $1,000,00. But its *market value* is 0, because the company is bankrupt.
이 주식증명서의 액면가는 1,000달러이다. 그러나 그 회사가 부도가 났기 때문에 그것의 시장가는 제로이다.

• certificate (n) 증명서 • face value 액면가 • market value 시장가

190. **Fair and square** (*adj.*) – honestly 정직하게, 공정하게

1) We won the game *fair and square*.
우리는 정직하게 그 게임에서 이겼다.

2) Let's divide our profit *fair and square*.
우리의 이익을 공정하게 나누자.

** **Fair play** (*n.*) – honest and right action 정직하고 정당한 행동

1) Sports events employ referees to insure *fair play*.
스포츠 행사들은 공정한 경기를 위해 심판들을 고용한다.

2) The lawyers from either party were not interested in *fair play*.
양쪽의 변호사들은 공정한 작전이나 매너에는 관심이 없었다.

191. **Fair-weather friend** (*n.*) – a person who is a friend only when one is in good circumstances
친구가 오직 형편이 좋을 때 만 친구가 되어주는 사람

1) He's a kind of *fair-weather friend* who's never around when I need help.
그는 내가 도움이 필요할 때는 전혀 도움을 청할 수 없는 그런 류의 친구이다.

2) I'd rather have no friends at all than *fair weather friends*.
나는 내가 형편이 좋을 때 만 찾아주는 친구들을 갖느니 차라리 친구들이 없는 것이 낫다.

192. **Flunk out / flunk out of** (*v.*) – to be expelled from a school or a course because of a poor grade circumstances
성적이 나빠서 학교에서 또는 과목에서 탈락하다.

1) Study hard, otherwise you'll *flunk out* of school.
열심히 공부해라. 그렇지 않으면 학교에서 탈락할 것이다.

2) They were shocked when their daughter *flunked out* of school.
그들은 그들의 딸이 학교에서 탈락했을 때 충격을 받았다.

• poor grade 나쁜 성적 • circumstance (n) 상황
• be expelled 퇴학당하다. 쫓겨나다.

193. **Fall all over** (*v.*) – to show too much affection 지나친 애정표시를 하다.

1) She *falls all over* him in public, but it doesn't embarrass him at all.
그녀는 그에게 대중 앞에서 지나치게 애정표시를 하지만 그것이 그를 전혀 무안하게 만들지 않는다.

194. **Fall back on** (*v.*) – to turn to for help, to depend on in case of need
도움을 받기 위해 또는 필요한때 의지하다.

1) Everybody should get a good education to *fall back on*.
모든 사람들은 도움이 필요할 때 의지할 수 있는 훌륭한 교육을 받아야한다.

2) He's an orphan and has no one to *fall back on*.
그는 고아이다. 그리고 의지할 사람이 아무도 없다.

3) You can always *fall back on* me.
너는 항상 나에게 기댈 수 있다.

4) It's hard to have to *fall back on* your savings because the interest rates are so low.
예금 이율이 너무 낮아서 예금에 의지해야만 하는 것이 힘들다.

** **Fall back** (*v.*) – to withdraw, to retreat 후퇴하다.

1) The army had to *fall back* behind the enemy line for safety.
군대는 안전 상 적선 뒤로 후퇴해야만 했다.

2) The enemy *fell back* under the counterattack.
적군은 반격으로 후퇴했다.

• retreat (v, n) 퇴각, 후퇴하다. • counterattack (v, n) 반격하다.

195. **Fall behind / fall behind in** (*v.*) – to fail to keep current, to go slower than others
뒤쳐지다. 남들보다 느리다

1) She *fell behind* on her credit card payments and needs to get caught up.
그녀는 신용카드 대금을 제때 갚지 못해서 빨리 갚을 필요가 있다.

2) I need to study because I don't want to *fall behind in* my courses.
나는 학과 공부들에서 뒤지고 싶지 않기 때문에 공부해야 한다.

196. **Fall for** (*v.*) – to be infatuated with (or by) or fall in love with, to be taken in by or deceived by

~에게 반하거나 사랑의 느낌을 받다. 속임수를 당하다.

1) He *fell for* her the first time he saw her.
그녀를 처음 보았을 때 그는 사랑의 감정을 느꼈다.

2) He *falls for* every woman he encounters.
그는 그가 만나는 모든 여자들에게 반한다.

3) She told him a lie and he *fell for* it.
그녀는 그에게 거짓말을 했고 그는 속임수를 당했다.

** **Fall in love with** (*v.*) – to have a feeling of love

사랑의 감정을 갖다. 사랑에 빠지다.

1) We *fell in love* with each other the first time we met.
우리는 처음 만났을 때 서로 사랑의 감정을 느꼈다.

2) I *fell in love* with him at the first sight.
나는 첫눈에 그와 사랑에 빠졌다.

197. **Fall off** (*v.*) – to become less, to decline 감소하다.

1) Since the company sales have *fallen off*, there will probably be layoffs.
회사의 영업실적이 감소해왔기 왔기 때문에 아마 임시 해고가 있을 거야.

2) Student registration has *fallen off* sharply this semester.
이번 학기에 학생 등록이 현저히 줄었다.

• decline (v) 감소하다. • layoff (n) 임시해고(회사 사정으로) • register (v) 등록하다.

198. **Fall out** (*v.*) – to become estranged from 말다툼하다. 사이가 벌어지다.

1) They *fell out* after a quarrel over a small matter.
그들은 조그만 일로 말다툼한 뒤 사이가 멀어졌다.

2) She has *fallen out* with her next-door neighbors after an argument.
그녀는 말다툼 후로 그녀의 옆집 사람들과 교제를 해오고 있지 않다.

• become estranged from ~와 사이가 나빠지다.
• estrange (v) 사이를 나쁘게 하다.

199. **Fall through** (*v.*) – to fail to happen 실패하다. 망쳐지다.

1) My vacation plans *fell through* because I couldn't take the time off.
나의 휴가 계획이 시간을 낼 수가 없게 되어 망쳐졌다.

2) Her plans to go overseas *fell through*.
해외로 갈 그녀의 계획들이 무산되었다.

• take some time off 시간을 좀 내다. • go overseas 해외로 가다.

F

200. **Far cry** (*n.*) – something very different 매우 다른 것

1) Your statement is a *far cry* from the truth.
당신의 말은 진실과 매우 다르다.

2) This watch is an imitation Rolex and a *far cry* from what I expected.
이 시계는 가짜 롤랙스로서 내가 기대했던 것과 아주 다르다.

3) This movie is a *far cry* from the usual Korean Production.
이 영화는 대부분의 한국영화와는 아주 다르다.

201. **Far-off** (*adj.*) – faraway, distant 먼

1) He wants to go to a *far-off* island.
그는 먼 섬으로 가고 싶어 한다.

2) To a university freshman, graduation seems *far-off* and somewhat unlikely to ever occur.
대학교의 신입생에게는 졸업은 멀고 결코 실현될 것 같지 않을 것처럼 보인다.

202. **Fed up / Fed up with** (*adj.*) – having had too much of, being sick and tired of

진저리나다. 싫증나다.

1) He was *fed up* with his wife's nagging.
그는 그의 아내의 잔소리에 진저리가 났다.

2) I'm *fed up* with your constant complaints about the way I do things.
내가 일을 하는 방식들에 대한 너의 끊임없는 불평에 나는 진저리가 난다.

203. **Feel like ~ing** (*v.*) – to be in a mood for doing something

무엇인가 하고 싶은 감정이다.

1) I *feel like* gett*ing* something to eat.
무엇인가 먹을 것을 좀 사고 싶은 기분이다.

2) I don't *feel like* study*ing* today.
오늘은 공부하고 싶은 기분이 아니다.

204. **Feel like a million dollars / look like a million dollars (cliché)** – to be in the best condition

최상의 컨디션이다.

1) He loves me and it makes me *feel like a million dollars*.
그는 나를 사랑한다. 그리고 그 것이 나를 최고로 기분 좋게 만든다.

2) You *look like a million dollars* in that new dress.
너는 그 새 옷을 입으니 대단히 아름답게 보인다.

205. **Fifty-fifty** (*adj.*) – half for and half against, shared or divided equally 반반의

1) Let's split the assets *fifty-fifty*, half to you and half to me.
재산을 반은 너에게 반은 나에게로 나누자.

2) The weather report said that there's a *fifty-fifty* chance of rain today.
기상예보가 오늘은 비올 확률이 반반이라고 했다.

206. **Fight off** (*v.*) – to battle or act successfully against 싸워 물리치다.

1) I'm trying to *fight off* the flu by taking a lot of vitamin C.
나는 많은 비타민 C를 복용함으로서 감기를 떨쳐버리려고 노력하고 있다.

2) Our soldiers are bravely *fighting off* the enemy.
우리의 군인들이 용감하게 적을 물리치고 있다.

• take vitamin 비타민을 복용하다.

** **Fight it out** – to battle or struggle until one side wins
한쪽이 이길 때까지 싸우다. 몸부림치다.

1) The boxers *fought it out* until only one of them was left standing.
그 권투선수들은 그들 중의 한 명만 남아 서 있을 때까지 싸웠다.

2) In the continuing consumer wars, big companies are *fighting it out*.
계속되는 소비자 유치 전쟁에서 큰 회사들은 몸부림치고 있다.

• continue (v) 계속하다. • consumer (n) 소비자

207. **Figure on** (*v.*) – to plan, to expect 계획하다. 기대하다.

1) We didn't *figure on* having many people at our wedding ceremony anyway.
우리는 하여튼 우리의 결혼식에 많은 사람들을 기대하지 않았다.

2) I was *figuring on* a pay raise, but it didn't come through.
나는 급여의 인상을 기대하고 있었으나 이루어지지 않았다.

• wedding ceremony 결혼식 • a pay raise 급여인상
• come through 잘 이루어지는

208. **Figure out** (*v.*) – to find an answer, to solve, to understand
해답을 찾다. 풀다. 이해하다.

1) Can I ask you for some help *figuring out* this computer program?
이 컴퓨터 프로그램을 풀기 위해 도움을 청해도 될까요?

2) I can't *figure out* why my internet often goes down.
왜 나의 컴퓨터가 종종 다운되는지 이해를 못하겠어요.

209. **Fill in** (*v.*) – to write words in the blanks, to substitute
빈칸에 글을 써넣다. 대체하다.

1) Please *fill in* the blanks on the application form and put it in that basket.
신청서를 기재하여 저 바구니에 넣으세요.

2) The cook is sick and we need someone to *fill in* right away.
요리사가 아파서 곧 누군가로 대체해야 될 필요가 있다.

• apply (v) 신청하다. • application form 신청서

** **Fill out** (*v.*) – to complete a form 양식을 작성하다.

1) I haven't *filled out* my tax return yet. I should *fill out* the form soon.
나는 아직 나의 세금신고를 하지 않았다. 곧 세금 신고서를 작성해야 한다.

2) I *filled out* the registration forms and sent them last week.
나는 등록 양식 서를 기재하여 지난주에 보냈다.

• tax return 소득신고서

210. **Fill up** (*v.*) – to make or become completely full 가득 채우다.

1) I need to *fill up* the gas tank because it's almost empty.
연료탱크가 거의 비어서 채워야겠다.

2) (at the gas station) *Fill* it *up*, please.
(주유소에서) 가득 채워 주세요.

3) It's best to add the detergent after the wash tub *fills up*.
세탁통에 물이 가득 찬 후에 세제를 넣는 것이 가장 좋다.

• a gas tank 연료탱크 • detergent 세제

211. **Find out** (*v.*) – to ascertain, to get information about,
~에 대한 정보를 얻다. 알아내다.

1) Did you *find out* what time the movie starts?
그 영화가 몇 시에 시작하는지 알아보았니?

2) I *found out* about the scholarship program.
나는 그 장학프로그램에 대한 정보를 알아냈다.

• ascertain (v) 확인하다, 알아내다.

212. **Fine feathers do not make fine birds** (*proverb.*)
– A person who looks nice, talks nice, or wears nice clothing isn't necessarily a nice person.

멋있게 보이고 멋있게 말하고 멋있는 옷을 입는 사람이 꼭 멋있는 사람은 아니다.

1) She wears nice clothes, drives a nice car, and smiles a lot, but *fine feathers do not* necessarily *make fine birds*.
그녀는 좋은 옷을 입고 좋은 차를 몰고 그리고 미소를 많이 짓는다. 그러나 좋은 물건들이 꼭 좋은 사람을 만드는 것은 아니다.

213. **Finish up** (*v.*) – to finish completely, to wrap up 완전히 끝내다. 마무리 짓다.

1) I want to *finish up* my work early and go home.
나는 나의 일을 빨리 끝내고 집에 가고 싶다.

2) He's *finishing up* his homework and then he's going to a movie.
그는 그의 숙제를 마무리 짓고 있다. 그러고 나서 영화를 보러 갈 예정이다.

** **Finished with** (*v.*) – to end a relationship, a task, etc. 관계, 임무 등을 끝내다.

1) I am *finished with* him because he never keeps his words.
그는 그의 말을 전혀 지키지 않기 때문에 나는 그와의 관계를 끝냈다.

2) Are you *finished with* the books I loaned you?
내가 너에게 빌려준 책 다 보았니?

** **Finished** (*adj.*) – ruined, ended, skilled, accomplished, perfect, completely processed

망쳐진, 끝난, 숙련된, 완성된, 완벽한, 완전히 가공된

1) He is *finished* as a politician.
그는 정치인으로서는 끝났다.

2) The company is bankrupt; now it's *finished*.
그 회사는 파산했다. 이제 끝났다.

3) Some final touches are needed to give the furniture a *finished* look.
그 가구에 완성된 모습을 주기 위해서는 약간의 마지막 손질이 필요하다.

4) This is a *finished* product.
이것은 완성된 제품이다.

214. **First-class** (*adj., adv.*) – of the best quality of service, excellent, first-rate
최상의 서비스의, 뛰어난, 일등급의

1) *First-class* passengers are naturally given better service than those in economy class.
일등실의 승객들은 자연적으로 삼등실의 승객들보다 더 나은 서비스를 받는다.

2) We stayed at a *first-class* hotel.
우리는 일류호텔에 머물렀다.

3) We sent the gift set you ordered as *first-class* mail.
우리는 당신이 주문한 선물 세트를 특급우편으로 보냈다.

• passenger (n) 승객 • naturally (adj.) 자연히 • economy class 삼등실

215. **First come, first served** – the person who comes first will be served first
먼저 오는 사람이 먼저 서비스를 받음

1) Reservations are not necessary. Rooms are let on a *first come, first served* basis.
예약은 필요 없다. 방들은 먼저 오는 사람 순으로 빌려준다.

2) The 100 computers were offered on a *first come, first served* basis.
그 100대의 컴퓨터들은 먼저 오는 사람에게 제공이 된다.

• reservation (n) 예약 • necessary (adj.) 필요한

216. **Fit in / fit in with** (*v.*) – to be suited to, to be adjusted to 적합하다. 적응하다.

1) I think these curtains *fit in* better *with* the color scheme than those.
이 커튼들이 저것들보다 색상 면에서 더 적합하다고 본다.

2) She *fits in* well *with* the other members of the photography club.
그녀는 사진클럽의 다른 멤버들과 잘 어울린다.

217. **Fix up / fix up with** (*v.*) – to repair, to decorate or furnish, to fix, to supply or provide, to arrange a relationship

수선/수리하다. 꾸미다. 장식하다. 고치다. 제공하다. 주선하다. 소개하다.

1) We *fixed up* a room to use as a study room.
우리는 방 하나를 공부방으로 사용하기 위해 수리했다(꾸몄다).

2) I am hungry. I should *fix up* something for myself.
나는 배가 고프다. 무엇인가 만들어야 되겠다.

3) I *fixed* him *up with* a job
나는 그에게 직업을 주선했다.

4) We *fixed* him *up with* a nice girl.
우리는 그에게 멋진 소녀를 소개했다.

F

218. **Follow through** (v.) – to finish an action that one started, to complete a task once it is started

시작한 일을 끝내다. 시작된 일을 완성하다.

1) *Follow through* on your plan before beginning another project.
또 다른 프로젝트를 시작하기 전에 이미 시작된 일을 완성하라.

2) I like to *follow through* on things I started.
나는 내가 시작한 일을 끝내기를 좋아한다.

** **Follow up** (*v.*) – to make a previous action more effective by doing something extra that adds to it; to carry out, to seek or give more information about

추가적인 것을 통하여 이전의 행동을 좀 더 효과적으로 만들다.
수행하다. ~에 대한 정보를 추구하거나 주다.

1) Send them your resume and *follow* it *up* in a week or so with a phone call.
당신의 이력서를 그들에게 보내시오. 그리고 일주일정도 후에 전화를 걸어 좀 더 효과적으로 추진하시오.

2) Good service representatives sell products and then make *follow up* calls.

유능한 서비스 맨은 제품을 판 후 전화를 걸어 제품에 대해 묻고 더 많은 정보를 가르쳐 준다.

3) *Follow up* the instruction with a good diagram.
좋은 도표가 있는 안내서를 참고하시오.

4) We'll *follow up* the story with a review of the activities tomorrow.
우리는 내일 학습의 복습과 함께 그 이야기에 대해 더 배울 것이다.

• previous (adj.) 이전의 • effective (adj.) 효과적인
• resume (n) 이력서 • represent (v) 묘사하다, 대표하다.
• representative (adj.) 표시하는, 대표적인 (n) 대표자

219. **Fool around** (*v.*) – to spend time idly, to play around

게으름 피다. 쓸데없는 짓을 하며 시간을 낭비하다.

1) I don't have time to *fool around*. I have a lot of work to do.
게으름 피울 시간이 없어요. 나는 할 일이 많아요.

2) Stop *fooling around*, or you will regret it later.
쓸데없이 돌아다니며 시간을 낭비하지 마라. 그렇지 않으면 나중에 후회 할 것이다.

3) Don't *fool around* with a bad crowd or you'll get in trouble.
나쁜 무리들과 어울려 다니지 마라. 그렇지 않으면 문제가 생길 거야.

220. **Foot in the door** (*n.*) – the first step toward getting something

무엇인가를 얻기 위한 첫 번째 단계

1) It was a part-time position, but I accepted it as a way of getting my *foot in the door* of the company.
그것은 시간제 직위였다. 그러나 나는 그 회사에 발을 들여놓기 위한 첫 번째 단계로 그것을 받아들였다.

2) This is just a temporary position. But who knows? It can be a *foot in the door*.
이것은 단지 임시직이다. 그러나 누가 알아? 그것이 첫 번째 단계일지.

3) This is a *foot in the door*-position.
이것은 일단 발을 들여 놓기 위한 entry level position 이다.

• a part-time position 시간제직 • a temporary position 임시직

221. **For all** (*v.*) – in spite of ~에도 불구하고

1) *For all* the soldiers have done for our country, they are not treated right.
군인들이 우리의 국가를 위해 공헌해온 것에도 불구하고 그들은 제대로 대접받지 못하고 있다.

2) He has much money and a nice family, but *for all* that, he is not happy.
그는 많은 돈과 멋진 가족이 있다. 그러나 그럼에도 불구하고 그는 행복하지 않다.

222. **For all the world** (*adv.*) – for anything, for any price, at any price 결코, 절대로

1) I wouldn't change anything about you *for all the world*.
나는 너에 대해 결코 어떤 것도 바꾸지 않겠다.

** **Forever and ever** (*adv.*) – forever, always 영원히, 항상

1) The memory of this day will be with me *forever and ever*.
이 날의 기억은 영원히 나와 함께 있을 것이다.

2) Things only last *forever and ever* in fairy tales.
일들은 오직 동화에서만 영원하다.

** **For good** (*adv.*) – forever, permanently 영원히, 영구적으로

1) She's gone *for good* and won't be back.
그녀는 영원히 갔다. 그리고 돌아오지 않을 것이다.

2) He has finally quit drinking and gambling *for good*.
그는 결국 영구적으로 술과 노름을 끊었다.

223. **For sure** (*adv.*) – without doubt, certainly 의심할 여지없이, 확실하게

1) I know this is real *for sure*.
나는 이것이 정말이라는 것을 안다.

2) Do you know she'll return *for sure*?
당신은 그녀가 확실히 돌아올 것이라는 것을 압니까?

224. **For the best** (*adj., adv.*) – good, best, luckily, well 좋은, 최상의, 운 좋게, 잘

1) I'm sorry for him, but it's *for the best* for the rest of the people.
그에게는 안됐어요. 하지만 나머지 사람들에게는 잘된 일이예요.

2) Sometimes, bad situations turn out *for the best*.
가끔 나쁜 상황들이 오히려 아주 잘된 일로 판명된다.

** **For the better** (*adj., adv.*) – for something better　　호전된. 더 나은 것을 위한

1) Reducing his alcohol intake is *for the better*.
그의 음주량을 줄이는 것은 호전된 것이다.

** **For the worse** (*adj., adv.*) – deteriorating　　더 나빠지는

1) He took the new position, but it turned out *for the worse*.
그는 새 직위를 받았는데 그것이 더 나쁘게 되었다.

2) The patient's condition changed *for the worse*.
그 환자의 상태가 더 나쁘게 변했다.

3) When they got married, they vowed to love one another *for* better or *worse*.
그들이 결혼했을 때 그들은 좋을 때나 나쁠 때나 서로를 사랑할 것을 맹세했다.

- one another, each other 서로
- for better or worse 좋을 때나 나쁠 때나
- deteriorating (adj.) 아주 나빠지는

225. **Freeze over / freeze up** (*v.*) – to become covered with ice, unable to function(because of tension, etc.)
얼음으로 덮이다. (긴장감 등으로) 기능을 못하다.

1) When the lake *freezes over*, we go ice skating.
호수가 얼을 때 우리는 스케이팅을 하러 간다.

2) Last night, it was so cold that the water pipes *froze up*.
지난밤에 너무나 추워서 물관이 얼었다.

3) He *froze up* in front of the class and couldn't give his speech at all.
그는 학급 앞에서 얼어붙어 그의 연설을 전혀 할 수가 없었다.

** **Freeze out** (*v.*) – to exclude, to force out by unfriendly treatment
제외하다. 불친절한 대우로 몰아내다.

1) He wanted to join the exclusive club, but the membership *froze* him *out*.

그는 그 고급클럽에 가입하고 싶었으나 회원자격은 그를 제외시켰다.

• exclusive (adj.) 배타적인, 독점적인, 고급의, 상류의

226. **From hand to hand** (*adv.*) – From one person to another

이 사람에서 저 사람으로, 여러 손을 거쳐

1) After their parents died, the children were passed *from hand to hand* until their aunt and uncle were granted permanent custody.
그들의 부모가 죽은 후 그 아이들은 그들의 아저씨와 아주머니에게 영구적인 법적 양육권이 주어졌을 때까지 여러 손을 거쳐야 했다.

2) Our family shares everything. Even clothing is passed *from hand to hand*.
우리 가족은 모두 나누어 쓴다. 옷조차도 돌려가며 입는다.

3) The famous painting was passed *from hand to hand* until I got it.
그 유명한 그림은 내가 소유할 때까지 많은 손을 거쳤다.

• be granted 주어지다. • custody (n) 양육권

227. **From the bottom of one's heart / With all one's heart** (*adv.*) – with deep feeling, with sincerity

진심으로

1) He loved her *with all his heart*.
그는 그녀를 진심으로 사랑했다.

2) I thank you *from the bottom of my heart* for all you've done for me.
나를 위해 당신이 한 모든 일에 대해 진심으로 감사한다.

228. **From time to time** (*adv.*) – sometimes, occasionally 가끔

1) He visits me *from time to time*.
그는 가끔 나를 방문한다.

2) He likes to have a glass of wine *from time to time*.
그는 가끔 와인 한잔을 마시기를 좋아한다.

229. From way back (*adj., adv.*) – since a long time ago 오래 전부터

1) We know each other ***from way back*** in high school.
우리는 오래 전인 고등학교 시절부터 아는 사이다.

2) We just met, but I feel we've known each other ***from way back***.
우리는 방금 만났다. 그러나 오래 전부터 알아 온 듯한 느낌이다.

G

230. **Get across** (*v.*) – to convey an idea clearly 뜻을 분명하게 전달하다.

1) I explained the matter to them, but I don't think I *got* the message *across*.
나는 그 일을 그들에게 설명했다. 그러나 내 생각에 그들에게 명확하게 뜻을 전달한 것 같지는 않다.

2) The professor couldn't *get* the difficult physics theory *across* to the students.
그 교수는 어려운 물리학 이론을 쉽고 명확하게 학생들에게 전달 할 수가 없었다.

3) I don't know how to *get* my message *across* to you.
나는 당신에게 어떻게 나의 생각을 이해시킬지 모르겠다.

4) I barely *got* my ideas *across* to him before he had to leave.
나는 그가 떠나기 전에 간신히 그에게 나의 뜻을 이해시켰다.

** **Get it** (*v.*) – to understand, to catch something 이해하다, 잡다.

1) I explained it as clearly as I could. Did you *get it*?
나는 그것을 내가 할 수 있는 한 명확하게 설명했다. 이해가 되었는가?

2) I've got a bad cold. I hope you don't *get it*.
나는 감기가 심하게 걸렸다. 당신은 걸리지 않기 바란다.

3) Dogs like to play fetch. If you throw a stick, they will *get it*.
개들은 가서 물어오는 것을 좋아한다. 당신이 작대기를 던지면 그들은 가서 잡을 것이다.

231. **Get along / get along with** (*v.*) – to make progress, to be friends with
진전을 보다. 친구가 되다.

1) How are you *getting along* with your studies?
당신의 학습이 어떻게 되어가고 있는가?

2) I haven't been *getting along* with my boss lately.
나는 최근에 나의 상사와 잘 지내지 못하고 있다.

3) Even best friends don't always *get along*.
가장 좋은 친구도 항상 잘 지내지는 않는다.

G

4) Do you *get along* with him?
당신은 그와 잘 지내는가?

232. **Get around** (*v.*) – to go to places, to evade, to become widely known
여기저기 다니다. 피하다. 널리 알려지다.

1) It was difficult to *get around* while her car was in the shop for servicing.
그녀의 자동차가 정비소에 들어가 있기 때문에 여기저기 다니는 것이 힘들었다.

2) Students are creative when it comes to *getting around* doing homework.
학생들은 숙제를 피하는데 있어서는 기발하다.

3) She knows how to *get around* the rules.
그녀는 규칙을 잘 피할 줄 안다.

4) Bad news often seems to *get around* more quickly than good news.
나쁜 뉴스가 좋은 소식보다 종종 더 빨리 퍼진다.

• creative (adj.) 창의적인 • do homework 숙제하다.

233. **Get at** (*v.*) – to understand, to find a way to, to mean
이해하다. 방법을 찾다. 의미하다.

1) The main theme of the story was hard to *get at*.
그 이야기의 주요 주제는 이해하기가 힘들었다.

2) The truth is often difficult to *get at*.
진실은 종종 발견하기가 어렵다.

3) The cat tried everything it could to *get at* the bird.
그 고양이는 새를 잡을 수 있는 모든 것을 시도했다.

4) What I'm trying to *get at* is this, we need to talk more often.
내가 의미하고 있는 것은 이것이다. 우리는 더 종종 대화가 필요하다.

234. **Get away** (*v.*) – to escape, to get free 탈출하다. 자유롭게 되다.

1) Three prisoners *got away* during last night's riot at the prison.
세 명의 죄수들이 지난 밤 교도소에서의 폭동 중에 탈출했다.

2) I want to *get away* from everything for a few days to refresh my mind and body.

내 몸과 마음을 재충전하기 위해 한 이삼일 다 접고 떠나고 싶다.

3) The teenage boy ***got away*** from his home.
그 십대 소년이 가출을 했다.

** **Get away with** (*v.*) – to do without being punished or being caught

벌을 받거나 잡히지 않고 하다.

1) Criminals may ***get away with*** their crimes for a while, but sooner or later they pay.
범죄인들은 잠시 동안은 그들의 범죄에 대가를 치르지 않고 놓여 날수도 있지만 조만간 그들은 대가를 치른다.

2) The burglars ***got away with*** a large amount of cash and jewelry.
그 좀도둑들은 많은 액수의 현찰과 보석을 훔쳐 달아났다.

3) You cannot ***get away with*** this.
당신은 이일을 저지르고 그냥 빠져나갈 수 없다.

235. **Get back at** (*v.*) – to revenge

보복하다.

1) Many people feel the need to ***get back at*** people who insult them.
많은 사람들이 그들을 모욕하는 사람들에게 보복을 할 필요성을 느낀다.

2) He has ***gotten back at*** his detractors by becoming successful.
그는 성공함으로써 그를 비방했던 사람들에게 보복했다.

3) He insulted her, so she ***got back at*** him by fighting with him.
그는 그녀를 모욕했다. 그래서 그녀는 그와 싸움으로서 보복을 했다.

• insult (v) 모욕하다. • detractor (n) 비방자 • successful (adj.) 성공적인

** **Get even** (*v.*) – to have neither a loss nor a gain, to owe nothing, to take revenge

손실도 없고 이득도 없다. 빚이 없다. 보복하다.

1) I invested some money in two different stocks. After one month, one went down 10% and the other went up 10%. So I ***got even***.
나는 두 가지 주식에 돈을 약간 투자했다. 한 달 뒤에 하나는 10%가 내렸고 다른 것은 10%가 올랐다. 그래서 손실도 이득도 없다.

2) After they insulted me at the meeting, I *got even* by discontinuing our business relationship.
그들이 그 모임에서 나를 모욕한 후에 나는 우리의 사업거래를 중단함으로서 보복을 했다.

3) I will *get even* with her someday.
나는 언젠가 그녀에게 받은 것을 되돌려 주겠다.

• neither ~ nor … ~도 아니고 …도 아니다. • discontinue (v) 중단하다.

** **break even** (*v.*) – to neither win nor lose 이기지도 지지도 않다.

1) We finally *broke even* on the deal, and we got back the amount we originally invested in it.
우리는 마침내 그 거래에서 비겼다, 그리고 처음에 투자했던 금액을 되찾았다.

236. **Get by / get by with** (*v.*) – to survive, to manage, to pass
겨우 생존하다. 운영하다. 지나가다.

1) She *gets by* on her Social Security check.
그녀는 연금으로 살아간다.

2) The bad economy has forced many families to *get by* on less income.
나쁜 경제가 많은 가족들을 감소된 수입으로 겨우 살아가게 만들었다.

3) The truck pulled over to let the long line of cars *get by*.
그 트럭은 길게 늘어선 자동차들이 지나가도록 가장자리로 비켰다.

• Social Security (n) (미국)국민연금 • pull over 차를 길가로 붙이다.

237. **Get down to** (*v.*) – to concentrate on, to turn the attention to, to begin to
집중하다. 주의를 집중하다. 시작하다.

1) Let's *get down to* business.
일에 집중하자.

2) Midterms are next week, it's time to *get down to* study.
중간고사가 다음 주이다, 집중적으로 공부를 해야 할 때다.

238. **Get a hold of** (*v.*) – to see or contact a person 사람을 만나거나 연락하다.

1) I need to *get a hold of* him because I have important news for him.
그에게 중요한 소식을 전해야하기 때문에 그와 연락이 되어야한다.

** **Get hold of** (*v.*) – to obtain 얻다.

1) The impending divorce prompted her to *get hold of* as many assets as she could.
임박한 이혼이 그녀를 그녀가 할 수 있는 한 재산을 빨리 손에 넣도록 만들었다.

• impending (adj.) 곧 발생할
• prompt (v) ~를 하도록 자극하다. (adj.) 신속한, 정확한

239. **Get in / get in with** (*v.*) – to arrive, to enter, to enter a car, to gain the favor of
도착하다. 들어가다. (승용차에) 타다. 환심을 얻다.

1) I'm sorry I missed your call, but I've been out all day and just *got in*.
당신의 전화를 못 받아서 미안하지만 나는 하루 종일 밖에 있다가 이제 막 들어왔다.

2) The train *gets in* at about twenty after five.
그 기차는 약 5시 20분에 도착한다.

3) You need to *get in* the car quickly because we've holding up traffic.
우리가 다른 차들을 막고 있으니 빨리 차에 타라.

4) She really tries to *get in* with her new supervisor.
그녀는 정말 그녀의 새로 온 상사의 환심을 사고 싶어 한다.

• hold up 막다. 지체시키다.

** **Get on / Get on with** (*v.*) – to enter a vehicle (a bus, a train, a plane, etc.), to step up and sit on, to advance, to be on friendly terms, to continue (after an interruption)
차에 타다 (버스, 기차, 비행기 등). 계단을 올라가서 앉다. 진보하다. 친하게 되다. 계속하다 (중단 후)

1) Passengers! Please *get on* board now. The plane is leaving in a half-hour.
승객 여러분! 지금 타십시오. 비행기가 30분 후에 떠납니다.

2) He is really *getting on* in the company.
그는 정말 그의 회사에서 진전하고 있다.

3) How is she *getting on* with her new boyfriend?
그녀는 그녀의 새 남자 친구와 어떻게 잘 지내고 있는가?

4) I must *get on* with my work or I'll never catch up.
계속 일을 해야 한다 그렇지 않으면 따라 잡기가 힘들다.

• catch up 따라 잡다.

240. **Get off** (*v.*) – to get down or out of, to remove 내리다, 제거하다.

1) We have to *get off* at the next station.
우리는 다음 정거장에서 내려야 한다.

2) She *got off* the couch and began to prepare dinner.
그녀는 소파에서 일어나 저녁식사를 준비하기 시작했다.

3) I've *gotten* it *off* my chest, so I feel much better now.
그것을 내 가슴에서 털어 내니 기분이 한결 좋다.

** **Get off easy / Get off with** (*v.*) – to get away without being punished much, to escape a serious punishment
많은 벌을 받지 않고 빠져나가다. 무거운 벌을 피하다.

1) The thief was captured, but somehow *got off easy*.
그 도둑은 잡혔는데 어떻게 해서 쉽게 풀려났다.

2) The disobedient child knew he had *gotten off easy*.
말을 듣지 않는 그 아이는 자신이 벌을 많이 받지 않고 쉽게 빠져나갔다는 것을 알았다.

3) The criminal *got off with* a very light sentence.
그 범죄인은 매우 가벼운 형으로 중벌을 면했다.

• capture (v, n) 붙잡다. • captive (adj.) 붙잡힌 • captivity (n) 잡힘, 잡금

** **Get off one's back** (*v.*) – to stop criticizing 비난을 멈추다.

1) You're always criticizing me, now *get off my back* and leave me alone.
당신은 항상 나를 비난한다. 이제는 그만하고 나를 혼자 있게 놔두시오.

241. **Get out / Get out of** (*v.*) – to leave, to get off, to escape or be released from, to receive a benefit from, to obtain or learn
떠나다, 내리다, 피하다, 풀려나다, 이익을 얻다, 얻다, 배우다.

1) I don't like this place. Let's *get out* of here.
나는 이곳이 좋지 않다. 여기서 나가자.

2) What time does she *get out of* class?
그녀는 몇 시에 수업이 끝나는가?

3) He *got out of* the car and went into a small shop.
그는 자동차에서 내려 작은 상점으로 들어갔다.

4) Somehow, a bird *got out of* its cage and flew away to get freedom.
어떻게 해서 한 새가 새장에서 나와 자유를 찾아 날아갔다.

5) I don't enjoy this class, but I'm *getting* as much *out of* it as I can.
나는 이 수업을 즐기지 않지만 내가 할 수 있는 한 최대한으로 배우고 있다.

6) I *got* something new *out of* this seminar.
나는 이 세미나에서 새로운 무엇인가를 얻었다.

7) I didn't *get* anything *out of* this deal.
나는 이 거래에서 아무 것도 얻은 것이 없다.

242. **Get over / Get over with** (*v.*) – to recover from, to overcome, to end something
회복하다. 극복하다. 끝내다.

1) He finally *got over* the painful experience of war.
그는 마침내 전쟁의 아픈 경험을 극복했다.

2) She had hard feelings about not getting the promotion, however, she's *getting over* it and moving on *with* her life.
그녀는 승진되지 못한 아픈 기억이 있었다. 그러나 극복하고 있고 인생을 잘 살 고 있다.

3) I want to *get over with* this very soon and go on with my life.
나는 이것을 빨리 끝내고 싶고 내 인생을 살아가고 싶다.

243. **Get the brush-off** (*v.*) – to be treated unkindly, to be ignored
불친절하게 취급받다. 무시당하다.

1) I stopped by her house to see her, but I *got the brush-off*.
나는 그녀를 만나기 위해 그녀의 집에 잠시 들렸으나 나는 그녀로부터 냉대를 받았다.

2) He felt his innovative ideas were given *the brush-off* at the meeting.
그는 그의 혁신적인 아이디어가 모임에서 무시당했다고 느꼈다.

• innovate (v) 혁신하다. • innovation (n) 혁신 • innovative (adj.) 혁신적인

244. **Get the feel of** (*v.*) – to learn about by feeling or handling
만지거나 취급해 봄으로서 배우다.

1) The computer is an interesting machine. I hope to *get the feel of* it one of these days.
컴퓨터는 재미있는 기계이다. 조만간 경험해 보기를 바란다.

2) It took him a few weeks, but he soon *got the feel of* his new position.
2-3주가 걸렸으나 그는 곧 그의 새 임무에 대해 배웠다.

3) *Get the feel of* this silk. It's so soft.
이 실크를 만져봐. 대단히 부드러워.

245. **Get to** (*v.*) – to begin, to begin by chance, to arrive at, to annoy, to reach a decision
시작하다. 우연히 시작하다. 도착하다. 불쾌하게 하다. 결정을 내리다.

1) I want to go shopping, but I've *got to* consider whether I can afford to spend any more money.
쇼핑을 가고 싶다. 그러나 돈을 쓸 여유가 있는지 생각해 보아야겠다.

2) We *got to* know each other at a recent social gathering.
우리는 최근의 친목회에서 서로를 알게 되었다.

3) We *got to* the hotel earlier than we had expected.
우리는 기대했던 것보다 더 일찍 호텔에 도착했다.

4) The practical joke *got to* him, and he became extremely angry.
그의 무안하게 하는 장난이 그를 불쾌하게 했고 그는 매우 화가 났다.

5) It looks like we've considered all the possibilities, now let's *get to* the point.
우리는 모든 가능성을 고려한 것 같다. 이제는 요점으로 들어갑시다.

• social gathering 사교모임 • practical joke 못된 장난
• possibility (n) 가능성 • get to the point 요점으로 들어가다.
• can afford to ~할 여유가 있다.

** **Get to the bottom of** (*v.*) – to find out the real cause of 진짜 원인을 찾아내다.

1) Let's talk about your unhappy feelings and see if we can *get to the bottom of* the problem.
당신의 불행한 감정에 대해 얘기합시다. 그래서 우리가 정말 그 문제의 핵심으로 들어가 원인을 찾아낼 수 있는지 봅시다.

** **Get at the heart of** (*v.*) – to find the most important fact, to understand the most important meaning
가장 중요한 사실을 찾다. 가장 중요한 의미를 이해하다.

1) When I study, I try to *get at the heart of* the material.
내가 공부할 때 나는 그 자료의 가장 중요한 사실을 알아내려 한다.

2) I'm not sure if I *got to the heart of* your story.
나는 당신의 이야기에서 핵심을 이해했는지 잘 모르겠다.

246. **Get together** (*v.*) – to meet together or gather 함께 만나다. 모이다.

1) Would you like to *get together* some time for lunch or dinner?
언제 점심이나 저녁을 먹으러 함께 만날까요?

2) Let's *get together* and discuss your proposal over lunch.
만나서 점심을 먹으며 당신의 제안에 대해 토의해 보자.

• for lunch 점심식사를 위해 • over lunch 점심을 먹으면서

247. **Get up** (*v.*) – to get out of bed, to stand up 잠자리에서 나오다. 일어서다.

1) It's 7 o'clock and time to *get up*.
7시다. 일어나야 될 시간이다.

2) He *got up* to let the elderly man have the seat.
그는 그 노인이 자리에 앉도록 좌석에서 일어났다.

248. **Give a hard time** (*v.*) – to give trouble or a problem, to complain
곤경이나 문제를 주다. 불평하다.

1) My boss *gave* me *a hard time* today.

나의 상사가 오늘 나를 힘들게 했다.

2) I did my best, but he still *gave* me *a hard time*.
나의 최선을 다 했으나 그는 여전히 나를 힘들게 괴롭혔다.

3) Don't *give* me *a hard time* any more. I had enough.
나를 더 이상 힘들게 하지 마라. 그만 하면 됐어.

** **Give a pain** (v.) – to annoy 괴롭히다. 고통을 주다.

1) I am disgusted with your behavior and I want you to know that it really *gives* me *a pain*.
나는 너의 행위가 너무 혐오스러워. 그리고 그 것이 나를 괴롭힌다는 사실을 알기바래.

2) The loud music from next door really *gives* me *a pain*.
옆집에서 들리는 그 시끄러운 음악이 정말 고통이야.

• be disgusted with ~에 혐오감을 느끼다. • disgusting (adj.) 혐오스러운

249. **Give back** (v.) – to return 돌려주다.

1) He wants to stop by for a minute and *give back* the money he borrowed.
그는 잠시 들려서 그가 빌린 돈을 돌려주고 싶어한다.

2) When can you *give* it *back* to me?
너는 언제 그것을 돌려 줄 것이니?

250. **Give in / give in to** (v.) – to yield, to surrender 양보하다. 항복하다.

1) You can't win every argument. Sometimes you have to *give in*.
당신은 말다툼 할 때마다 이길 수 없다. 가끔은 양보해야만 한다.

2) I think that the Middle-East crisis will only be solved when one of the sides *gives in*.
중동지역의 위기는 오직 한쪽이 항복해야 풀릴 것 같은 생각이다.

• be solved 해결되다. • crisis (n) 위기

251. **Give off** (v.) – to emit, to send out 방출하다. 보내다.

1) Some chemical reactions *give off* toxic fumes.
어떤 화학 반응들은 독가스를 방출한다.

2) Microwave ovens *give off* radioactive rays.
마이크로 오븐은 방사선을 방출한다.

3) Many vehicles *give off* toxic fumes and they pollute the air seriously.
많은 차량들이 독가스들을 방출하고 그것들은 공기를 심각히 오염시킨다.

- chemical reaction 화학반응
- toxic fumes 독가스
- pollute (v) 오염시키다.
- pollution (n) 오염

252. **Give out** (*v.*) – to let something be known, to distribute, to wear out
알려지게 하다. 나누어주다. 다 쓰여지다.

1) The company has decided to *give out* its press release next Monday.
그 회사는 다음 월요일에 언론에 알리기로 결정했다.

2) We *gave out* all the chocolate chip and coconut cookies.
우리는 모든 초콜릿 칩 과 코코넛 과자들을 나누어주었다.

3) The engine in my car finally *gave out*.
내 차의 엔진이 마침내 수명이 다 되었다.

** **Give away** (*v.*) – to offer freely, to make a gift of, to reveal a secret
공짜로 주다. 선물로 주다. 비밀을 노출하다.

1) When I left Seoul, I *gave away* many of my possessions.
내가 서울을 떠날 때 나는 내 소지품들을 사람들에게 선사했다.

2) One of his staff was caught for *giving away* his company's secrets.
그의 직원 중 한사람이 그의 회사의 비밀을 유출 한 혐의로 잡혔다.

253. **Give up / give up on** (*v.*) – to stop, to relinquish, to stop hoping for
중단하다. 포기하다. 기대를 접다.

1) Modern researchers believe it is easier to *give up* drugs than to give up smoking.
현대의 연구원들은 담배를 끊기보다 마약을 끊는 것이 더 쉽다고 믿는다.

2) Her boss didn't ask her to work overtime because he knows she doesn't like to *give up* her weekends.

그녀가 주말을 포기하고 일하는 것을 좋아하지 않는다는 것을 알기 때문에 그녀의 상사는 그녀에게 오버타임으로 일할 것을 부탁하지 않았다.

3) They *gave up on* their dream of buying a new home.
그들은 새집을 사고 싶어하는 그들의 꿈을 접었다.

4) The woman *gave up on* her son after he was caught using drugs.
그 여자는 그녀의 아들이 마약복용으로 체포된 후에 그에 대한 희망을 버렸다.

• work overtime 초과근무하다. • overtime payment 초과근무수당

254. Give voice / give voice to (*v.*) – to speak 말하다.

1) The President *gave voice* to his concern over the recent strikes and the sluggish economy.
대통령은 최근의 파업들과 부진한 경제에 대한 그의 염려를 표했다.

2) Nowadays, citizens join organizations to *give voice* on various topics.
오늘 날 시민들은 다양한 주제들에 목소리를 높이기 위해 단체에 참가한다.

255. Go about (*v.*) – to circulate 돌다.

1) A rumor is *going about* that many schools are having financial difficulties.
많은 학교들이 재정적인 어려움을 겪고 있다는 소문이 돌고 있다.

** Go around (*v.*) – to circulate, to go from one place to another or one person to another
돌다. 한 장소에서 다른 장소로 또는 한 사람에서 다른 사람으로 가다.

1) Rumors of their troubled relationship have been *going around* for a while.
문제가 있는 그들 관계에 대한 소문이 한동안 돌았다.

2) He *goes around* the countryside preaching sermons.
그는 설교를 하면서 시골로 돌아다닌다.

3) You shouldn't *go around* gossiping.
당신은 남의 소문(잡담)이나 말하면서 돌아다녀서는 안 된다.

• gossipy (adj.) 수다스러운 • preach sermon 설교하다.
• gossip (v. n) (남의 일을) 수군거리다. 남에 대한 말

256. **Go ahead** (*v.*) – to start or proceed, to go forward without hesitation
시작하거나 진행하다. 바로 망설임 없이 진행하다.

1) Can I ask you a question? Sure. *Go ahead*.
질문을 해도 될까요? 그럼요. 하세요.

2) We can *go ahead* with our project.
우리는 바로 우리의 프로젝트를 진행할 수 있다.

3) You *go ahead*, please. I'll catch up to you in a few minutes.
먼저 가세요. 저는 약 2-3분 후에 따라잡겠습니다.

** **Go on / go on with** (*v.*) – to continue or proceed, to happen
계속하다, 진행하다, 발생하다.

1) I'm sorry I interrupted your conversation, please *go on*.
당신의 대화를 중단해서 미안해요. 계속하세요.

2) That's quite interesting, *go on* and tell us the rest of the story.
꽤 재미있군요. 계속해서 나머지 이야기를 말 해주세요.

3) What's *going on* here?
여기 무슨 일 있나요?

• interrupt (v) 끼어들다. • the rest of ~의 나머지

** **Under way** – in move, in progress 진행중

1) The Presidential election campaign is *under way*.
대통령선거 캠페인이 진행중이다.

2) The Project is *under way*.
그 프로젝트가 진행중이다.

257. **Go along** (*v.*) – to progress or proceed 진전하다, 진행하다.

1) Learning how to use a computer gets easier as I *go along*.
컴퓨터를 배우는 것이 내가 진전할수록 더 쉬워진다.

2) Her daily exercises *got* easier as she went *along*.
그녀의 일상적 운동은 진행될수록 더 쉬워졌다.

** **Go along with** (*v.*) – to agree or act in agreement with, to accompany

동의하다, 동행하다.

1) We like your ideas, but the company can't afford to *go along with* them right now.
우리는 당신의 의견이 마음에 든다. 그러나 회사는 지금 당장 그것을 따를 여유가 없다.

2) I am going to Seoul next Saturday. Would you like to *go along with* me?
다음 토요일에 서울에 가는데 나하고 동행하시겠습니까?

• can't afford to ~할 여유가 없다. • accompany (v) 동행, 동반하다.

258. **Go off** (*v.*) – to leave, to begin ringing, to be discharged or explode, to be shut off suddenly

떠나다, 울리기 시작하다, 터지다, 갑자기 꺼지다.

1) He *went off* in search of fame and fortune.
그는 명성과 부를 찾아 떠났다.

2) The alarm clock *goes off* at seven o'clock every morning.
자명시계는 매일 아침 7시에 울린다.

3) He didn't know the gun was loaded and it *went off* by accident.
그는 그 총이 장전되어 있었다는 것을 몰랐고 그것은 뜻밖에 발포되었다.

4) The lights *went off* while I was watching TV.
내가 TV를 보고 있던 중에 갑자기 전기가 나갔다.

• in search of ~를 찾아서 • loaded (adj.) 장전된 • by accident 우연히

** **Go off with** (*v.*) – to leave with something or someone without permission

(허락 없이 무엇인가 또는 누군가와) 떠나다.

1) My sister *went off with* my new shoes.
내 여동생이 허락도 없이 나의 새 구두를 가져갔다.

259. **Goof off** (*v.*) – to fool around, to waste time

쓸데없이 돌아다니다. 빈둥거리며 시간을 낭비하다.

1) If he continues to *goof off* at work, he'll probably get fired.
만약 그가 계속해서 빈둥거리면 아마도 해고당할 것이다.

2) We've been working too hard. Let's *goof off* for a while.
우리는 너무나 열심히 일을 해왔다. 잠시 그냥 좀 빈둥대자.

3) Children usually *goof off* when their parents are away.
아이들은 대개 그들의 부모가 없을 때 빈둥거리며 시간을 낭비한다.

- waste time 시간을 낭비하다.
- get fired 해고당하다.
- for a while 한동안

260. **Go out** (v.) – to go outside, to go to public entertainment, to stop working, to move to as in affection or sympathy
밖으로 나가다. 유흥가에 가다. 일을 중단하다. 동정이나 연민으로 마음이 움직이다.

1) He just *went out*, but he'll be back in a couple of minutes.
그는 방금 나갔는데 약 2-3분 후에 돌아 올 것이다.

2) Do you want to *go out* this weekend with some of our friends?
우리친구들 중 몇몇과 이번 주 말에 나갈까 (유흥을 위해)?

3) The factory *went out* of operation two weeks ago due to its financial difficulty.
그 공장이 재정적 어려움으로 인해 2주전에 작업을 중단했다.

4) The workers *went out* on strike because they couldn't reach agreement on a new contract.
그 노동자들은 새 계약에 동조할 수 없어서 파업에 들어갔다.

5) She's a poor widow with young children to feed, so my heart *goes out* to her.
그녀는 먹여야 할 어린아이들이 딸린 불쌍한 과부이다. 그래서 나는 그녀를 동 정한다.

- affection (n) 사랑, 애정(부드러운 느낌과 행동)
- sympathy (n) 동정
- due to ~에 기인한, ~때문에
- love (n, v) 사랑(좀 더 강렬한)
- contract (n) 계약
- operation (n) 작업, 작동

261. **Go over** (v.) – to examine or study carefully or in detail, to visit, to go down
조심스럽게 또는 자세히 조사하거나 연구하다. 방문하다. 내려가다.

1) Let's *go over* this report again and see if we can get something out of it.
이 보고서를 다시 자세히 봅시다. 그리고 알아낼 수 있는 것이 있는지 봅시다.

2) They *went over* to London on their summer vacation.
그들은 그들의 여름휴가 때 런던을 방문했다.

3) Let's *go over* to that new restaurant for dinner.
저녁 먹으러 저 새 식당에 가자.

4) He *went over* the hill and was never heard from again.
그는 언덕을 내려갔고 우리는 그의 소식을 전혀 듣지 못했다.

262. **Go steady** (*v.*) – dating the same person exclusively 같은 사람하고만 데이트하다.

1) They decided to *go steady*.
그들은 그들끼리만 데이트하기로 결정했다.

2) They *went steady* for a while, but soon realized that they didn't have much in common.
그들은 한동안 그들끼리만 데이트를 했으나 곧 별로 공통점이 없다는 것을 깨달았다.

263. **Go through** (*v.*) – to be approved, to search or examine in detail, to experience or undergo, to pass through a place
승인을 받다. 자세히 연구하거나 감정하다. 경험하다. 장소를 지나다.

1) Her application *went through* the review committee.
그녀의 지원서가 재검토 위원회의 승인을 얻었다.

2) I *went through* all my books, but I didn't find the one you loaned me.
나는 나의 책을 모두 뒤졌으나 당신이 빌려 준 책은 찾지 못했다.

3) They have *gone through* many difficulties in the past few months.
그들은 지난 2-3개월 동안 많은 어려움을 겪었다.

4) *Go through* that door and you'll see her office on the right.
저 문을 지나가시오 그러면 오른쪽에 있는 그녀의 방을 찾을 수 있을 것이다.

- approve (v) 승인하다.
- undergo (v) 경험하다.
- in detail 자세히
- review (n, v) 재조사, 재검토, 복습

** **Go through with** (*v.*) – to complete or pursue to finish, to finish something difficult
완성하다. 완성하기 위해 추구하다. 어려운 것을 끝내다.

1) I was admitted to the doctoral program, but didn't want to *go through with* it because I didn't think it was worth pursuing.
나는 박사과정에 입학이 되었으나 그럴만한 가치가 없다고 생각했기 때문에 끝까지 추구하고 싶지 않았다.

2) We decided to *go through with* our original plan.
우리는 우리의 처음 계획을 추구하기로 결정했다.

• pursue (v) 추구하다. • be admitted to ~에 입학 또는 입장되다.
• admission (n) 입학, 입장료, 고백, 자백

264. **Go under** (*v.*) – to fail or go bankrupt, to sink 실패하다. 파산하다. 가라앉다.

1) His business *went under* because of the faltering economy and poor sales.
비틀거리는 경제와 형편없는 판매로 인해 그의 사업은 실패했다.

2) Many ships *went under* in the recent typhoon.
많은 배들이 최근의 태풍으로 인해 가라앉았다.

** **Go down** (*v.*) – to stop functioning, to sink 작동을 중단하다. 가라앉다.

1) The office computer *went down* today.
오늘 사무실의 컴퓨터가 다운되었다.

2) The real estate prices are *going down*.
부동산 가격이 내려가고 있다.

• real estate 부동산

** **Go up** (*v.*) – to increase, to rise 증가하다. 오르다.

1) Profits have *gone up* a hundred percent since the first of January.
1월 1일 이래로 이익이 100% 증가했다.

2) The price of rice has *gone up* twice in three months.
쌀값이 3개 월 만에 두 배로 올랐다.

3) The temperature is *going up*. It's going to be a real scorcher today.
기온이 오르고 있다. 오늘은 정말 뜨거운 날이 될 꺼야.

• profit (n) 이익 • profitable (adj.) 유익한, 이익이 되는
• scorch (v) 태우다. 뜨거운 열로 말라 죽게 하다.

G

265. **Go with** (*v.*) – to match, to go out in the company of

조화가 되다. 동행해서 나가다.

1) That light green jacket ***goes with*** that blue skirt.
저 연두색 재킷이 저 푸른색 치마와 잘 어울린다.

2) His shirt doesn't ***go with*** his tie.
그의 셔츠는 그의 타이와 조화가 안 된다.

3) We often ***go*** to dinner ***with*** some of our colleagues.
우리는 몇몇 직원들과 종종 저녁 먹으러 간다.

• colleague (n) 동료직원

266. **The grass is always greener on the other side of the fence** (cliché)
– People often think what they have is not as good as what other people have

잔디는 항상 담 너머에 있는 것이 더 푸르다. (속담) 사람들은 종종 자기가 가지고 있는 것이 남의 것만 못하다고 생각한다.

1) He wanted his friend's job very badly, but it turned out to be another case of ***the grass being greener on the other side of the fence***.
그는 그의 친구의 직업을 원했다. 그러나 그것은 남의 잔디가 더 푸르게 보이는 또 하나의 경우였다.

2) She usually thinks that other people are happier than her. ***The grass is always greener on the other side of the fence***.
그녀는 보통 다른 사람들이 그녀보다 더 행복하다고 생각한다. 항상 남의 것이 더 좋아 보인다.

267. **Great oaks grow from little acorns** (*proverb*)
– Patience is needed, Great people or things often develop from seemingly unimportant beginnings, as does a great oak tree which starts as a small acorn.

인내심이 필요하다. 위대한 사람들이나 훌륭한 물건들은 대단히 큰 참나무가 작은 도토리 열매에서 시작하는 것처럼 보기에 하찮은 것으로부터 시작되었다.

1) The life of Thomas Edison is a good example of an ***oak growing from an acorn***.
토마스 에디슨의 인생은 참나무가 도토리에서 자라는 좋은 예이다.

268. **Grow on / upon** (*v.*) – to become stronger, to become habitual, to be liked by
더 강렬해지다. 습관이 되다. 좋아지다.

1) He didn't like her at first, but as time went by she ***grew on*** him.
그는 그녀를 처음에는 좋아하지 않았다. 그러나 시간이 흐르면서 그는 그녀를 좋아하게 되었다.

2) At first she didn't like the idea, but it ***grew on*** her.
처음에 그녀는 그 아이디어를 좋아하지 않았으나 나중에 좋아하게 되었다.

3) I hope the idea of transferring to our Seoul office will ***grow on*** you.
당신이 우리의 서울 사무실로 전근 가고 싶어 하기를 바란다.

- habitual (adj.) 습관적인
- time goes by 시간이 흐르다.
- transfer (v) 갈아타다. 이동하다. 전근(전학)하다.

269. **Grow up** (*v.*) – to become mature 성숙해 지다.

1) All their children have ***grown up*** and moved away from home.
그들의 아이들 모두가 다 자라서 집에서 떠났다.

2) The teacher wished her more immature students would ***grow up***.
선생님은 그녀의 철없는 학생들이 성숙해 지기를 바랬다.

3) Children will soon ***grow up*** and become adults.
아이들은 곧 자라서 어른이 될 것이다.

- mature (adj.) 성숙한
- immature 미성숙한
- adult (n) 성인

독립기념일 이벤트

H

270. **Hand down** (*v.*) – to leave something to one's descendants after death, to deliver or render

죽은 후 무엇인가를 후손들에게 남기다, 주다.

1) Her house was *handed down* to her from her parents.
   그녀의 집은 그녀의 부모로부터 물려진 것이다.

2) Myths and legends are *handed down* from generation to generation.
   신화들과 전설들은 세대에서 세대로 이어 내려온다.

3) The court *handed down* a verdict of not guilty.
   법원은 무죄판결을 내렸다.

• descendant (n) 후손 • verdict (n) 평결, 의견, 결정
• render (v) (물건, 의견, 서비스 등을)주다. 결정을 내리다.

H

** **Hands down** (*adv.*) – easily 쉽게

1) We won the game *hands down* by a score of 11–0.
   우리는 그 경기를 11대 0으로 쉽게 이겼다.

2) He thought the examination would be difficult, but he passed it *hands down*.
   그는 그 시험이 어려웠다고 생각했지만 쉽게 합격했다.

271. **Hand in hand** (*adv.*) – closely linked or associated with, holding hands

긴밀히 연결되거나 연관된. 손을 잡고

1) The two agencies worked *hand in hand* on the project.
   그 두 사무소들은 긴밀하게 관련이 되어 그 일을 했다.

2) Some couples were walking *hand in hand* in the park.
   어떤 커플들은 공원에서 손을 잡고 걷고 있었다.

• associate (n, v) 동료직원 또는 파트너, 일하다. 사교하다.

272. **Hand in** (*v.*) – to submit, to turn in 제출하다.

1) When do we ***hand in*** our final paper?
우리는 언제 우리의 기말 보고서를 제출하나요?

2) The income tax returns have to be ***handed in*** by next Friday.
소득세신고서는 다음 금요일까지 제출되어야한다.

• submit (v) 제출하다. • income tax return 소득세신고서

** **Hands out** (*v.*) – to distribute, 배포하다.

1) Professors usually ***hand out*** a syllabus on the first day of class.
교수들은 대개 수업 첫날 수업일정표를 나누어준다.

2) The salesperson ***handed out*** some samples of the new product.
그 판매원은 새 제품의 샘플을 나누어주었다.

** **Handout** (*n.*) – something given free, information given out on paper
공짜로 주어진 것(거지에게). 기부. 인쇄물

1) The beggar sat near the subway entrance seeking ***handouts***.
그 거지는 공짜를 바라면서 지하도 근처에 앉았다.

2) He refused all offers of assistance because he saw them as ***handouts***.
그는 모든 제공을 거지에게 주는 동냥으로 보아 일체 받지 않았다.

3) The professor gave us some ***handouts*** related to our summer project.
그 교수님은 우리에게 우리의 여름과제와 관련된 인쇄물을 나누어 주었다.

• entrance (n) 입구 • offer (n, v) 제공하다. 제안하다. • related to ~와 관련된

273. **Hand over** (*v.*) – to yield control of, to give or give up
지휘권을 양도하다. 주다. 포기하다.

1) The retiring Supreme Court judge ***handed over*** his responsibilities to his successor.
그 퇴임하는 대법관은 그의 책임들을 그의 계승자에게 넘겼다.

2) When he retires, he'll ***hand over*** the control of the business to his son.
그가 퇴직할 때 그는 사업의 지휘권을 그의 아들에게 양도 할 것이다.

3) You aren't allowed to use notes in the exam. Please *hand* them *over* to me.
시험 때는 메모쪽지의 사용이 불허된다. 그것들을 나에게 달라.

- Supreme Court 대법원 • Superior Court 고등법원 • Civil Court 민사법원
- successor (n) 계승자 • succession (n) 계승, 연속, 상속

274. **Hang around** (*v.*) – to spend time idly, to loiter, to linger
(게으르게, 어슬렁거리며, 무익하게) 시간을 보내다.

1) He usually *hangs around* with a bad crowd that gives him a bad reputation.
그는 대개 그에게 나쁜 평판을 주는 나쁜 무리들과 시간을 보낸다.

2) Since her retirement, she has been *hanging around* the house a lot more.
그녀의 퇴임이후 그녀는 집 주변에서 더 많은 시간을 보내오고 있다.

3) Can you *hang around* here until I get ready to go out so that we can have lunch together?
우리가 점심을 함께 하기위해 내가 외출 준비를 할 때까지 여기서 좀 기다려 줄 수 있나요?

- loiter (v) 아무것도 하지 않고 그저 앉았거나 서있다.(특히 공공장소에서)
- linger (v) 남다. 머무르다. • reputation (n) 평판

** **Hangout** (*n.*) – a place where people gather to drink, eat, or chat casually
사람들이 모여서 마시고 먹고 격식 없이 잡담하는 곳.

1) The small restaurant on 2nd Street is a popular *hangout* for students.
2가에 있는 그 작은 식당은 학생들이 모이는 인기 장소이다.

** **Hangover** (*n.*) – the unpleasant symptoms from drinking too much
과음 한 후의 불쾌한 증상

1) He still has a bad *hangover* because he drank too much last night.
지난 밤 과음으로 인해 그는 여전히 몸이 좋지 않다.

275. **Hang in / hang in there** (*v.*) – to not give up, to persevere
포기하지 않다. 꾸준하다.

1) I know you're going through a tough time, but *hang in* there!

나는 당신이 어려운 시기를 보내고 있다는 것을 안다. 그러나 포기하지 말라.

2) The job is difficult, but you can do it if you *hang in* a while longer.
그 직업은 어렵다. 그러나 조금 더 꾸준하면 할 수 있다.

** **Hang on** (*v.*) – to cling tightly to something, to remain on the phone
어딘가에 꽉 매달리다. 전화를 잡고 기다리다.

1) He was laid off over a year ago, but he's still *hanging on* in the hope that his company will rehire him very soon.
그는 일 년 전에 임시로 해고당했다. 그러나 그는 그의 회사가 곧 그를 재고용 하리라는 희망 속에 기다리고 있다.

2) *Hang on* to the rope until the 119 rescue team arrives.
119구조 팀이 올 때까지 로프를 잡고 있어라.

3) It is always wise to *hang on* to your current job until you find a better one.
더 나은 직업을 찾을 때까지 현재의 직업을 잡고 있는 것이 더 현명하다.

4) *Hang on* a moment and I'll put your call through as soon as her line is free.
잠시만 기다려요. 그녀가 통화를 끝내는 대로 연결하여 드리겠어요.

• be laid off (임시로)해고당하다. • rehire (v) 재고용하다. • rescue team 구조팀

** **Hang up** (*v.*) – to end a telephone conversation, to place something on a hook
전화통화를 끊다. 고리에 걸다.

1) I've got to *hang up* because someone's knocking on the door.
누군가 문을 노크하고 있어서 이만 전화를 끊어야 하겠다.

2) I wasn't finished speaking when you *hung up* on me. Don't hang up on me now. I'm not finished speaking yet.
당신이 전화를 끊었을 때 나의 말이 끝나지 않았었다. 지금 전화를 끊지 마라. 나는 말이 아직 다 끝나지 않았다.

3) Where do you want to *hang up* the picture? / *Hang* it *up* here.
당신은 그림이 어디에 걸리기를 원하는가? /이곳에 거시오.

** **Hang-up** (*n.*) – a fear of something 무엇인가에 대한 (비정상적인) 두려움.

1) Since her car accident, she's got some *hang-ups* about driving.

그녀의 차사고 이래로 그녀는 운전에 대한 두려움이 생겼다.

2) Since planes crash often, some passengers have *hang-ups* about flying.
비행기가 종종 추락하므로, 어떤 승객들은 비행기 타는 것에 대한 두려움이 있다.

3) Many soldiers have *hang-ups* about war.
많은 군인들이 전쟁에 대해 두려움을 느낀다.

276. **Happy hour** (*n*) – a time in bars or restaurants when cocktails and / or food are served at reduced rates
술집이나 레스토랑 등에서 칵테일이나 음식이 디스카운트 된 가격으로 나오는 시간

1) *Happy Hours* at the Oak Tree Lounge are from six to eight p.m.
오우크 트리 라운지에서의 해피아워는 저녁 6시부터 8시까지다.

2) I like their *happy hour* because they always have free chicken wings.
그들은 항상 닭 날개를 공짜로 주기 때문에 나는 그들의 해피아워를 좋아한다.

277. **Haul away** (*v.*) – to carry away 실어가다.

1) The garbage truck *hauls away* garbage on Mondays and recyclable items on Thursdays.
그 쓰레기차는 월요일마다 부엌쓰레기를 실어가고 재활용되는 것들은 목요일마다 가져간다.

2) The rowdy demonstrators were *hauled away* by the police.
그 난폭한 데모꾼 들이 경찰에 의해 연행되어 갔다.

- garbage (n) 부엌쓰레기 • recycle (v) 재생이용하다. • rowdy (adj.) 난폭한
- demonstrate (v) 설명하다. 증명하다. • demonstrate against ~에 항의하여 시위하다.

278. **Have a ball** (*v., slang*) – to have a wonderful time, to have lots of fun
즐거운 시간을 갖다.

1) The party was actually quite dull, but I *had a ball* anyway.
그 파티는 사실 꽤 지루했다. 그러나 하여튼 나는 즐거운 시간을 가졌다.

2) He took the children to the circus and they *had a ball*.
그는 아이들을 서커스로 데리고 가서 재미있는 시간을 보냈다.

279. **Have an eye for** (*v.*) – to have good taste in 훌륭한 감각을 가지다.

1) She *has an eye for* color coordination and interior design.
그녀는 색깔 조화와 실내장식에 뛰어난 감각을 가지고 있다.

2) You need to develop an ear for music and *an eye for* art work.
당신은 음악을 들을 줄 아는 귀와 예술작품을 볼 줄 아는 안목을 기르는 것이 필요하다.

** **Have an eye on** (*v.*) – to watch closely or think about (something wanted) with some degree of intensity
(원하는 것을 강도를 가지고) 주시하다. 몹시 관심을 가지다.

1) Please keep *an eye on* the kids while I do the grocery shopping.
내가 식품을 사고 있는 동안 아이들을 잘 보세요.

2) He *has* had his *eye on* her for some time.
그는 한동안 그녀에게 몹시 관심을 가졌다.

280. **Have been around** (*v.*) – to have experience and ability to take care of self, to have been to many places and done many things
자신을 돌볼 수 있는 경험과 능력을 갖다. 많은 곳을 다녔고 많은 일을 했다.

1) You and I *have been around* for a long time, so we can take care of ourselves. However, she hasn't been around long enough yet and she's naive, too.
당신하고 나는 오랫동안 많은 경험을 쌓아서 우리자신을 돌볼 수가 있다. 그러나 그녀는 아직 충분히 그렇지 못하고 순진하다.

2) I like him because he *has been around* and seems knowledgeable.
그는 경험도 많고 지식도 풍부해서 나는 그를 좋아한다.

• take care of ~를 돌보다. • naive (adj.) 순진한 • knowledgeable (adj.) 지식있는

281. **Have done with / Be done with** (*v.*) – to be through with or finish 끝내다.

1) *Have* you *done with* the book I loaned you, yet?
내가 빌려준 책 다 보았니?

2) I *haven't done with* it yet because it's more complicated than I first thought.
내가 처음 생각했던 것보다 더 복잡한 것이라서 아직 끝내지 않았다.

3) Let's *be done with* this business and get on with the next matter.
이 일을 끝내고 다음 일을 착수하자.

• through (adj.) 끝난 • loan (v) 빌려주다. • complicated (adj.) 복합적인
• get on with ~ (종종 중단했다가) 시작하다. 계속하다.

282. **Have it out** (v.) – to settle a disagreement or an issue by open discussion or fighting, to remove by surgery
의견의 불일치나 문제를 공개토의나 싸움 등을 통해 해결하다. 수술로 제거하다.

1) Since we both have hard feelings for each other, we'd better *have it out*.
우리는 둘 다 서로에게 감정이 좋지 않으므로 털어놓고 얘기하는 것이 좋겠다.

2) Let's *have it out* right now and get it over and done with.
지금 당장 털어놓고 얘기하자. 그래서 끝내자.

3) He *had* his kidney *out* three months ago.
3개월 전에 그는 그의 신장제거 수술을 받았다.

• settle (v) 합의를 보다. 정착하다. 안정하다. • hard feelings 좋지 않은 감정들

283. **Have no use for** (v.) – to have no tolerance for, to dislike, to have no need of
참을 수가 없다. 싫어하다. 필요 없다.

1) I *have no use for* people who abuse or mistreat animals.
나는 동물들을 학대하고 함부로 취급하는 사람들을 참을 수가 없다.

2) I *have no use for* him because he's not a reliable man.
그는 믿을만한 사람이 아니기 때문에 그를 싫어한다.

3) I *have no use for* this chair, so you can take it.
나는 이 의자가 필요 없으니 가져가시오.

• tolerate (v) 견디다. 참다. • tolerance (n) 인내심 • mistreat (v) 학대하다.
• reliable (adj.) 믿을 만한

** **Of use** – useful 유용한

1) A computer is *of use* in my work.
내 일을 하는데 컴퓨터가 유용하게 쓰인다.

284. **Have on** (v.) – to be wearing, to plan 입고 있다. 계획하다.

1) She *has on* some old torn jeans and a red T-shirt.
그녀는 낡은 청바지와 빨간 티셔츠를 입고 있다.

2) You look worried, tell me what you *have on* your mind.
당신은 걱정이 있는 것처럼 보인다. 무슨 생각을 하고 있는지 말해줘요.

285. **Have one's hands full** (v.) – to be busy with much work, overwhelmed
많은 일로 바쁘다. 압도당하다.

1) We *have our hands full* right now and can't take any more orders.
우리는 지금 너무나 할 일이 많고 바빠서 더 이상 주문을 받을 수가 없다.

2) She *has her hands full* trying to work and raise three kids.
그녀는 일하면서 아이들 셋을 키우느라 쩔쩔 맬 정도로 바쁘다.

• overwhelmed (adj.) 능력 이상으로 짓누르는, 쳐부수는 • raise (v) 기르다. 올리다.

286. **Have over** (v.) – to invite to one's home 집으로 초대하다.

1) Let's *have* them *over* some time for dinner.
언제 저녁식사 같이 하게 그들을 초대하자.

2) I'd like to *have* you and your family *over* for the weekend.
나는 당신의 가족과 당신을 주말에 초대하고 싶다.

3) I want to *have* you *over* this evening, so we can watch the soccer tournament together.
당신을 오늘 저녁 집으로 오게 해서 함께 축구경기를 보고 싶다.

287. **Have the courage of one's convictions** (v.) – to be courageous to act on one's beliefs
자신의 신념대로 행동하는 용기가 있다.

1) Successful people generally *have the courage of their convictions*.
성공하는 사람들은 그들의 신념대로 행동하는 용기가 있다.

2) If it weren't for *the courage of his convictions*, he would have given up a long time ago.

만약 그의 신념대로 밀고 나가는 용기가 없었다면 그는 아마 오래 전에 포기했을 것이다.

• conviction (n) 신념, 확신, 유죄결정 • courageous (adj.) 용기있는

288. **Have two strikes against one** (v) – to have difficulty in two time in succession, to have something against oneself

계속해서 두 번이나 어려움을 겪다. 자신에게 불이익이 되는 일이 있다.

1) He already *has two strikes against him*. First, he was late for the meeting, and then he slammed the door in front of his boss.
그는 벌써 두 번이나 연거푸 찍혔다. 한번은 회의에 늦었고 그 다음에는 상사 앞에서 문을 쾅 닫았다.

2) He'd better be careful because he already *has two strikes against him*.
그는 벌써 두 번이나 불이익을 가져올 수 있는 일을 했기 때문에 조심하는 편이 낫다.

• succession (n) 연속, 상속 • in succession 연속하여

289. **Head above water** (n) – to stay out of financial difficulty

재정적 어려움에서 벗어나 있다.

1) Business is terrible and we've barely keeping our *heads above water*.
사업이 형편없고 간신히 재정적 어려움에서 벗어나 있다.

2) I work two jobs and yet I can't seem to keep my *head above water*.
나는 일을 두 곳이나 하면서도 재정적 어려움에서 벗어나는 것 같지 않다.

290. **Heart goes out to** – to have sympathy for 동정심을 가지다.

1) My *heart goes out to* you because you've been through a lot.
당신은 많은 어려움을 겪었기 때문에 동정심이 간다.

2) Our *hearts went out to* the poor animal that had been hit by a drunk driver.
우리는 술 취한 운전사에게 치인 가엾은 동물에게 동정심을 느꼈다.

** **Have a heart** (v) – to have compassion, to be considerate

동정심을 가지다. 배려하다.

1) You should *have a heart* and help that poor man.
당신은 동정심을 가지고 저 불쌍한 남자를 도와야 한다.

• compassion (n) 동정심 • considerate (adj.) 동정심 있는, 배려하는

291. **Heart-to-heart** (*adj.*) – personal and sincere, frank 개인 적이고 진실한, 솔직한

1) I want to have a *heart-to-heart* conversation with him.
나는 그와 솔직한 대화를 하고 싶다.

2) We had a long *heart-to-heart* conversation and that made things better between us.
우리는 마음을 터놓고 진실하게 대화를 오래 했다. 그리고 그것이 우리 사이를 더 좋게 만들었다.

292. **Help oneself / help oneself to** (*v.*) – to serve oneself without asking
(부탁하지 않고) 스스로 대접하다.

1) It's a buffet style luncheon and everyone helps themselves. *Help yourself*, please.
그것은 뷔페 식 점심이라 모든 사람들이 각자 스스로 음식을 갖다 먹는다.

2) I'm going to *help myself to* some more salad and another bowl of soup.
나는 샐러드와 스프를 한 접시 더 먹을 거야.

3) Guests at hotels sometimes *help themselves to* extra towels.
호텔들의 손님들은 가끔 여분의 타월을 물어보지 않고 갖다 쓴다.

• luncheon (n) (격식을 갖춘)점심, 점심식사와 연설을 포함하는 행사.

293. **Help out** (*v.*) – to aid someone in a time of need, to help
누군가가 도움이 필요할 때 도움을 주다. 돕다.

1) I can *help out* if you have your hands too full with the party.
당신이 파티준비로 너무 바쁘면 내가 도와 줄 수 있다.

2) Her parents *helped* her *out* when she bought a new car.
그녀가 새 차를 샀을 때 그녀의 부모가 도와주었다.

3) He gets a weekly allowance for *helping out* around the house.
그는 집 주변에서 집안일을 도와주는 것으로 매주 용돈을 받는다.

• in a time of need 도움이 필요한 때 • a weekly allowance 매주 용돈

294. **Hinge on / hinge upon** (*v.*) – to depend on, to be decided by
의지하다. ~에 의해 결정이 되다.

1) Many economists say that Korean economic reform *hinges on* the government's "Big Deal" policy.
많은 경제학자들이 한국 경제의 변화는 정부의 빅딜 정책에 달렸다고 말한다.

2) Our vacation plans *hinge on* our finances.
우리의 휴가는 우리의 재정 상태에 달렸다.

• Hinge on ~에 의존하다. • economist (n) 경제학자 • reform (v) 개선하다.

295. **Hit it off** (*v.*) – to get along well 사이좋게 잘 지내다.

1) They *hit it off* and soon became the best of friends.
그들은 잘 지내더니 곧 베스트 프렌드가 되었다.

2) We just *hit it off* well.
우리는 그냥 사이가 좋다.

296. **Hit the ceiling** (*v.*) – to go into a rage 대단히 화를 내다.

1) I *hit the ceiling* when I found out that my lazy co-worker was promoted to a supervisory position.
나의 게으른 동료가 감독관직으로 승진했다는 것을 알았을 때 나는 대단히 화를 내었다.

2) He *hit the ceiling* when he found out how much the repairs would cost.
그 보수비용이 얼마가 들것인가를 알았을 때 그는 대단히 화를 내었다.

• be promoted to 승진되다. • a supervisory position 감독관직

297. **Hit the jackpot** (*v.*) – to win a jackpot, to gain sensational success
대박을 터뜨리다. 대단한 성공을 얻다.

1) Some lucky person *hit the* $20,000,000 *jackpot* in last night's lottery drawing.
어떤 행운의 사람이 지난 밤 복권 추첨에서 2천만 불의 대박을 안았다.

2) The woman screamed with delight when she *hit the jackpot*.
그 여자는 대박을 터뜨렸을 때 기뻐서 비명을 질렀다.

298. **Hit the road** (*v.*) – to leave especially by car (특히 차로) 떠나다.

1) We should ***hit the road*** before the holiday traffic gets too heavy.
휴일의 교통체증이 시작되기 전에 우리는 떠나야겠다.

2) Well, it's already 7 o'clock. I'd better ***hit the road***. It was nice talking to you. I'll stop by again.
아. 벌써 7시군. 떠나는 것이 좋겠어요. 대화 재미있었어요. 다음에 다시 들리겠어요.

299. **Hold back** (*v.*) – to restrain, to keep, not to reveal
자제하다. 못하게 하다. 나타내지 않다.

1) The police cordoned off the crime scene to ***hold back*** the crowd.
경찰은 군중들을 자제시키기 위해 범죄 장면을 Police line으로 막았다.

2) Don't let a poor attitude ***hold*** you ***back*** from getting ahead in life.
너의 좋지 못한 태도가 너의 인생을 살아가는데 걸림돌이 되게 하지 말라.

3) He ***held back*** some of the information as a hedge against losing the account.
그는 그의 구좌를 잃지 않기 위해 방지책으로서 어떤 정보는 노출하지 않았다.

• cordon (n) 폴리스라인, 군용라인 • cordon off (특정) 지역을 막다.
• get ahead 앞으로 나아가다. 앞서다.

300. **Hold down** (*v.*) – to keep control of, to rule over 억압하다.

1) Autocratic governments ***hold down*** people through various means.
독재 정부들은 다양한 수단을 통해 국민들을 억압한다.

2) The police were called in and ***held down*** the boisterous concert crowd.
경찰이 투입되어 시끄러운 공연 군중을 자제시켰다.

• Autocratic (adj.) 독재적 • means (n) 수단, 방법 • be called in ~에 투입되다.
• boisterous (adj.) 매우 시끄러운

301. **Hold it** (*v.*) – to stop someone from doing something, to hold
누군가 무엇을 하는 것을 막다, 멈추다.

1) The police ordered the burglar to ***hold it*** right there.
경찰이 좀도둑에게 바로 거기에 멈추라고 명령했다.

2) *Hold it* right there. That's not true.
거기 잠깐만. 그것은 사실이 아니 예요.

** **Hold on** (*v.*) – to wait, to hold, to persevere　기다리다. 멈추다. 꾸준히 견디다.

1) Can you *hold on* for a minute? I am busy right now.
잠깐만 기다릴 수 있나요? 나는 지금 바쁩니다.

2) Please *hold on* and I'll transfer your call as soon as her line is free.
잠깐 만 기다리세요. 그녀가 통화를 끝내는 대로 전화를 연결 해 드리겠어요.

3) He *held on* to the safety line as he descended the mountain.
그가 산을 내려갈 때 그는 안전줄을 꼭 잡았다.

302. **Hold in** (*v.*) – to keep inside　속에 간직하다.

1) *Holding in* one's feelings is not good for one's health.
자신의 감정을 속에 담아두는 것은 건강에 좋지 않다.

2) Don't *hold in* your feelings, find a healthy way to release them.
당신의 감정을 속에 담아 두지 말고 건강하게 해소할 수 있는 길을 찾아라.

303. **Hold off / hold off on** (*v.*) – to delay　연기하다.

1) Would you mind *holding off* your vacation plans for a couple of weeks?
한 2주 당신의 휴가계획을 미룰 수 있습니까?

2) *Hold off* on buying a new computer until you shop around.
돌아다니며 알아볼 때까지 컴퓨터 사는 것을 연기해라.

3) We should *hold off* our wedding plans until we know each other better.
우리가 좀 더 알게 될 때까지 결혼을 미루어야 하겠어요.

** **On hold** – postponed, waiting for on the phone　연기된, 대기 중 (전화에서)

1) The construction plan is *on hold* until the economy gets better.
그 건축 계획은 경제가 좋아질 때까지 연기 중이다.

2) The line is busy now. I'll put you *on hold*.
그 전화선이 통화 중인데요. 대기 중으로 돌리겠어요.

• get better 더 좋아지다.　• get worse 더 나빠지다.

** **Hold over** (*v.*) – to postpone, to keep longer than planned

연기하다. 계획했던 것보다 더 오래 계속하다.

1) Can we *hold* this meeting *over* until next week since we don't have all the information?
지금 모든 정보가 없으므로 다음 주로 우리의 회의를 연기할 수 있을 까요?

2) The concert is going to be *held over* for another week because of public demand.
대중의 요구로 그 공연은 일주일 더 계속될 예정이다.

304. **Hold one's head up** (*v.*) – to be confident or proud, not to be ashamed

창피스러워 하지 않고 자신을 가지다.

1) You are a good man, *hold your head up* and don't let gossip worry you.
당신은 좋은 남자다. 자신을 가지고 그 소문에 걱정하지 마라.

** **Keep your chin up** (*v.*) – to face trouble with courage

용기를 가지고 문제를 직면하다.

1) I know times are difficult, but *keep your chin up*.
시기가 어렵다는 것을 안다. 그러나 용기를 가지고 헤쳐 나가라.

2) I am sorry to hear that you lost your job, but *keep your chin up*. I am sure you'll find another one soon.
당신이 직업을 잃었다는 소식에 유감이다. 그러나 용기를 가지고 일을 해 나가라. 나는 당신이 곧 다른 직업을 찾으리라 확신한다.

• lost a job 직업을 잃다. • find a job 직업을 찾다.

305. **Horns of a dilemma** (*n*) – one has two choices, but neither is satisfying nor wanted

두 가지 선택이 있으나 어떤 것도 만족스럽지 못하고 하고 싶지도 않음.

1) She found herself on the *horns of a dilemma*. If she has a child, she won't be able to pursue her career well; if she pursues her career, she won't be able to raise her child well.
그녀는 그녀가 진퇴양난에 빠진 것을 알았다. 그녀가 아이를 가지면 그녀의 직업을 계속 할 수 없고, 그녀의 직업을 계속하면 아이를 잘 기를 수가 없다.

306. **Hot air** (*n.*) – exaggerated, nonsensical talk with emotion

과장된, 감정이 섞인 말도 안 되는 말

1) She always threatens to quit, but it's just a lot of ***hot air***.
그녀는 그만두겠다고 항상 협박하지만 모두 감정에서 나온 말이다.

2) He is just full of ***hot air***.
그가 하는 말은 거의 과장된 것들이다.

307. **Hot potato** (*n*) – a question or an issue that raises heated debates and is hard to settle

대부분 열띤 논쟁을 일으키고 해결을 보기 힘든 질문이나 문제점

1) Politics and religion are always ***hot potatoes***.
정치나 종교는 항상 열띤 논쟁을 일으키고 해답을 얻기 힘들다.

2) The issue of birth control is certainly a ***hot potato*** for the Catholic Church.
천주교에서 피임의 문제는 확실히 열띤 논쟁을 일으키고 해답을 얻기가 쉽지 않은 주제이다.

• heated debates 열띤 논쟁 • birth control 피임

** **Hot water** (*n.*) – trouble 곤경

1) She got herself into ***hot water*** by talking about religion in public.
그녀는 대중 앞에서 종교에 관한 말을 함으로서 곤경에 빠졌다.

2) He is in ***hot water*** because he missed too many homework assignments.
그는 너무 많은 숙제를 하지 않았으므로 곤경에 빠져있다.

• in public 대중 앞에서, 공공장소에서 • homework assignment 과제

** **Hot seat** (*n.*) – a position which is likely to lead to trouble

문제를 일으킬 소지가 많은 자리

1) The mayor of a big city is on the ***hot seat***. It's because of the city's phenomenal tax increases.
한 큰 도시의 시장이 곤경에 처해 있다. 그것은 그 도시의 이상하고 굉장한 세금인상 때문이다.

• phenomenal (adj.) 이상한, 굉장한

I

308. **If anything** (*adv.*) – instead, rather 대신, 오히려

1) Sunday is not going to be warm, *if anything*, it will be cool.
일요일은 따스하지가 않을 것이다. 대신 서늘할 것이다.

2) Cats aren't bad pets, *if anything*, they're pretty good company.
고양이들은 나쁜 애완용 동물이 아니다. 오히려 그들은 꽤 좋은 벗이다.

309. **If worse comes to worst** – if the worst thing happens
만약 최악의 사태가 되면

1) *If worse comes to* worst, we'll close down the university until the protests subside.
만약 최악의 사태가 벌어지면 우리는 그 항거가 잠잠해질 때까지 대학교를 폐쇄할 것이다.

2) *If worse comes to* worst, we'll have to lay off some workers in order to avoid shutting down the factory.
최악의 사태 시에는 공장을 닫지 않기 위해 약간의 노동자들을 임시로 해고해야 할 것이다.

- subside (v) 잠잠해 지다, 약해지다.
- shut down (공장)문을 닫다.
- lay off (임시로) 해고하다.

310. **Ill at ease** (*adj.*) – nervous and uncomfortable 불안 초조하고 불편한

1) Many passengers feel *ill at ease* the first time they fly.
많은 승객들은 그들이 처음 비행기를 탈 때 불안 초조하고 불편하다.

2) The way he was looking at her made her feel *ill at ease*.
그가 그렇게 그녀를 쳐다보는 것이 그녀를 불편하게 했다.

311. **I tell you what / Tell you what** (*informal*) – Here is an idea that I've thought of
내가 생각했던 아이디어가 있어요.

1) I know you had your heart set on hiking today, but it's raining. *I tell you what*, let's make some popcorn and watch a movie.
당신은 오늘 하이킹하고 싶어 하는 것을 안다. 그러나 비가 오고 있어요. 내 생각에는 팝콘이나 만들고 영화나 보자.

2) The Chinese Restaurant is closed today. *Tell you what*, let's go for Italian today and next time we'll have Chinese.
그 중국 음식점은 오늘 영업하지 않는다. 내 생각에는 오늘은 이탈리언 음식을 먹으러 가고 다음에 중국 음식을 먹자.

312. **Impose on / Impose upon** (*v.*) – to make inconvenient of, to take advantage of, to burden, to place upon
강요하다. 불편하게 하다. 이익을 취하다. 부담을 주다. 영향을 미치다.

1) I don't want to *impose on* you. But would you mind turning down the volume on your stereo? I'm trying to study.
강요하고 싶지는 않지만 당신 스테레오의 볼륨을 줄여 주겠습니까? 나는 공부를 하려고 합니다.

2) He always *imposes on* us by dropping in for unannounced visits.
그는 예고도 없이 찾아오기 때문에 항상 우리를 불편하게 한다.

3) I don't want to *impose on* you by staying too long.
너무 오래 있음으로 당신에게 부담을 주고 싶지 않다.

4) The government *imposes* high taxes *upon* its people.
정부는 국민들에게 높은 세율을 부과한다.

5) The long hours of work *impose* a great strain *on* me.
오랫동안 일하는 것이 나에게 과로하게 만든다.

• impose (v) 강요하다. • advantage (n) 이익, 이용 • burden (v) 부담을 주다.
• drop in (예고 없이) 들르다. • strain (n) 과로, 긴장, 어려움

313. **In addition** (*adv.*) – as something extra, besides 여분으로, 게다가

1) He treated me to dinner *in addition* to paying for the concert tickets.
그는 나에게 공연티켓을 사는 것 외에도 저녁식사까지 대접했다.

2) I'd like to order two more bookcases *in addition* to the one I've already ordered.
내가 이미 주문했던 것 말고 두 개의 책꽂이를 더 주문하고 싶다.

3) Please bring me one personal size pizza *in addition* to a family size one.
패밀리 사이즈 외에 퍼스널 사이즈 피자를 한 개 더 가져오시오.

314. **In advance** (*adv.*) – ahead of time, in front, before 미리, 앞서서, 전에

1) I like to plan my weekly schedule *in advance*.
나는 한 주 계획을 미리 세우는 것을 좋아한다.

2) Army scouts go into battle *in advance* of the regular troops.
정찰 군들은 정규군보다 먼저 전쟁터에 간다.

3) Her ideas were usually *in advance* of those offered by other workers and were generally better ideas, too.
그녀의 아이디어들은 대개 다른 직원들에 의해 제공된 생각들보다 앞섰고 더 나은 것들이었다.

• scout (n) 정찰(병) • troop (n) 무리, 군인들

315. **In and out** (*adv.*) – coming in and going out 들어오고 나가고

1) She has been *in and out* all day and I don't know when she'll return.
그녀는 온종일 들락거렸다. 그리고 언제 돌아올지 모른다.

2) I'll be *in and out* all day, so if you need to speak to me, call me this evening after seven o'clock.
나는 온종일 들락거릴 거야. 나에게 할 말이 있으면 오늘 저녁 7시 이후에 전화해.

316. **In any case / In any event / At all events** (*adv.*)
– certainly, anyhow, anyway, no matter what happens
확실히, 하여튼, 어떤 일이 있더라도

1) We're overstaffed at the moment and aren't hiring, but *in any case*, I'm certain that we can find a place for you in the organization.
지금 당장은 직원이 너무 많아 채용을 하지 않는다. 그러나 어떻게 해서라도 조직내에 당신을 위한 자리를 마련 할 수 있는 것만은 확실하다.

2) I can't say for sure when I'll be returning, but *in any event*, I will return by December.
언제 돌아올지 확실하지는 않으나 하여튼 12월까지는 돌아 올 것이다.

• overstaffed (adj.) 너무 직원이 많은

317. **In arrears / In arrears on** (*adv.*) – the state of being behind in fulfilling payments on an obligation

의무적으로 납입해야 하는 일에 연체된

1) They were evicted because they were three months *in arrears* on their rent.
그들은 3개월이나 집세를 내지 못해서 쫓겨났다.

2) She's *in arrears on* all of her monthly bills including her credit card payments, too.
그녀는 그녀의 신용카드를 포함해서 매달 내는 고지서 모두가 연체된 상태에 있다.

• fulfill (v) 완수하다. • obligation (n) 의무 • arrears (adj.) 기일이 지난, 연체된 • be evicted 쫓겨난

318. **In a sense** (*adv.*) – in a way, sort of 어떤 면에서는

1) *In a sense*, I don't want to get a raise because the promotion means I'll have to work additional hours.
승진이 되면 더 많은 일을 해야 하기 때문에 어떤 면에서는 나는 급여를 더 받고 싶지 않다.

2) Breaking up was, *in a sense*, good for their relationship for some reasons.
이런 저런 이유들로 헤어지는 것이 어떤 면에서는 그들에게는 더 나은 일이었다.

319. **Inasmuch as** (*conj.*) – because of the fact that, since, because

~라는 사실 때문에, 때문에

1) I'm going to postpone my Hawaiian vacation *inasmuch as* the weather hasn't been as good as we had hoped. In fact, it's been raining every day.
날씨가 우리가 기대했던 것만큼 좋지 않기 때문에 하와이 여행을 연기할 것이다. 사실은 매일 비가 오고 있다.

2) He has changed his mind and is running for reelection *inasmuch as* the politicians have pleaded with him to do so.
정치인들이 간청을 하여 그는 마음을 바꾸어 재선에 출마하고 있다.

• plead (v) 주장하다. 간청하다. • plead not guilty 무죄를 주장하다.

320. **In behalf of / In one's behalf** (*prep.*) – in the interest of, for the benefit of

~의 이익을 위하여

1) The monument was erected *in behalf of* all those who gave their lives in the cause of Korean independence.
그 기념비는 한국의 독립을 위하여 생명을 바친 모든 사람들을 위해 세워졌다.

2) Members of the Peace Corp work around the world *in behalf of* the disenfranchised.
평화봉사단원들은 권리를 박탈당한 사람들을 위해 세계 여러 곳에서 일을 한다.

• be erected 세워지다. • independence (n) 독립 • the Peace Corp 평화봉사단 • disenfranchised (adj.) 권리를 박탈당한

** **On behalf of / On one's behalf** – for, on the part of, in place of
위하여, 대신하여

1) Children's Advocates spoke *on behalf of* children everywhere.
어린이 옹호자들은 모든 곳의 어린이들을 위해서 일을 한다.

2) *On behalf of* my grandmother, I thank each of you for your generosity and kindness.
나의 할머니를 대신해서 여러분 모두에게 여러분들의 관대함과 친절에 감사한다.

3) The Prime Minister attended the funeral *on behalf of* the President who is attending the economic summit in Tokyo.
Tokyo 경제 정상회담에 참석하고 있는 대통령을 대신하여 국무총리가 그 장례식에 참석했다.

• advocate (v, n) 옹호하다. • generosity (n) 관대함 • funeral (adj., n) 장례식(의) • summit (n) 정상, 꼭대기

321. **In case** (*conj.*) – if, if it happens that 만약

1) Let me know where you'll be *in case* I have to work late.
만약 내가 늦게까지 일해야 되면 당신이 어디 있을지 알려줘요.

2) I'll take an umbrella with me *in case* it rains.
비가 올 것을 대비해 우산을 가져갈 것이다.

** **In case / Just in case** (*adv.*) – if there is need, as a precaution
필요하다면, 조심으로서

1) We'd better take some extra cash with us just *in case* there's an emergency.
긴급 할 때를 대비하여 여분의 돈을 가져가는 것이 났다.

2) I usually pay by check or credit card, but I'll take some cash with me *just in case* they won't accept a check or a credit card.
나는 대개 수표나 신용카드로 지불한다. 그러나 신용카드나 수표를 받지 않을 경우를 대비해 약간의 현금을 가져갈 것이다.

3) Please take my phone number *in case* you get lost or delayed.
길을 잃거나 지연이 되는 경우를 대비해 나의 전화번호를 가져가가시오.

** **In case of** (*prep.*) – if there should happen to be, in the event of ~의 경우에

1) The doctor said to stop taking the medication *in case of* drowsiness.
만약 졸음이 올 경우에는 그 약을 중단하라고 의사가 말했다.

2) *In case of* a fire, please use the stairs to exit the building.
불이 난 경우에는 건물을 탈출하기위해 계단을 사용하시오.

• take medication 약물, 주사 등 치료를 받다. • drowy (adj.) 졸음이 오는

322. **In charge (of)** (*adj., adv., prep.*) – in authority, to be in control, in a position to care
권한이 있는, 책임지는, 담당하는

1) The President leaves the Vice-President *in charge* while he is gone.
대통령은 그가 떠나 있을 때는 부통령에게 권한을 남긴다.

2) Dr. Lee is the head surgeon and also *in charge of* the Emergency Room.
닥터 리는 고참 외과의이고 또한 응급실을 책임진다.

3) Who's *in charge of* running the copy machine?
누가 복사기를 담당하는가?

** **On the charge of** (*prep.*) – on charges of 혐의로

1) Three men were arrested earlier today *on the charge of* smuggling.
세 명의 남자가 밀수 혐의로 오늘 일찍 체포되었다.

2) The woman was convicted *on charges of* fraud and embezzlement.
그 여자는 사기와 횡령혐의로 유죄를 입증받았다.

• be arrested 체포되다. • smuggle (v) 밀수하다. • be convicted 유죄 입증되다.
• fraud (n) 사기 • embezzlement (n) 횡령

323. **In circulation / Into circulation** (*adj.*) – doing things as usual, to be in circulation
평소와 같이 일하는, 회전이 되는

1) The economist hasn't been *in circulation* since he lost his job two years ago.
그 경제학자는 2년 전에 실직한 이래로 직업을 잡지 못했다.

2) Sources within the company said the new album will be delivered to stores early next week just in time to be put *into circulation* for the holiday season.
회사 내의 정보에 의하면 새 앨범이 명절시기에 맞춰 유통되도록 다음 주 초에 상점들로 배송이 될 것이라고 했다.

324. **In common** (*adv.*) – shared together, jointly 함께 나누는, 공동으로

1) Happy couples usually have a lot of interests *in common*.
행복한 커플들은 대개 공통되는 흥미가 많다.

2) They have a lot *in common* because they grew up in the same neighborhood, attended the same schools, and chose similar careers.
그들은 같은 동네에서 자랐고 같은 학교를 다녔고 비슷한 직업을 선택했기 때문에 많은 공통점이 있다.

325. **In consequence** (*adv.*) – as a result, consequently, therefore
결과로서, 결국에, 그러므로

1) He argued with his manager and, *in consequence*, was fired.
그는 그의 매니저와 말다툼을 했고 그 결과로서 해고당했다.

2) The annual rainfall was much greater than predicted and *in consequence*, there was severe flooding.
연강우량은 기대치보다 훨씬 더 많았고 그래서 심각한 홍수가 발생했다.

** **In consequence of** (*prep.*) – because of, as a result of 때문에, 결과로서

1) The man was granted a divorce from his wife and given custody of the children, *in consequence* of her abusive character.
그의 부인의 학대하는 성격 때문에 그는 그의 부인으로부터 이혼하는 것이 허락되었고 아이들의 양육권도 주어졌다.

2) The student was given a reprimand and a warning *in consequence* of her continued absence.

그 학생은 계속되는 자신의 결석 때문에 질책과 경고를 받았다.

• be granted a divorce 이혼이 허락되다. • custody (n) 양육권
• reprimand (v, n) 비난, 질책하다.

326. **In consideration of** (*prep.*) – in view of, because of ~를 고려하여, 때문에

1) The award was presented *in consideration of* her service to the community.
그 상은 그녀가 지역사회에 공헌 한 것을 고려하여 주어졌다.

2) *In consideration of* all the extra work you've done, I'm quite willing to pay you more than the amount we originally agreed on.
당신이 가외로 많은 일들을 한 것을 고려해서 나는 기꺼이 원래 계약했던 것보다 더 많이 지불하고 싶다.

327. **In defiance of** (*prep.*) – in disobedience to ~에 불복종하여

1) She came home late *in defiance of* her parent's curfew.
그녀는 부모님의 통행금지에 불복종하여 늦게 집에 왔다.

2) The employees went out on strike *in defiance of* the company's no strike policy.
직원들은 그 회사의 노 스트라이크 정책에 불복종하여 파업에 들어갔다.

328. **In dispute** (*adj.*) – in disagreement or argument 논쟁 중

1) The role he played in the robbery is *in dispute*.
그 강도 행각에서 그가 담당한 역할이 논쟁중이다.

2) Union leaders, citing recent allegations of fraud and corruption, are *in dispute* of the company's pension plan.
최근의 사기와 부패 혐의를 들며 노동조합 지도자들이 회사의 연금계획을 논쟁 중에 있다.

• allegation (n) 증거없는 주장 • allege (v) 증거없이 주장하다.

329. **In earnest** (*adj., adv.*) – seriously, with serious intent, in fact or truth, really
진지하게, 진지한 의도로, 사실은, 정말

1) She worked *in earnest* towards her goal of becoming a writer.

그녀는 작가가 되고 싶은 그녀의 목표를 위해 진지하게 일했다.

2) Some of the firemen were working *in earnest* when the roof fell off.
몇몇 소방관들이 천정이 무너져 내렸을 때 열심히 일하고 있었다.

3) I'm not joking. I meant what I said *in earnest*. Either you improve the quality of your work or you'll be fired.
나는 농담하고 있지 않다. 내가 말한 것은 진심이다. 당신의 일의 질을 높이던가 아니면 해고이다.

330. **In effect** (*adj., adv.*) – In fact, actually, in active force, operative
사실은, 사실, 효력발생의, 운용되는

1) What are they saying *in effect*?
그들이 사실 무슨 말을 하고 있나?

2) What they are saying, *in effect*, is the system won't be back online for another week.
사실 그들이 말하는 것은, 한주일 더 컴퓨터 시스템이 작동치 않을 것이라는 거다.

3) Studying diligently is, *in effect*, providing insurance for your future.
사실 열심히 공부하는 것은 당신의 미래를 위해 보험을 들어두는 것이다.

4) The new law, *in effect* today, allows police to stop and search anyone for any reason.
오늘 부터 효력이 발생되는 그 새 법률은 어떤 이유로든지 경찰이 아무나 세워서 조사할 수 있게 하는 것이다.

** **In fact** (*adv.*) – actually, in truth, as a matter of fact 사실은

1) We say that certain things are easy to do; but *in fact* they aren't always easy to do.
사람들은 어떤 일들은 정말 하기 쉽다고 하지만 사실은 그것들이 항상 하기 쉬운 것은 아니다.

2) It appears to be the original; but *in fact* it is a masterfully reproduced copy.
그것이 진품 같지만 사실은 교묘하게 만든 모조품이다.

• masterfully (adv.) 노련하게, 교묘하게 • reproduced copy 복제품

** **In force** (*adj.*) – in effect, in operation, valid 실제의, 작용중인, 유효한

1) The new drug laws are now *in force* and repeated offenders will be dealt

with harshly.
새 마약법이 현재 작용 중이고 재범들은 엄하게 다루어 질 것이다.

2) The company policy prohibiting employees from accepting part-time employment with a competitor is still *in force*.
직원들이 경쟁사로부터 시간제 일을 맡는 것이 금지되어 있는 그 회사의 정책이 아직 유효하다.

- repeated offenders 재범들
- be dealt with 다루어지다. 적용되다.
- prohibit (v) 금지하다.
- competitor (n) 경쟁자

331. **In evidence** (*adj.*) – easily noticeable, present and easily seen
쉽게 눈에 띄는, 현저한

1) It's only early March, but spring is *in evidence* everywhere.
겨우 이른 3월인데 봄이 완연하다.

2) Poverty and depression are *in evidence* on almost every street.
거리 곳곳마다 빈곤과 공황이 현저하다.

332. **In favor of** (*prep.*) – on the side of, in support of ∼의 편에서, ∼를 지지하여

1) Most workers are *in favor of* accepting the company's latest contract offer.
대부분의 근로자들은 회사의 최근의 계약조건을 받아들이는 것을 지지한다.

2) I am *in favor of* a five-day work week.
나는 주 5일 근무를 지지한다.

333. **In full swing** (*adj.*) – in full operation, at peak activity
풀가동 중인, 최상의 활동 중에

1) The pop concert was already *in full swing* when we arrived.
그 공연은 내가 도착했을 때 이미 한창이었다.

2) After a slow start, the holiday shopping season is now *in full swing*.
서서히 시작하더니 지금은 명절 쇼핑시즌이 무르익었다.

334. **In general** (*adv.*) – generally, for the most part, on the whole
일반적으로, 대부분이, 전체적으로

1) *In general*, it is a good program, although it is not as good as they claim (it is) in their brochure.
비록 그들의 광고지에서 좋다고 주장하는 것만큼은 아니지만 일반적으로, 그것은 좋은 프로그램이다.

2) The southwest of the United States, *in general*, is warm and dry.
미국의 서남부는 대부분이 덥고 건조하다.

3) The students in my class are well behaved *in general*.
나의 학급에 있는 학생들은 전체적으로 행실이 바르다.

335. **In half** (*adv.*) – into halves 반으로

1) He cut an apple *in half*.
그는 사과를 반으로 잘랐다.

2) My allowance was cut *in half* because I only did half of my chores.
내가 할일을 반 밖에 하지 않았기 때문에 내 용돈이 반으로 줄었다.

336. **Inhonor of** (*prep.*) – as an honor to 경의를 표하여, 축하하여

1) A reception will be held *in honor of* Professor Kim who is retiring.
퇴직하는 김교수에게 경의를 표하기 위해 환송파티가 열릴 것이다.

2) Children's Day is set aside *in honor of* children.
어린이날은 아이들을 축하하기위해 제정되었다.

• be held 열리다. • be set aside 보존되다.

337. **In kind** (*adv.*) – to pay with something other than money such as goods, services, food, etc.
상품이나 서비스나 음식등 돈이 아닌 것으로 지불하다.

1) He cheated on his girlfriend and later she repaid him *in kind*.
그는 그의 여자 친구를 속였고 그녀는 나중에 다른 것으로 복수했다.

2) The Ritz Carlton and The Hyatt Regency offer services that may differ in degree but not *in kind*.
리츠칼튼 호텔이나 하이야트리전시 호텔은 서비스의 차원에서 정도는 다르지만 다른 것에서는 같다.

** **Kind of** - a little bit, somewhat 약간, 어딘가, ~편

1) It's *kind of* dark in here because a few of the bulbs have burnt out.
전구가 두어개 나가서 이 안이 좀 어두운 편이다.

2) I *kind of* agree with what you did, but I'm not sure I agree with the method you used.
당신이 한 일에 대해서는 동의하는 편이지만, 당신이 사용한 방법에 대해서는 동의할 수 있을지 모르겠다.

338. **In (the) light of** (*adj.*) - considering, in view of 고려하는, 참작하여

1) We have decided to re-examine the matter *in light of* the new information you recently brought to our attention.
우리는 당신이 최근에 우리에게 보고한 그 정보를 고려하여 그 일을 다시 조사하기로 결정했다.

2) *In light of* her dedication to the plight of the homeless, we decided to name a wing of the new hospital after her.
노숙자들의 어려움을 돕기 위한 그녀의 헌신을 참작하여 새 병원의 한 병동을 그녀의 이름을 따서 하기로 결정했다.

• dedicate (v) 헌신하다. • plight (n) 어려운 상황 • homeless (n) 노숙자

339. **In line** (*adj.*) - in a line 줄서서

1) We bought our tickets and then had to stand *in line* before they let us into the theater.
우리는 표를 샀고 그들이 우리를 입장시킬 때까지 줄서서 있어야 했다.

** **In line (for)** (*adj.*) - in a position in a series, within proper limits
다음 순번, 적당한 제한안에

1) Mr. Kim's boss told him that he is next *in line* for a promotion.
Mr. Kim 의 상사는 그가 승진에 있어 다음 순번이라고 말했다.

2) The government needs to do something to keep prices *in line*.
정부는 물가를 적당한 선에 안정시키기 위해 무엇인가를 할 필요가 있다.

** **In line with** (*prep.*) – in accordance with, in agreement with

~와 조화되어, 동의하는

1) The new proposal is *in line with* the company's general policies.
그 새로운 제안은 회사의 전체적인 정책과 조화된다.

2) The administrative dean issued the student a warning because his behavior was not *in line with* the university's policies.
행정실장은 그 학생의 행위가 대학교의 정책들에 위반되어 경고장을 발행했다.

3) The company's hiring policies are *in line with* the new federal law.
그 회사의 고용제도는 새 연방법에 준한다.

** **On the line** – at risk, in a dangerous position, on a telephone line

위험한, 위험한 처지에, 전화선에

1) You'd better succeed in the project, otherwise your job will be *on the line*.
당신은 그 프로젝트에 성공해야 한다. 그렇지 않으면 당신직업이 위태롭다.

2) Mr. Lee is *on the line* and wants to talk to you.
Mr. Lee 가 전화했는데 당신하고 통화하고 싶어 한다.

I

340. **In part** (*adj.*) – partly, to a certain extent 부분적으로, 어떤 면에서

1) I quit my job, *in part*, because I no longer enjoyed the work and also because the salary was too low.
나는 나의 직업을 그만두었다. 그 한 이유가 더 이상 직업이 즐겁지가 않았고 또한 보수도 작아서였다.

2) They remodeled their home, *in part*, to increase its resale value.
그들은 어떤 면에서 그 집의 매매가치를 높이기 위해 개축을 했다.

• no longer 더 이상 ~않다. • quit a job 직업을 그만두다. • remodel (v) 개축하다.

341. **In particular** (*adj.*) – specifically, particularly 구체적으로, 특히

1) I majored in English Literature, *in particular*, the Romantics.
나는 영문학에서도 구체적으로 말한다면 낭만주의를 전공했다.

2) I enjoy vacations, relaxing vacations at the beach *in particular*.
나는 휴가 중에서도 특히 해변에서 느긋하게 즐기는 휴가를 좋아한다.

3) He likes to eat; *in particular*, he likes fruit and vegetables.
그는 먹는 것을 좋아하는데 특히 과일과 야채를 좋아한다.

342. **In person** (*adv.*) – physically present 직접

1) The principal appeared *in person* at the high school dance.
교장선생님이 직접 고등학교 댄스파티에 나타났다.

2) Can I talk to you *in person* about the amount of deductions from my last paycheck?
나의 지난 번 급여에서 뗀 금액에 대해서 직접 얘기할 수 있을까요?

• deduct (v) 빼다. 공제하다. • deduction (n) 공제, 뺌
• deduce (v) 결론에 도달하다. • paycheck (n) 급여지불수표

343. **In place** (*adv.*) – in the right place, in the usual place 제자리에, 원래자리에

1) Her daughter's room was a mess. Not a thing was *in place*.
그녀의 딸의 방은 엉망이었다. 하나도 제자리에 없었다.

2) Put your things *in place*.
너의 물건들을 원래자리에 놓아라.

3) He's organized. Everything is always *in place*.
그는 정리를 잘한다. 모든 것이 항상 제자리에 있다.

** **In place of / Instead of** (*prep.*) – in lieu of, in the place of 대신에

1) They sent us a large pizza with pepperoni *in place of* the medium size one with vegetables I ordered.
그들은 내가 주문한 중간 사이즈의 야채 피자대신에 큰 페페로니 피자를 보냈다.

2) To everyone's surprise, he married a woman he had just met *instead of* his long time fiancée.
모든 사람들이 놀랍게도 그는 오랫동안 사귄 그의 약혼녀 대신에 방금 만난 여자와 결혼을 했다.

** **Out of place** (*adj., adv.*) – improper, not in the right place
부적절한, 어울리지 않는

1) I was the only one wearing a suit, so I felt *out of place*.

나만이 양복을 입고 있어서 부적절한 느낌이 들었다.

2) The enormous sofa looked *out of place* in the tiny living room.
대단히 큰 그 소파는 그 작은 거실에 어울리지 않았다.

344. **In print** (*adj.*) – in printed or published form, still offered for sale by a publisher
인쇄되거나 출판된, 여전히 발행자에 의해 판매가 제공되는

1) She's longing for the day she'll see her book *in print*.
그녀는 발행된 그녀의 책을 보는 날을 갈망한다.

2) I'm sorry the book is no longer *in print*.
미안하지만 그 책은 더 이상 발행이 안 된다.

3) There are over six million copies *in print*.
6백만 부 이상이 인쇄되어 있다.

** **Out of print** – no longer in print, no longer offered for sale by a publisher
더 이상 인쇄가 안 되는, 더 이상 발행이 안 되는

1) The book is *out of print*.
그 책은 인쇄중단이다.

2) The book you ordered is *out of print*.
당신이 주문한 그 책은 발행이 안 된다.

345. **In private** (*adv.*) – confidentially, secretly 개인적으로, 비밀로

1) Can we speak *in private*?
개인적으로 말 좀 할 수 있을까요?

2) The call was of a personal nature, so she took it *in private*.
그 전화가 개인적인 것이라 그녀는 아무도 없는데서 혼자서 받았다.

** **In public** (*adv.*) – openly, not secretly, in the presence of others
공개적으로, 다른 사람들이 있는 곳에서

1) People act differently *in public* than they do in private.
사람들은 혼자 있을 때보다 공개 장소에 있을 때 다르게 행동한다.

2) It was the first time they appeared *in public* together since the accident.
그 사고 후 그들이 함께 공개석상에 나타난 것은 처음이다.

346. **In question** (*adj.*) – under discussion, concerned　　거론중인, 의심이 되는

1) The person *in question* no longer works for the company.
거론이 되고 있는 그 사람들은 더 이상 회사에 근무하지 않는다.

2) He couldn't have committed the crime because he was out of town on the day *in question*.
의심이 되는 그날 그는 그 지역에 없어서 그는 그 범죄를 저지를 수가 없었다.

• commit a crime 범죄를 저지르다.

347. **In reference to / With reference to / In regard to** (*prep.*) – in or with respect to, in connection with, about
관련되어, 관하여

1) I'm calling *in reference to* the most recent electric bill.
나는 가장 최근의 전기요금과 관련하여 전화를 하고 있는데요.

2) He said the deal with H company had fallen through, but *with reference to* the deal with S company, he said it looked good.
그는 H사와의 거래는 무산되었지만 S사와의 거래에 관련해서는 좋아 보인다고 했다.

3) We had a meeting *in regard to* the team's recent losses.
우리는 팀의 최근 패배에 관하여 회의를 했다.

• reference (n. v) 참고문, 인용문, 추천(서)　• bill (n) 고지서
• fall through 무산되다.

** **In relation to / With relation to** (*prep.*) – in connection with, in comparison to, about
관련하여, 비교하여, 관하여

1) The conversation was *in relation to* my future with the company.
대화는 회사에서의 나의 미래에 관한 것이었다.

2) She choose her major *with relation to* how it would help her future.
그녀는 그녀의 미래에 도움이 될 것과 관련하여 전공을 선택했다.

• connection (n) 관련 • comparison (n) 비교 • choose a major 전공을 선택하다.

** **In respect to / With respect to** (*prep.*) – in connection with, related to, about 관련하여, 관하여

1) Let's talk about the new law *in respect to* how it will affect people.
그 새로운 법이 어떻게 사람들에게 영향을 줄지에 관해 이야기합시다.

2) The management spoke to him *with respect to* his job performance.
경영진은 그의 작업활동에 관해 그에게 말했다.

• affect (v) 영향을 주다. • job performance 근무활동

348. **In return** (*adv.*) – as a return 보답으로

1) I gave her a gift and she took me to dinner *in return*.
나는 그녀에게 선물을 주었는데 그녀는 보답으로 저녁을 샀다.

2) Dick helped me fix my car; *in return*, I invited him to dinner.
딕은 내가 내 차를 수리하는 것을 도왔다. 그 보답으로 나는 그를 저녁식사에 초대했다.

• take ~ to dinner ~를 저녁식사에 데리고 가다.
• invite ~ to dinner ~를 저녁식사에 초대하다.

349. **Ins and outs** (*n.*) – the details of an activity or process 어떤 활동이나 과정의 자세한 것

1) He knows all the *ins and outs* of the local political situation.
그는 그 지역의 모든 정치적 상황을 자세하게 안다.

2) The serviceman knew all the *ins and outs* of my computer system.
그 서비스 맨은 내 컴퓨터 시스템에 대해 자세히 알았다.

350. **In short order** (*adv.*) – without delay 지체 없이

1) Tell me what you want done and I'll get it done *in short order*.
당신이 무엇을 원하는지 말해 그러면 지체 없이 끝내어 놓을 테니.

2) We did everything he wanted *in short order*.

우리는 모든 일을 그가 원하는 대로 지체 없이 했다.

351. **In short supply** (*adj*) – not enough 충분하지 않은

1) Nowadays, honest people seem to be *in short supply*.
오늘날, 정직한 사람이 많지 않은 것 같다.

2) In some underdeveloped countries, medical supplies and food are *in short supply*.
몇몇 후진국들에서는 의료용품과 음식이 부족하다.

• underdeveloped 저개발된 • medical supplies 의료용품

352. **Inside / Inside of** (*prep.*) – enclosed within 안에

1) His mother told him to go *inside* and clean his room.
그의 어머니는 그에게 그의 방에 들어가서 청소를 하라고 했다.

2) The hikers survived the storm by staying *inside of* a cave.
등산객들은 동굴 속에 머무름으로서 그 폭풍에서 살아남았다.

** **Inside out** (*adj.*) – with the inner surface turned out or reversed
안쪽 면이 뒤집혀진

1) She wore her jacket *inside out*.
그녀는 그녀의 재킷을 뒤집어 입었다.

2) We turned the laundry *inside out* before hanging it on the line.
우리는 빨래를 널기 전에 속을 뒤집었다.

3) He was so tired that he put his shirt on *inside out*.
그는 너무 피곤한 바람에 그의 셔츠를 뒤집어 입었다.

353. **Insofar as** (*adj.*) – to such an extent as, as much as ~하는 한

1) *Insofar as* I can, I will continue to work, despite my age.
내가 할 수 있는 한, 나이에 불구하고 일을 계속 할 것이다.

2) *Insofar as* he could, he worked on the project in his spare time.
그가 할 수 있는 한, 시간이 조금씩 날 때마다 그의 프로젝트를 했다.

• despite ~에도 불구하고 • spare time 여가, 여유시간

354. **In spite of** (*prep.*) – despite, notwithstanding ~에도 불구하고

1) The plane landed safely, *in spite of* the heavy fog.
짙은 안개에도 불구하고 그 비행기는 무사히 착륙했다.

2) *In spite of* the heavy spring rains, they went camping.
봄날의 폭우에도 불구하고 그들은 캠핑을 갔다.

** **Notwithstanding** (*adv., prep.*) – in spite of, in spite of this ~에도 불구하고

1) I'll proceed with my plan *notwithstanding* any objections.
나는 어떤 반대에도 불구하고 나의 계획을 진행할 것이다.

2) The world environmental leaders expressed opposition to the developmental proposal of wet lands, but it was passed by Congress *notwithstanding*.
세계 환경지도자들이 습지개발 제안을 반대했지만 그럼에도 불구하고 그 제안은 국회에서 통과되었다.

• proceed (v) 진행하다. • objection (n) 반대 • environment (n) 환경
• opposition (n) 반대 • wet lands 습지

355. **In stock** (*adj.*) – available for sale, in present possession, having something ready to sell.
팔 물건이 있는, 현재 보유하고 있는, 무엇인가를 팔 준비가 되어 있는

1) If items sell too quickly, it's difficult to keep them *in stock*.
품목들이 너무 빨리 팔리면, 물건을 계속해서 들이기가 어렵다.

2) The shoes you ordered are now *in stock*.
당신이 주문한 신발들이 지금 들어와 있다.

** **Out of stock** (*adj.*) – not having available for sale 팔 물건이 없는

1) The advertised computer was *out of stock*, so they gave her a rain-check.
그 광고된 컴퓨터는 지금 팔 물건이 없다. 그래서 그들은 그녀에게 레인 첵(나중에 물건이 들어오면 연락해 주겠다는 약속의 카드)을 주었다.

2) Those items are *out of stock* now.
그 품목들은 지금 품절이다.

356. **In substance** (*adv.*) – in the main or basic parts, basically
주요 부분이나 기본적 부분에서, 본질적으로

1) These two stereo systems are the same *in substance*, except for the price.
이 두 전축들은 가격만 제외하고 기본적으로 같다.

2) His argument sounds convincing, but generally lacking *in substance*.
그의 주장은 꽤 신빙성 있게 들리지만 일반적으로 본질적인 것이 결여되어 있다.

- substance (n) 물질, 본질, 내용, 요점
- convince (v) 설득하다.
- convincing (adj.) 설득력 있는

357. **In terms of** (*prep.*) – especially about, in the matter of
특히 ~에 관해, ~에 관해서는

1) *In terms of* athletic ability, this year's team is no match for last year's team.
경기 능력에 있어서 금년의 팀은 작년 팀에 비교가 안 된다.

2) *In terms of* recognition, teachers usually don't receive very much.
인정받음에 있어서 교사들은 대개 많이 받지 못한다.

358. **In that** (*conj.*) – because, since, for the reason that 때문에, ~의 이유로

1) I like the fall *in that* it is a time when fresh fruit and vegetables are abundant.
가을은 신선한 과일과 야채들이 풍부한 시기이기 때문에 나는 가을을 좋아한다.

359. **In the air** (*adv.*) – in everyone's thoughts, a general feeling
모든 사람들의 생각 속에, 일반적인 느낌

1) Feelings of anticipation and excitement were *in the air* as the audience awaited the world premiere of the new movie.
청중이 새 영화의 세계적인 특별 개봉을 기다렸을 때 기대감과 흥분감이 모든 사람들의 생각 속에 가득했다.

2) Now it's April, spring is *in the air*.
이제 4월이다. 봄이 완연해.

3) Christmas is already *in the air*.
벌써 크리스마스 분위기이다.

• anticipate (v) 기대하다. • audience (n) 청중 • await (v) 기다리다. 대기하다.
• premiere (n) 영화의 특별개봉

** **Up in the air – not settled, undecided** 해결되지 않은, 결정되지 않은

1) The winner of the recent election is still *up in the air*.
최근 선거의 승리자가 여전히 결정되고 있지 않다.

2) Whether she will graduate on time or not is *up in the air*.
그녀가 제때에 졸업을 할 수 있을지는 결정되지 않고 있다.

3) Those issues are still *up in the air*.
그 문제들은 여전히 해결되지 않고 있다.

360. **In the first place** (*adv.*) – in the beginning, at first 시작 시, 처음에

1) *In the first place*, I told him that I was engaged.
나는 처음부터 그에게 약혼했다고 말했다.

361. **In the least** (*adv.*) – even a little 조금도

1) I don't understand baseball *in the least*.
나는 조금도 야구를 이해하지 못한다.

2) She is not interested in him *in the least*.
그녀는 조금도 그에게 관심이 없다.

362. **In the main** (*adv.*) – generally, for the most part, on the whole
일반적으로, 대부분, 대체적으로

1) *In the main*, most people work hard to earn their money.
일반적으로 대부분의 사람들이 돈을 벌기위해 열심히 일한다.

2) *In the main*, the movie was a box office success.
대체적으로 그 영화는 흥행에 성공했다.

363. **In the nick of time** (*adv.*) – just at the critical moment
아주 중요한 시점에 / 순간에

1) She was just about to leave, and he caught her *in the nick of time*.
그녀는 막 떠나려던 참이었는데 아슬아슬하게 그가 그녀를 만났다. / 잡았다.

2) I finished my homework assignment *in the nick of time*.
나는 겨우 시간에 맞춰 숙제를 끝냈다.

• critical (adj.) 중요한 • nick (n) 작은 흠집 • be about to 막 ~하려던 참이다.

364. **In the running** (*adj., adv.*) – in competition, having a chance to win
경쟁 / 도전 중, 이길 기회가 있는

1) He's definitely *in the running* for the new management position.
그는 확실히 새 매니지먼트 자리에 도전하고 있다.

2) There are four students *in the running* for class president.
4명의 학생들이 학급의 반장자리를 향해 경쟁하고 있다.

365. **In the saddle** (*adj., adv.*) – in a position to order 명령 / 지휘를 하는 위치에

1) The acting president is *in the saddle*, and things are running well.
사장 대행이 지휘를 하고 있고 일들은 순조롭게 가고 있다.

366. **In the same boat** (*adj., adv.*) – in the same situation 같은 상황에

1) We need to help one another because all of us are *in the same boat*.
우리 모두는 같은 상황에 있기 때문에 서로 도와야 한다.

2) With sales down, the prospect of salary cuts are imminent. Even worse, the company has laid off hundreds of its workers. We're all *in the same boat*.
판매가 감소됨에 따라 급여삭감의 예상이 곧 현실화 될 것이다. 더 나쁜 일은 회사가 수백 명의 노동자들을 임시로 해고 했다. 우리는 모두 같은 처지에 있다.

• prospect (n) 예상, 기대, 전망 • salary cut 급여 삭감
• imminent (adj.) 곧 발생할 • lay off (임시로) 해고하다.

367. **In the wake of** (*prep.*) – following, right after, as a result of
따르는, 바로 후, 결과로서

1) *In the wake of* last week's heavy rains, some of the small dams have been destroyed.
지난 주 폭우가 오고 나서 작은 댐들 중의 약간이 파괴되었다.

2) Many people were laid off *in the wake of* the economic slump.
경제불황으로 인해 많은 사람들이 한시적으로 해고당했다.

368. **In time** (*adj., adv.*) – not too late, soon enough 너무 늦지 않게, 때에 맞춰

1) I got to the airport just *in time* to catch my flight.
비행기를 탈 수 있는 시간에 바로 맞춰 공항에 도착했다.

2) Traffic was heavy, but I was *in time* for the reception.
교통체증이 심했으나 나는 환영파티시간에 맞추어 갔다.

369. **In touch** (*adj.*) – exchanging news, talking or writing, contacting
소식을 교환하는, 말하거나 쓰는, 연락하는

1) She has promised to keep *in touch* with us while she's away.
그녀는 그녀가 떠나있는 동안 우리와 계속해서 소식을 주고받을 것이라고 약속했다.

2) I keep *in touch* with many of my friends from university.
나는 대학교 친구들 중 많은 사람들과 계속 연락을 한다.

370. **In trust** (*adj., adv.*) – in safe care for another 신탁하는, 맡기는

1) The money has been put *in trust* until he reaches twenty-one.
그 돈은 그가 21세가 될 때까지 신탁에 맡겨졌다.

2) The philanthropist put $10,000,000 *in trust* for the scholarship fund.
그 자선가는 장학기금으로 $10,000,000을 신탁에 맡겼다.

371. **In view of** (*adv.*) – taking into account, considering 고려하여

1) *In view of* his recent performance, the management has decided not to renew his contract.

I

그의 최근의 근무 활동을 고려하여, 그 경영진은 그의 재계약을 하지 않기로 결정했다.

2) The factory shut down *in view of* the slowing economy and rising labor costs.
그 공장은 침체되고 있는 경제와 인상되고 있는 인건비를 고려해서 가동을 중단했다.

372. **Invite over** (*v.*) – to ask to visit 방문할 것을 부탁하다.

1) I saw the Smiths and *invited* them *over* for dinner.
나는 스미스씨 가족을 보았고 그들을 저녁식사에 초대했다.

2) He *invited* me *over* for Christmas but I'm not sure I can go.
그는 나를 크리스마스에 초대를 했지만 내가 갈 수 있는지 확실하지 않다.

J

373. **Jack up** (*v.*) – to lift with a jack, to raise a price

잭으로 들어 올리다. 가격을 올리다.

1) The mechanic *jacked up* the car and changed the flat tire.
자동차 수리공은 기계로 자동차를 들어 올려 펑크 난 타이어를 갈았다.

2) Farmers *jacked up* the price of their crops to combat inflation.
농부들은 인플레이션에 맞서 그들의 곡식 가격을 올렸다.

• mechanic (n) 기계공 • flat tire 펑크난 타이어 • crops (n) 곡식들 • combat (v) 싸우다.

374. **Jazz up** (*v.*) – to make more lively and exciting 더 생기 있고 열광하게 만들다.

1) The new sofa and coffee table *jazzed up* their living room.
새 소파와 커피 테이블이 그들의 거실을 더 생기 있게 만들었다.

2) The interior renovations certainly *jazzed up* the hotel.
실내수리가 확실히 그 호텔을 더 산뜻하게 만들었다.

3) The band *jazzed up* the concert with a spectacular light show.
그 밴드는 굉장한 라이트 쇼로 공연을 한층 더 열광스럽게 했다.

• interior renovation 실내 수리(재단장) • spectacular (adj.) 굉장한

375. **Join hands or forces** (*v.*) – unite, to get together in a common cause, action, etc.

합치다. 공통된 원인이나 활동 등으로 서로 모이다.

1) Management and workers *joined forces* to complete the project on time.
경영진과 노동자들이 그 프로젝트를 제때에 끝내기 위해 힘을 합쳤다.

2) A number of medical groups have *joined hands* in the fight against AIDS and SARS.

다수의 의료진들이 에이즈와 사스를 퇴치하기위해 서로 모였다.

376. **Join** – to become a member of an organization, to enroll in

조직의 일원이 되다. 등록하다.

1) Do you want to *join* a ski club?
스키클럽에 멤버가 되고 싶니?

2) No, I don't. I want to *join* a health club.
싫어. 나는 헬스클럽에 등록하고 싶어.

** **Join in** (v.) – to take part in, to participate, to do something with others

참석하다. 참가하다. 다른 사람들과 함께 ~을 하다.

1) Are you going to *join in* the discussion?
토론에 참석할 것인가?

2) When the singer got to the song's refrain, members of the audience *joined in*. It was obvious that many of them knew the lyrics by heart.
그 가수가 노래의 후렴을 불렀을 때 청중들이 함께 불렀다. 그들 중의 많은 사람들이 그 가사를 외어서 알고 있었다는 것이 명백했다.

3) She was more than happy to *join in* the World Wildlife Foundation's annual fund drive.
그녀는 세계야생조수 재단의 연례모금행사에 참가하는 것이 대단히 행복했다.

• refrain (v) 삼가다. 억제하다. (n) 노래의 후렴 • obvious (adj.) 명백한
• lyric (n) 가사. 서정시 • Wildlife Foundation 야생조수재단 • fund drive 모금행사

** **Join up** (v.) – to go into military service, to enlist in the armed forces

군대에 가다. 입대하다.

1) If we go to war, all eligible men will have to *join up*.
우리나라가 전쟁으로 가면, 자격있는 모든 남자들이 군대에 가야 할 것이다.

2) The college student decided to *join up* after spring semester.
그 대학생은 봄 학기가 끝난 후 입대하기로 결심했다.

• military service 군복무 • enlist (v) 자원입대하다. • armed forces 군대
• eligible (adj.) 자격있는

K

377. **Keel over** (*v.*) – to tip over, to turn over, to collapse, to fall down

뒤집어엎다. 내려앉다.

1) A strong gale caused the small fishing boat to *keel over*.
   대단한 강풍이 그 작은 어선을 뒤집어엎었다.

2) The conductor was leading the orchestra when he *keeled over* and died.
   그 지휘자가 주저앉아 죽었을 때 그는 오케스트라를 지휘하고 있었다.

• keel (n) 배 바닥이나 옆을 받치는 튼튼한 쇳조각이나 나무조각 • conductor (n) 지휘자

378. **Keep after** (*v.*) – to speak again and again about something, to be persistent with

꾸준히 무엇인가에 대해 다시 말하고 또 다시 말하다.

1) He won't pay me the money he borrowed unless I *keep after* him.
   그는 내가 재촉하지 않으면 나에게서 빌려간 돈을 갚지 않을 것이다.

2) She has to *keep after* her daughter to study.
   그녀는 그녀의 딸에게 공부를 하라고 말하고 또 말하고 해야 한다.

379. **Keep an eye on** (*v.*) – to watch carefully, not stop paying attention to

조심해서 살피다. 한시도 한눈을 팔지 않다.

1) Would you *keep an eye on* my bag for a minute?
   내 가방을 잠시만 좀 봐 주시겠습니까?

2) I have to run some errands. Would you *keep an eye on* my children for me?
   나는 심부름을 가야하는데 나를 위해 내 아이들을 좀 봐 주시겠습니까?

• errand (n) 볼 일, 용건 • pay attention to 주의를 기울이다.

380. **Keep at** (*v.*) – to continue, to persevere 계속하다. 꾸준히 매달리다.

1) I have to ***keep at*** my homework until it's finished.
나는 숙제를 끝낼 때까지 계속해야 한다.

2) I ***kept at*** my work until it was done and done right.
나는 그것이 끝나고 또 정확하게 되었을 때까지 꾸준히 했다.

• persevere (v) (어려움에도 불구하고) 꾸준히 하다.

381. **Keep down** (*v.*) – to control, to keep within limits, to keep from progressing
억압하다. 제한하다. 진보하는 것을 막다.

1) You should learn to ***keep*** your temper ***down***.
당신은 당신의 성질을 다스리는 것을 배워야한다.

2) We try to ***keep*** costs ***down***, but with the economy the way it is, that's difficult.
우리는 비용을 줄이려 노력한다. 그러나 현재의 경제 상황으로 보아 어렵다.

3) A good student is hard to ***keep down***.
좋은 학생들은 진보를 막기가 어렵다.

382. **Keep from** (*v.*) – to prevent oneself from doing something
자신이 ~하는 것을 막다.

1) She can't seem to ***keep from*** talking in class.
그녀는 수업 중에 말을 참지 못하는 것 같다.

2) He can't ***keep from*** drinking.
그는 술을 삼가하지 못하는 것 같다.

** **Keep on** (*v.*) – to continue(usually the action in the present participle)
계속하다. (대개 현재 분사)

1) We were quite ready to leave, but the speaker ***kept on*** talking.
우리는 거의 떠날 준비가 되었다. 그러나 그 연사는 계속해서 말을 했다.

2) Her doctor asked her to refrain from eating between meals, but she ***kept*** right ***on*** doing it.
그녀의 의사는 그녀에게 식사 사이에 먹는 것을 삼가하라고 했으나 그녀는 계속해서 그렇게 했다.

3) He *keeps on* harassing her, in spite of a court order prohibiting him from contacting her.
그녀에게 접촉하는 것을 금지하는 법원의 명령에도 불구하고 그는 계속해서 그녀를 괴롭힌다.

4) The students *kept on* talking after the teacher asked them to stop.
선생님이 그만하라고 요구한 후에도 학생들은 계속해서 잡담들을 했다.

• be ready to ~할 준비가 되다. • refrain (v) 삼가하다. • harass (v) 괴롭히다.
• a court order 법원명령 • prohibit (v) 금지하다.

** **Keep on with** (*v.*) – to continue with ~을 계속하다.

1) He *kept on with* his research even after the funding was cut.
그는 기금이 중단된 후 에도 계속해서 그의 연구를 했다.

** **Keep up (with)** (*v.*) – to continue something, to stay in condition, to maintain a pace
~을 계속하다. 좋은 상태를 유지하다. 간격을 유지하다.

1) It takes time and effort to *keep up with* an exercise program.
운동프로그램을 계속하는 것은 시간과 노력이 걸린다.

2) You've got to *keep up with* your house payments, otherwise the bank will repossess the house.
당신은 당신의 주택 부금을 계속 잘 내어야한다. 그렇지 않으면 은행이 압류할 것이다.

3) The recent rains and ensuing crop shortages *kept* prices *up*.
최근의 비와 그로 인해 계속되는 곡식의 부족이 계속 가격을 올렸다.

4) You walk so fast that it's hard for me to *keep up with* you.
당신은 너무 빨리 걸어서 내가 보조를 맞추기가 힘들다.

• maintain (v) 유지하다. • take time 시간이 걸리다. • repossess (v) 압류하다.
• ensue (v) ~의 결과가 되다. 잇따라 발생하다. • crop shortage 곡식부족

383. **Keep one's chin up** (*v.*) – to face trouble with courage
용기를 가지고 곤경에 대처하다.

1) I know times are difficult, but *keep your chin up*.
시기가 어려운줄 나는 안다. 하지만 용기를 가지고 대처하라.

2) I'm sorry to hear that you lost your job, but *keep your chin up*. And I'm sure you'll find another one soon.
당신이 직업을 잃었다는 것이 유감이다. 그러나 용기를 가지고 대처하라. 나는 당신이 곧 새 직업을 찾으리라는 것을 확신한다.

384. **Keep one's distance** (*v.*) – to avoid being close or friendly
가까이 또는 친밀하게 되는 것을 피하다. 거리를 두다.

1) I *keep my distance* because I don't trust them.
나는 그들을 신용하지 않기 때문에 거리를 둔다.

2) The fire was so hot that the firefighters were forced to *keep their distance*.
그 불은 너무나 뜨거워서 소방수들은 거리를 두어야했다.

385. **Keep track of** (*v.*) – to remain informed about or keep a record of
~에 대해 계속 정보를 받거나 문서를 간직하다.

1) I try to *keep track of* my friends from high school.
나는 고등학교 시절의 친구들과 연락이 되도록 노력한다.

2) They move so often that we can hardly *keep track of* them.
그들은 자주 이사해서 계속 추적하기가 힘들다.

** **Lose track of** (*v.*) – to fail to keep up with or stay in touch with
~을 계속하거나 계속해서 연락하는 것에 실패하다.

1) His speech was so circuitous that I *lost track of* his argument.
그의 연설은 너무나 빙빙 돌아 나는 그의 논점을 잃었다.

2) I've *lost track of* many of the friends I knew when I was a student.
내가 학생이었을 때 알았던 친구들 중 다수와 연락이 두절되었다.

• stay in touch 계속해서 연락하다. • circuitous (adj.) 빙빙 돌리는

386. **Kick around** (*v.*) – to treat roughly, to talk or discuss at leisure, to be laid around
거칠게 대우하다. 한가하게 얘기를 주고받다. 무관심 속에 돌아다니다.

1) Stop *kicking* your younger brother *around*.
너의 남동생에게 거칠게 구는 행동을 중지해라.

2) We *kicked around* the idea of taking a two-week trip to Spain.
우리는 스페인으로 2주간 가는 것에 대해 한가하게 얘기를 주고받았다.

3) The possibility of issuing junk bonds has been *kicked around* for a long time. It's not a new idea by any means.
무가치의 채권 증서 발행 가능성이 오랫동안 돌았다. 그것은 결코 새로 나온 말이 아니다.

• at leisure 한가하게 • laid (adj.) 가로 놓인, 눕혀진 • possibility (n) 가능성 • junk bond 무가치 채권

387. **Kick off** (*v.*) – in football, to make the kick that begins the game, to begin
축구에서 게임을 시작하는 킥을 하다, 시작하다.

1) The leading player *kicked off* to the other team.
그 이끄는 멤버가 다른 팀으로 게임을 시작하는 공을 찼다.

2) The campaign was *kicked off* with an interview and a public appearance.
그 캠페인은 인터뷰와 공공장소에 모습을 보임으로서 시작되었다.

** **Kickoff (with)** (*n*) – the kicking of a football to start, the beginning of something
시구하기, 무엇인가의 시작

1) It was a nice *kickoff*.
그것은 멋있는 시구였다.

2) The *kickoff* of a new football season is an exciting celebration.
새 축구 시즌의 시작은 흥분되는 축하 의식이다.

388. **Kick oneself** (*v.*) – to regret, to feel sorry 후회하다, 유감으로 여기다.

1) I am *kicking myself* for making poor choices in the stock market.
주식시장에서 현명치 못한 선택을 한 것에 대해 후회하고 있다.

2) I *kicked myself* for not having the courage to do it.
나는 그것을 하기 위한 용기가 없어서 유감이었다.

• regret (v) 후회하다. • make a choice 선택하다. • stock market 주식시장

389. **Kick out** (*v.*) – to dismiss, to force to leave, to throw out

내보내다 (강요하여). 쫓아내다.

1) The boy was *kicked out* of school for beating up his classmate.
그 소년은 그의 반 친구를 몹시 때렸기 때문에 학교에서 쫓겨났다.

2) The landlord *kicked* his tenants *out* for not paying their rent for three months.
그 집주인은 그의 세들은 사람들이 3개월이나 집세를 내지 않아 쫓아냈다.

• beat up 몹시 때리다. • landlord (n) 집주인 • tenant (n) 세입자 • pay rent 집세를 내다.

390. **Kick up** (*v.*) – to raise trouble, become aggravated

문제를 크게 하다. 악화되다.

1) My boss *kicks up* a big fuss over even the smallest mistakes.
내 상사는 아주 작은 실수들이라도 크게 문제를 삼는다.

2) The old lady's arthritis is *kicking up* again. She is in pain.
그 여자 노인의 신경통이 악화되고 있다. 그녀는 아프다.

391. **Kill off** (*v.*) – to destroy totally or on a large scale

완전히 또는 대량으로 파괴하다.

1) The polluted water released from a local factory *killed off* a large portion of the marine life in the nearby ocean.
인근 지역의 공장에서 나오는 오염된 폐수가 근처에 있는 바다의 해양생물들을 완전히 죽였다.

2) *Killing off* even one species can upset the balance of Nature.
한 종류의 생물이라 할지라도 다 죽이는 것은 자연의 균형을 깨트릴 수 있다.

• release (v) 내보내다. 풀어주다. • marine life 해양생물 • polluted (adj.) 오염된 • species (n) 생물 종

392. **Knock out** (*v.*) – to exhaust, to make unconscious

지치게 하다. 의식을 잃게 하다.

1) The sun and the hard work *knocked* me *out*.
태양과 힘든 일이 나를 지치게 했다.

2) The champion *knocked out* the challenger in the first round.
그 챔피언은 첫 번째 라운드에서 도전자를 의식을 잃게 만들었다.

393. **Knock it off** (*v.*) – to quit or finish
그만두다. 끝내다.

1) They had been arguing for an hour. So I told them to *knock it off*.
그들은 한 시간이나 논쟁을 하고 있다. 그래서 나는 그들에게 그만하라고 말했다.

2) I am sure I can *knock off* the work within an hour.
나는 한 시간 안에 일을 끝낼 수 있다고 확신한다.

394. **Know-it-all** (*n., adj.*) – a person who behaves or thinks as if s/he knows all about everything
모든 일에 대해서 다 아는 것처럼 생각하거나 행동하는 사람

1) I dislike his *know-it-all* attitude and arrogant behavior.
나는 그의 무엇이든지 다 아는 것 같은 태도와 거만한 행동을 싫어한다.

2) She is a real *know-it-all* and it drives me crazy.
그녀는 정말 무엇이든지 다 아는 것 같이 행동하는 사람이고 그것이 나를 미치게 마든다.

395. **Know one's way around** (*v.*) – to understand how things go in the world, to have experience and skill in some area
세상일이 어떻게 돌아가는지 이해하다. 어떤 일에 경험과 기술이 있다.

1) A street-wise person *knows his way around* town without getting into any trouble.
세상 물정에 밝은 사람은 곤경에 처함이 없이 타운을 잘 돌아다닌다.

2) She'll do well in her new position because she *knows her way around* the corporate structure.
그녀는 기업 구조를 잘 알기 때문에 새 직무를 잘 해 낼 것이다.

• get into trouble 곤경에 빠지다. • corporate (adj.) (법인) 회사의
• corporation (n) 법인, 회사 • structure (n) 구조

전쟁기념비

L

396. **Lay away** (*v.*) – to put aside or save for future use, to reserve merchandise until paid for

미래에 사용하기위해 저축하거나 따로 떼어놓다. 상품을 지불완료 될 때까지 보관하다.

1) We *lay away* some money every month for our annual trip.
우리의 매년 하는 여행을 위해 우리는 약간의 돈을 저축한다.

2) Please *lay away* this merchandise for me.
이 상품을 내가 돈을 다 지불할 때까지 보관해 두시오.

- put aside 떼어 놓다. 옆으로 제쳐놓다.
- reserve (v) 보관, 보존하다.
- merchandise (n) 상품

** **Layaway** (*n., adj.*) – a system of making payments, to hold something until it gets paid off

대금을 지불하는 제도, 다 지불될 때까지 무엇인가를 잡다(보관하다).

1) Can I use a *layaway* plan to buy this stereo?
내가 이 스테레오를 사기위해 레이어웨이 제도를 이용할 수 있을까요?

2) Please put it on *layaway* for me.
나를 위해 그것을 레이어웨이로로 해주세요.

- pay off 다 지불하다.
- get paid off 다 지불되다.

397. **Lay in** (*v.*) – to get and store (provisions, etc.) (식량 등을) 구해서 저장하다.

1) The farmer *laid in* six tons of straw so he'd be able to feed his livestock during the cold winter months.
그 농부는 6톤의 짚을 구해서 저장했다. 그래서 그는 추운 겨울 동안에 그의 가축들을 먹일 수 있을 것이다.

2) We keep an extra freezer to *lay in* food for emergencies.
우리는 비상시를 위한 식량을 저장하기 위해 여분의 냉동고를 가지고 있다.

• provisions (n) 양식, 식량 • livestock (n) 가축

398. **Lay off** (*v.*) – to discharge workers, to dismiss from work

노동자들을 내보내다. 직장에서 내보내다.(회사 사정으로)

1) She was *laid off* last year and hasn't found a new job.
그녀는 지난 해 잠정적으로 해고 되었고 아직 새 직장을 찾지 못했다.

2) Many workers are going to be *laid off* if the economy doesn't improve.
만약 경제가 향상되지 못하면 많은 노동자들이 잠정적으로 해고 될 것이다.

** **Layoff** (*n.*) – usually a temporary dismissal from employment

대개 직장에서 임시로 내보내는 것

1) There are often mass *layoffs* during an economic recession.
경제 침체기에는 종종 대량 임시 해고가 있다.

2) Financial difficulties led to layoffs, but the company is hoping to rehire many of the *laid off* workers before the end of July.
재정적인 어려움이 임시 해고로 연결되었다. 그러나 회사는 해고된 노동자들 중 많은 사람들을 7월 말 전에 재고용 할 것을 희망하고 있다.

• economic recession 경기침체 • mass (adj.) 대량의, 대규모의
• financial (adj.) 재정적인

399. **Lay out** (*v.*) – to spread out, to arrange according to a plan, to spend a sum of money

펼쳐놓다. 계획에 따라 조정 배열 등을 하다. 돈을 쓰다.

1) The magician *laid out* six cards on the table.
그 요술사는 테이블위에 6장의 카드를 펼쳐놓았다.

2) Some people believe that their futures have already been *laid out* for them.
어떤 사람들은 그들의 미래가 이미 그들을 위해 배열되어 있다고 믿는다.

3) I am going to *lay out* $10,000 for my wedding.
나는 나의 결혼식을 위해 1만달러를 쓸 예정이다.

400. **Lead off** (*v.*) – to begin, to go first 시작하다. 먼저 가다.

1) The band *led off* with one of its older songs and then launched into a medley of their more recent hits.
그 밴드는 그것의 옛날 노래 들 중의 하나로 시작했다. 그러고 나서 그들의 더 최근의 히트곡과 섞어 본격적으로 연주에 들어갔다.

2) The speaker *led off* with a funny story.
그 연사는 우스운 이야기로 시작했다.

• launch (into) (본격적) 시작, 개시하다. • medley (adj., n) 혼합한, 잡동사니

401. **Lead on** (*v.*) – to lure someone into something that is not desirable
바람직하지 못한 무엇으로 누군가를 유혹하다.

1) She *led* him *on*, but she denies it.
그녀는 그를 유혹했다. 그러나 그녀는 부정한다.

2) He *led* me *on* and I believed he was honest, but it cost me a lot of money.
그는 나를 유혹했고 나는 그를 정직하다고 믿었다. 그러나 그것이 나에게 많은 돈을 손해 보게 했다.

402. **Lead up to** (*v.*) – to prepare or approach gradually
서서히 준비하거나 접근하다.

1) The company is *leading up to* the hiring of younger people and the dismissal of older employees in an effort to revitalize its sales.
그 회사는 더 젊은 사람들을 서서히 고용하고 그것의 판매를 더 활성화시키기 위한 노력으로 더 나이든 직원들의 해고를 서서히 준비하고 있다.

2) I knew she was ill, but I didn't see the signs *leading up to* her death.
나는 그녀가 아픈 줄 알았다. 그러나 그녀의 죽음으로 서서히 다가가는 징조는 보지 못했다.

• dismissal (n) 해고, 해산 • in an effort to ~하기위한 노력으로 • revitalize (v) 활성화하다.

403. **Leave off** (*v.*) – to stop doing something, to leave something on the way somewhere
무엇인가 하는 것을 멈추다. 어디로 가는 길에 무엇인가를 남기다 / 맡기다.

1) I won't *leave off* my project until I complete it.

나는 나의 프로젝트를 완성하기 전에는 멈추지 않을 것이다.

2) I always place a marker in the books I read, so I know where I *left off*.
나는 항상 내가 읽은 책 안에 서표를 끼워둔다. 그래서 내가 어디에서 멈추었는지 안다.

3) He *leaves* his son *off* at a daycare center before going to work.
그는 일하러 가기 전에 그의 아들을 탁아소에 맡긴다.

404. **Leave out** (*v.*) – to omit, not to include 생략하다. 포함하지 않다.

1) I asked her to edit my work and *leave out* all the unimportant information.
나는 그녀에게 나의 작업(원고)을 교정하고 중요하지 않은 모든 정보는 생략하라고 부탁했다.

2) I like to *leave out* some less important points when I teach.
내가 가르칠 때 덜 중요한 약간의 부분은 생략하기를 좋아한다.

3) She was *left out* at the party because no one remembered her.
아무도 그녀를 기억하지 못했기 때문에 그녀는 파티에서 외톨이가 되었다.

405. **Lend a hand / give a hand** (*v.*) – to help, to give assistance 돕다. 보조해주다.

1) My friends came to *lend a hand* when I moved to this apartment.
내가 이 아파트로 이사했을 때 나의 친구들이 도와주러 왔었다.

2) She often *lends a hand* at church socials.
그녀는 종종 교회의 사교모임들에 보조를 한다.

3) Let me *give* you *a hand* with your heavy box.
당신이 그 무거운 상자를 옮기는데(드는데) 내가 도와주겠다.

406. **Lend oneself to** (*v.*) – to be suitable for 적합하다.

1) Some laws *lend themselves to* various interpretations.
어떤 법률들은 다양한 해석을 하는데 적합하다.

407. **Lend out** (*v.*) – to lend 빌려주다.

1) The bank *lends out* money at reasonable interest rates.
그 은행은 적당한 이율로 돈을 빌려준다.

2) He *lent out* his favorite video and never saw it again.
그는 그의 좋아하는 비디오테이프를 빌려주고 다시는 그것을 보지 못했다.

408. **Less than** (*adv.*) – not, little 아닌, 조금도 아닌

1) They were *less than* happy with the results of their exam scores.
그들의 시험점수 결과로 그들은 기쁘지 않았다.

2) They were *less than* excited with the news of their daughter's elopement.
그들은 그들의 딸이 허락없이 한 비밀결혼 소식에 조금도 신나지 않았다.

• elope (v) 부모의 동의나 참석 없이 비밀히 결혼하다.

** **Less than no time** (*n.*) – very quickly 매우 빠르게

1) It seemed like that the party was over in *less than no time*.
그 파티가 매우 빨리 끝난 것 같았다.

2) I can have the copies you need in *less than no time*.
나는 아주 신속하게 당신이 필요한 카피를 마련 할 수 있다.

409. **Let down** (*v.*) – to disappoint, to slow down 실망시키다. 속도를 늦추다.

1) Please don't *let* me *down*.
나를 실망시키지 마시오.

2) I trusted her, but she *let* me *down*.
나는 그녀를 신용했다. 그러나 그녀는 나를 실망시켰다.

3) We've almost finished, so don't *let down* on the work yet.
우리는 거의 다 끝났다. 그러니 아직 일의 속도를 늦추지 말라.

** **Letdown** (*n.*) – a disappointment, discouragement 실망, 낙심

1) It was such a big *letdown* because he was not offered the job he really wanted.
그가 정말 원했던 직업을 제공받지 못했기 때문에 대단한 실망이었다.

410. **Let go** (*v.*) – to allow something to pass as it is, to stop holding something
무엇인가를 그대로 지나가게 하다. 무엇인가를 잡고 있는 것을 중지하다. 단념하다.

1) The boys were afraid that she would yell at them for breaking the window, but she just *let* it *go*.
그 소년들은 창문을 깬 것으로 그녀가 그들에게 소리를 지를까봐 무서웠다. 그러나 그녀는 그것

을 문제 삼지 않았다.

2) He shouldn't continue to *let* himself *go* like this or he'll degenerate in no time.
그는 이렇게 그 자신을 내버려두어서는 안 된다. 그렇지 않으면 그는 곧 타락하게 될 것이다.

3) You need to forgive and forget. Why don't you just *let* it *go*? A better life is waiting for you.
당신은 용서하고 잊어버리는 것이 필요하다. 그냥 단념하지 그래? 더 나은 인생이 당신을 기다리고 있다.

• yell at ~에 소리 지르다. • degenerate (v) 망가지다. 타락하다. • forgive (v) 용서하다.

411. **Let off** (*v.*) – to excuse from work or duty, to release with little or no punishment, to explode
일이나 의무에서 벗어나다. 벌을 조금 받거나 또는 전혀 없이 내 보내다. 폭발하다.

1) The students were *let off* easily after they were caught smoking at school.
그 학생들은 학교에서 담배를 피우다가 잡힌 뒤에 쉽게 풀려났다.

2) The judge *let* the traffic violator *off* with just a warning.
그 판사는 그 교통위반자를 단지 경고만 하고 풀어주었다.

3) After the angry man *let off* his steam, he felt better.
그 화난 남자는 화를 터트린 후에 기분이 나아졌다.

** **Let off steam / Blow off steam** (*v.*) – to discharge excessive physical energy or strong negative feelings
넘치는 신체적 에너지나 강한 부정적인 기분 들을 내보내다.

1) *Letting off steam* is all right if it's done in a healthy way.
만약 건전한 방법으로라면 화를 분출하는 것은 괜찮다.

2) The woman jogged to *blow off steam*.
그 여자는 넘치는 신체적 에너지를 내보내기위해 조깅을 했다.

• discharge (v) 내보내다. • excessive (adj.) 과도한 • physical (adj.) 신체적인 • negative (adj.) 부정적인

412. **Let out** (*v.*) – to make leave, to allow to come (go) out
떠나게 하다. 오도록 (가도록) 허락하다.

1) Our English teacher *lets* us *out* as soon as the bell rings.
우리의 영어 선생님은 벨이 울리자마자 우리를 나가게 했다.

2) On the contrary, our math teacher never *lets* us *out* on time.
반대로 우리의 수학 선생님은 절대로 정시에 우리를 내보내지 않는다.

3) He *lets* his dog *out* every night to exercise.
그는 그의 개가 운동하도록 밤마다 내보낸다.

** **Let the cat out of the bag** (*v.*) – to tell or reveal a secret
비밀을 말하거나 드러내다.

1) They broke up a week ago and kept it quiet, but one of their friends *let the cat out of the bag* last night.
그들은 일주일 전에 갈라섰고 조용히 감추었다. 그러나 그들 친구들 중에 한 사람이 지난밤에 그 비밀을 말했다.

413. **Let up** (*v.*) – to become slower or less intense 속도를 늦추거나 덜 집중적인

1) The rain is *letting up* now.
비가 이제 덜 온다.

2) The snow has *let up* a little, but there's more on the way.
눈발이 조금 약해졌지만 앞으로 더 온다.

414. **Lick and a promise** (*n.*) – a hasty, careless, and unsatisfactory work
성급하고 부주의하고 불만족스러운 일

1) Nowadays, things are not built to last because many workers do a *lick and a promise* job.
오늘 날 많은 노동자들이 성급하고 부주의하고 만족스럽지 못하게 작업을 하기 때문에 건물들이 오래가도록 지어지지 않는다.

2) I was in such a hurry, I gave the floors just a *lick and a promise*.
나는 서두르고 있었다. 그래서 바닥을 형편없이 닦았다.

415. **Lick one's boots** (*v.*) – to flatter, to please others like a subordinate
아첨하다.

1) Cliché – A wise king doesn't want friends and advisers to *lick his boots*.
속담-현명한 왕은 친구들이나 충고자들이 그에게 아첨하는 것을 원하지 않는다.

2) He' s a man who expects his employees to *lick his boots*.
그는 그의 직원들이 그에게 아첨해 주기를 기대하는 사람이다.

• flatter (v) 아첨하다. • please (v) 기쁘게 하다.
• subordinate (n, adj.) 계급이 낮은 사람, 중요치 않은

416. **Lie down** (*v.*) – to rest in a horizontal position 수평의 자세로 쉬다.

1) She *lay down* on the bed until her headache was gone.
그녀는 그녀의 두통이 사라질 때까지 침대에 누웠다.

2) I *lay down* for a brief nap and slept for nearly five hours.
나는 잠시의 낮잠을 위해 누웠다. 그리곤 거의 5시간이나 잤다.

417. **Lightning never strikes twice (in the same place) (a cliché)** – Luck doesn't come to someone repeatedly.
행운은 반복해서 (같은 장소에)오지 않는다.

1) He hit the $1,000,000 jackpot five years ago and has foolishly squandered all of it. He still buys lottery tickets, but I don't think he'll win because *lightning never strikes twice (in the same place)*.
그는 5년 전에 일백만 불에 당첨되었다. 그리고 어리석게 그 모두를 탕진했다. 그는 여전히 복권을 산다. 그러나 행운은 반복해서 오지 않기 때문에 나는 그 가 다시 당첨되리라고는 생각지 않는다.

418. **Light up** (*v.*) – suddenly brightened up, to ignite a cigarette
갑자기 밝아지다. 담뱃불을 켜다.

1) His face *lit up* as his bride to be walked down the aisle.
그의 신부가 통로를 걸어오자 그의 얼굴은 갑자기 밝아졌다.

2) After the reception, the best man *lit up* a cigar.
피로연 후에 신랑의 들러리는 시가에 불을 붙였다.

• ignite (v) 불을 붙이다. • aisle (n) 복도 • brighten (v) 밝아지다.

419. **Line up** (*v.*) – to form or get in a line, to arrange, to put in order
줄을 형성하거나 줄에서다. 마련 / 준비 / 주선하다. 차례로 놓다.

1) People *lined up* to buy the tickets.
사람들은 표를 사기위해 줄을 섰다.

2) They've *lined up* some good bands for the benefit concert.
그들은 자선공연을 위해서 몇몇의 좋은 악단들을 주선했다.

3) She *lined up* her family pictures on a bedroom shelf.
그녀는 침실 선반에 그녀의 가족사진들을 차례로 놓았다.

420. **Give lip service / Pay lip service** (*v.*) – empty words followed by no support or proof
증명이나 뒷받침 없는 헛된 말

1) Some politicians *give lip service* to community programs, and do little for the community after they are elected.
어떤 정치인들은 지역의 프로그램에 헛된 공약을 많이 하고 그들이 당선된 뒤에는 그 지역을 위해서 거의 아무 것도 하지 않는다.

2) He just *pays lip service* to his girlfriend.
그는 그의 여자 친구에게 그냥 헛된 말을 한다.

3) Don't believe what she says. It's just *lip service*.
그녀가 말하는 것을 믿지 말라. 그것은 그냥 헛된 말이다.

L

421. **Live off** (*v.*) – to live with the means provided by ~에서 제공된 것으로 살다.

1) He *lives off* his pension.
그는 그의 연금으로 산다.

2) They *live off* their savings.
그들은 그들의 저축으로 산다.

3) He *lives off* his friends because he doesn't have either a steady job or savings.
그는 꾸준히 나가는 직업이나 저축도 없기 때문에 그의 친구들에 의지해서 산다.

• pension (n) 연금 • savings (n) 예금 • a steady job 꾸준한 직장

** **Live off the fat of the land** (*v.*) – to live in comfort without having to work

일할 필요 없이 편히 살다.

1) I'd like to have enough money to retire early and *live off the fat of the land*.
나는 일찍 퇴직하기위해 충분한 돈을 모으고 싶고 일하지 않고 편히 살고 싶다.

2) Wouldn't it be nice to be able to *live off the fat of the land*?
일하지 않고 편히 살 수 있다면 좋지 않을까요?

422. **Live on** (*v.*) – to continue to live, to support oneself

계속해서 살다. 자신을 지원하다.

1) The memory of your kind act will *live on* forever in my heart.
당신의 친절한 행동이 영원히 내 가슴 속에 살아있을 것이다.

2) Many elderly people *live on* a small income.
많은 나이들은 사람들이 적은 수입으로 산다.

423. **Live up to** (*v.*) – to live in accordance with, to fulfill, to satisfy, not to disappoint

~에 따라서 살다. 채우다. 만족시키다. 실망시키지 않다.

1) I try to *live up to* my ideals.
나는 나의 이상에 따라서 살려고 노력한다.

2) I wasn't born to *live up to* your expectations and you were not born to *live up to* mine, either. But if we can accept one another's differences, then, it'll be beautiful.
나는 당신의 기대에 맞추어 살려고 태어나지 않았고 당신 역시 나의 기대에 맞추어 살려고 태어나지 않았다. 그러나 우리가 서로의 다름을 받아들일 수 있다면 그것은 아름다울 것이다.

- fulfill (v) 채우다.
- in accordance with ~에 따라서
- accord (n) 동의, (v) 주다
- ideal (adj., n) 이상적인, 완전한
- difference (n) 다름, 차이

424. **Long face** (*n.*) – a sad look 슬픈 표정

1) Why does she have a *long face* this morning? What's wrong with her?
왜 그녀는 오늘 아침 슬픈 표정을 짓고 있나요? 그녀에게 무슨 일이 있나요?

2) When his father punished him for hitting his sister, the boy put on a *long*

face and began to cry.
그가 그의 여동생을 때린 것에 대해 그의 아버지가 벌을 주었을 때, 그 소년은 슬픈 표정을 짓고 울기 시작했다.

425. **Look after** (*v.*) – to take care of 돌보다.

1) I am willing to *look after* stray animals.
나는 기꺼이 집 없는 동물들을 돌볼 것이다.

2) I consider *looking after* stray animals a duty and a pleasure.
나는 집 없는 동물들을 돌보는 것이 나의 의무이고 즐거움이라고 생각한다.

3) My parents asked me to *look after* my little brother while they went to the supermarket.
나의 부모님들은 그들이 슈퍼마켓에 간 동안 나의 남동생을 잘 돌보라고 나에게 부탁했다.

4) *Look after* your grandmother.
너의 할머니를 돌봐드려라.

• stray (n) 잃어버린 집에서 기르던 동물 • pleasure (n) 기쁨
• be willing to ~ 기꺼이 ~하다.

426. **Look at** (*v.*) – to regard or consider, to examine, to focus, to give attention to
처리하다. 고려하다. 검토 / 조사하다. 초점을 맞추다. 집중하다.

1) You should *look at* the problem objectively.
당신은 그 문제를 객관적으로 보아야 한다.

2) We *look at* things differently when we get older.
우리는 나이 들어감에 일들을 다른 시각으로 본다.

3) The doctor *looked at* the patient's medical history.
그 의사는 환자의 병력을 검토했다.

4) *Look at* that beautiful mockingbird in the oak tree.
떡갈나무 위에 있는 저 아름다운 입내새를 보아라.

• attention (n) 집중, 주의 • objectively (adv.) 객관적으로
• get older 더 나이 들어가다. • medical (adj.) 의료의

** **a mockingbird** : a songbird in North America. It has grayish tan feathers. It imitates the songs of other birds.

입내새 : 북 아메리카에 살고 있는 노래하는 새이며 회색과 갈색의 깃털을 가지고 다른 새들의 노래를 흉내 냄.

427. **Look at the world through rose-colored glasses** (*v.*) - to see everything as nice and beautiful, to be very optimistic

모든 것을 좋고 아름답게만 보다. 낙천적이다.

1) I often *look at the world through rose-colored glasses*.
나는 종종 세상을 좋고 아름답게만 본다.

2) Many teenagers have a tendency to *look at the world through rose- colored glasses*.
많은 십대들이 세상을 멋있고 아름답게만 보는 경향이 있다.

• optimistic (adj.) 낙천적 • pessimistic (adj.) 비관적

428. **Look back (at)** (*v.*) - to think about or remember one's past

자신의 과거를 생각하거나 기억하다.

1) I sometimes *look back* at my childhood.
나는 가끔 나의 어린아이 시절을 생각한다.

2) I try not to *look back*, I'd rather focus on the present and future.
나는 과거를 돌아보지 않으려 애쓴다. 오히려 현재와 미래에 집중하려 한다.

429. **Look down on or upon** (*v.*) - to regard with contempt, to consider others as inferior, to show a lack of respect

경멸하다. 다른 사람들은 열등하다고 여기다. 존경심의 결여를 보이다.

1) He *looks down on* anyone who is less fortunate than he is.
그는 그보다 덜 행운인 사람들은 누구든지 경멸한다.

2) Don't *look down on* me.
나를 낮추어 보지 말라.

3) Some rich people *look down on* the poor as inferior.
어떤 부자들은 가난한 사람들을 열등하게 보아 존경심을 보이지 않는다.

• contempt (n) 경멸, 경시 • inferior (adj., n) 열등한 • fortunate (adj.) 행운의

430. **Look for** (*v.*) – to search for ~을 찾다. 수색하다.

1) I've been *looking* all over the house *for* my keys.
나는 열쇠를 찾기 위해 온 집안을 다 뒤져오고 있는 중이다.

2) Now that her term in congress has ended, she wants to *look for* a job in the private sector.
이제 국회에서의 그녀의 임기가 끝나서 개인적인 분야에서 직업을 구하고 싶어 한다.

3) I am *looking for* a new job.
나는 새 직업을 구하고 있다.

431. **Look forward to** (*v.*) – to anticipate (usually with pleasure)
기대하다. (대개 즐거움을 가지고)

1) We will *look forward to* seeing you soon.
우리는 곧 당신을 만나기를 기대 할 것이다.

2) "You must be happy about your upcoming wedding." "Yes, I am *looking forward to* it very much."
"당신은 다가오는 당신의 결혼식으로 행복함에 틀림없다." "네, 나는 그것을 정말 기대하고 있습니다."

3) I am *looking forward to* my trip to Europe this summer.
나는 이번 여름에 유럽으로의 여행을 기대하고 있다.

• upcoming (adj.) 다가오는

L

432. **Look in on** (*v.*) – to make a short visit so as to check
점검 / 조사 등을 위해 잠깐 들르다.

1) My friend *looks in on* my mother once in a while.
나의 친구는 가끔 나의 어머니가 어떠신가 보기위해 잠깐 들린다.

2) The worried mother *looked in on* the sleeping baby.
그 걱정하는 어머니는 자고 있는 아기가 어떤가 보기위해 잠깐 들렸다.

3) The nurse *looks in on* the patients once in a while.
그 간호사는 가끔 환자를 점검하기위해 들린다.

433. **Look into** (*v.*) – to investigate 조사하다.

1) Please *look into* the matter of the missing documents immediately.

없어진 문건의 일을 즉시 조사하시오.

2) I've *looked into* the matter and found out what happened to the documents.
나는 그 일을 조사했고 그 문건에 대해서 무슨 일이 일어났는지 알아냈다.

3) The police *looked into* the crime and solved it.
경찰은 그 범죄를 조사했고 그것을 해결했다.

• missing documents 없어진 문건 • find out 알아내다.

434. **Look out (for)** (*v.*) – to be careful, to be alert 조심하다, 정신을 바짝 차리다.

1) The sentry was ordered to keep a sharp *look out for* enemy troop movements.
보초는 적 군대의 움직임을 날카롭게 주시하도록 명령받았다.

2) *Look out*! There's a car coming!
조심해, 차가 이리로 오고 있어!

435. **Look over** (*v.*) – to examine (often casually) 대강 훑어보다.

1) Did you have a chance to *look over* the earnings report?
소득 보고서를 훑어 볼 기회가 있었나요?

2) Yes, I *looked* it *over* and added a few comments.
예, 대강 훑어보았고 내 소견을 조금 적었어요.

• earn (v) 돈을 벌다. • earnings (n) 급여, 임금, 근로 또는 투자소득
• comment (n, v) 의견, 소견을 말하다.

436. **Look up** (*v.*) – to search for, to locate and call upon 찾다. 찾아내다. 방문하다.

1) Please *look up* Dr. Kim's number for me.
김박사님 전화번호를 찾아주세요.

2) I often *look up* words in my dictionary.
나는 종종 내 사전에서 단어들을 찾아본다.

3) Going to the class reunion and *looking up* old alumni is fun.
반창회에 가서 옛 동창들을 찾아보는 것은 재미있다.

** **Look up to** (*v.*) – to admire and respect 우러러 보다. 존경하다.

1) Though the man was only an ordinary person, his son *looked up to* him

as if he were the greatest man in the world.
그 남자는 보통 사람에 지나지 않지만, 그의 아들은 그가 마치 세상에서 가장 위대한 사람인양 존경한다.

2) Many people *looked up to* the former U.S. President Bill Clinton for his accomplishments.
많은 사람들이 그의 업적 때문에 전 대통령인 빌 클린턴을 존경한다.

• ordinary (adj.) 평범한, 보통의 • accomplish (v) 성취하다.

437. **Lose one's heart (to)** (*v.*) – to fall in love 사랑에 빠지다. 좋아하게 되다.

1) Before her first date, her mother advised her not to *lose her heart too* quickly.
그녀의 첫 데이트 전에, 그녀의 어머니는 너무 빨리 사랑에 빠지게 되지 않도록 주의를 주었다.

2) He *lost his heart to* her the first time he saw her.
그는 그녀를 처음 본 순간 사랑에 빠졌다.

438. **Lose one's temper** (*v.*) – to get angry 화내다.

1) The coach told the player to control his anger and not *lose his temper*.
코치는 그 선수에게 화를 자제하고 성질을 부리지 말라고 말했다.

2) Yes, I *lost my temper*, but only after he continuously provoked me.
그래요, 저 지금 화났어요, 하지만 그가 먼저 계속 저의 성질을 건드렸어요.

439. **Lose out** (*v.*) – to be defeated 지다, 패배하다.

1) We wanted to win the game, but we *lost out* to another team.
우리는 그 게임에 이기기를 원했지만, 다른 팀에게 졌다.

** **Lose out on** (*v.*) – to miss an opportunity 놓치다.

1) He *lost out on* the promotion because of chronic tardiness.
그는 그의 만성적 게으름 때문에 승진 기회를 놓쳤다.

• opportunity (n) 기회 • chronic (adj.) 만성적 • tardy (adj.) 늦은

440. **Lose track of** (*v.*) – to fail to keep in touch, counting, etc.
소식이 끊어지다. (중간에) 잊어버리다.

1) We *lost track of* him and don't know what has become of him.
우리는 그와 소식이 끊겨서, 그가 무엇이 되었는지 알지 못한다.

2) She tried not to *lose track of* her friends from high school, but as the years passed, keeping in touch became more and more difficult.
그녀는 고등학교의 친구들과 소식이 끊기지 않도록 노력했으나, 해가 지나감에 따라서 연락을 하고 지내는 것이 더욱더 어려워졌다.

3) I'm sorry I'm late. I *lost track of* the time while I was playing golf.
늦어서 죄송합니다. 골프를 하는 동안에 시간 가는 줄을 몰랐어요.

• keep in touch 계속해서 연락하다. • track (n, v) 흔적, 자취, 통로, 뒤쫓다.

441. **Luck out** (*v.*) – to get lucky, to be fortunate 행운이다.

1) I *lucked out* because the exam was postponed.
난 참 운이 좋아, 시험이 연기되었어.

2) He felt that he really *lucked out* when he met her.
그는 그가 그녀를 만난 것을 대단한 행운으로 여겼다.

** **In luck** (*adj.*) – lucky 행운의

1) Going to the airport, the traffic jam was terrible, but I was *in luck* because my flight was delayed an hour.
공항에 가는 동안에 교통 정체가 정말 심하였다. 그러나 내가 탈 비행기가 한 시간 연기 되어 행운이었다.

2) "We're *in luck*," announced the coach, "Their star pitcher has the flu and won't be pitching today."
"우리는 오늘 행운이다. 상대편의 유명한 선발 투수가 감기가 걸려서 오늘 출전하지 않는다."라고 감독이 발표했다.

• be delayed 연기되다. 늦어지다. • pitch (n, v) 던짐, 던지다.

** **Out of luck** (*adj.*) – unlucky 불운의

1) He wanted to ask her for another chance to save their relationship, but he was *out of luck* and she refused to even speak with him.
그는 그들의 관계를 지키기 위해 그녀에게 다시 한 번 기회를 줄 것을 원했지만 뜻대로 되질 않았다. 그녀는 그와 이야기 하는 것 초차 거절했다.

M

442. **Mad as a hornet** *(adj.)* – extremely angry 매우 화가 난

1) He was as *mad as a hornet* when he discovered that someone had broken into his car and stolen his cassette player and tapes.
그는 누군가가 그의 차에 침입해서 그의 카세트와 테이프들을 훔쳐 간 것을 발견하고는 매우 화가 났다.

2) She knew her boss would be as *mad as a hornet* because she was more than two hours late and hadn't bothered to call.
그녀는 그가 두 시간 이상이나 늦은데다가 전화조차 하지 않아서 그녀의 상관이 매우 화가 났을 것이라는 것을 알고 있었다.

443. **Make a difference** *(v.)* – to change the nature of something or some situation or matter
~의 본질을 변화시키다. 차이를 만들다.

1) It doesn't *make a difference* whether you are rich or poor.
당신이 부자이건 가난하건 상관이 없다.

2) Painting the house will *make a* big *difference* if you decide to sell.
네가 만약에 집을 팔기로 마음을 먹는다면, 칠을 새로 하는 것이 파는 조건에 큰 차이를 만들 것이다.

444. **Make a fool of** *(v.)* – to make someone look foolish 속이다. 바보로 만들다.

1) He *made a fool of* himself by getting drunk and then behaving belligerently at the company's Christmas party.
그는 회사의 성탄 파티에서 술에 취한 채 싸우려 드는 행동을 함으로써 스스로를 바보처럼 만들었다.

2) That woman usually tries to *make a fool of* her husband when they're with other people.
그 여자는 그녀부부가 다른 사람들과 있을 때면 그녀의 남편을 바보로 만들려고 시도 한다.

• foolish (adj.) 어리석은 • get drunk 술 취하다. • belligerent (adj.) 화내고 싸울 태세인

M

445. **Make a hit** (*v.*) – to become successful 성공하다, 히트하다. 유행하다.

1) The record company hoped the newly signed band could *make a hit* with their debut album.
그 음반 회사는 그들이 새로 계약한 밴드가 그들의 데뷔 앨범에서 성공을 하기를 바랬다.

2) Her new line of casual wear *made a* big *hit* at the Paris fashion show.
그녀의 새로운 종류의 일상복은 파리 패션쇼에서 크게 성공했다.

446. **Make a mountain out of a molehill / Make a federal case out of nothing / Make a big issue out of nothing (cliché)**
– to make something unimportant seem important, to act as if a small thing is a big thing

아무것도 아닌 것을 큰 문제로 삼다.

1) Don't *make a federal case out of nothing*, it's just a small matter.
아무것도 아닌 것을 큰 문제로 삼지마라. 그것은 단지 작은 일일 뿐이다.

2) Why do you always have to *make a mountain out of a molehill*? I was only 10 minutes late getting home.
당신은 왜 항상 아무것도 아닌 것을 크게 문제 삼는가? 나는 겨우 10분 늦게 집에 왔을 뿐인데.

• mole (n) 점, 두더지 • molehill (n) 두더지가 파놓은 흙더미

447. **Make a practice of** (*v.*) – to make a habit of 규칙적으로 연습하다.

1) You've got to *make a practice of* studying more regularly.
너는 좀 더 규칙적으로 공부하는 것을 습관으로 만들어야 한다.

2) He *made* it *a practice* to get up early and he was never late for work.
그는 규칙적으로 일찍 일어나는 습관을 들여 직장에 늦은 적이 없다.

448. **Make a virtue of necessity** (*v.*) – to do happily what one has to for an urgent need

어려움을 쾌히 극복하다.

1) They lost all their money when the stock market collapsed, but they *made a virtue of necessity* and are well on the way to recovering their losses.
그들은 주식 시장이 붕괴되었을 때, 그들의 돈을 모두 잃었지만, 그들은 어려움을 쾌히 극복해

내였고, 그들의 손실을 잘 회복하고 있는 중이다.

• virtue (n) 덕, 장점, 힘 • necessity (n) 필요(성), 필수품, 궁핍 • urgent (adj.) 긴급한
• collapse (v) 무너지다, 폭락하다. • recover (v) 회복하다

** **Make the best of it** (v.) – to do best under unfavorable conditions without complaining

좋지 않은 상황에서 최선을 다하다(불평 없이).

1) I didn't get into the school I wanted, but the one I'm attending is also a good university and I'm *making the best of it*.
나는 내가 원하던 학교에 입학하지 못했지만, 지금 내가 다니고 있는 곳도 또한 좋은 대학이고, 나는 최선을 다하고 있다.

2) He didn't like working at low paying jobs, but he *made the best of them* and worked his way through school. Now he's an attorney.
그는 보수가 좋지 않은 직장에서 일하는 것을 싫어했지만, 그는 최선을 다했고, 학교에 다니면서 그의 진로를 모색했고, 그는 지금 변호사가 되었다.

• unfavorable (adj.) 좋지 않은 • a low paying job 보수가 낮은 직업

449. **Make ends meet** (v.) – just getting by, just to make an income to pay bills, etc.

겨우 꾸려나가다. (최저)생활비를 마련하다.

1) Most people work hard just to *make ends meet*, living from paycheck to paycheck.
대부분의 사람들은 봉급으로부터 겨우 생활을 꾸려 나갈 수 있기 위해 힘들게 일한다.

2) With the economy the way it is, it's a struggle to *make ends meet*.
현재 경제적 상황과 함께 최저생활비를 마련하기 위한 몸부림이다.

• pay bills 공과금을 내다. • make an income 생활비를 덜다.
• struggle (n, v) 몸부림치다, 노력, 분투하다.

450. **Make fun of** (v.) – to laugh at, to tease 조롱하다, 놀리다.

1) They *make fun of* him because they think he dresses funny.
그들은 그가 옷을 우스꽝스럽게 입는다고 생각하기 때문에 그를 조롱한다.

2) She scolded him for *making fun of* her in front of her friends.
그녀는 그가 그녀의 친구들 앞에서 그녀를 우습게 만들었기 때문에 그를 꾸짖었다.

451. **Make hay while the sun shines (a cliché)**
– You should take advantage of opportunities while they're available, don't waste them

(어떤 특정한 일을 하기 위한) 좋은 기회를 놓치지 않다. 기회를 잡다.

1) We have a very small savings, but I want you to use it for school because we've got to *make hay while the sun is shining*.
우리는 단지 적은 저축액을 가지고 있지만, 때를 놓치지 않기 위해서 네가 학비로 썼으면 좋겠다.

2) Land prices are very high now, so we are going to *make hay while the sun shines* and sell some of the land we've been holding onto.
땅값이 지금 높다. 그래서 기회를 놓치지 않기 위해 우리가 쥐고 있는 땅의 약간을 팔 것이다.

• take advantage of 기회를 잡다. 이용하다. • available (adj.) 이용할 수 있는
• hay (n) 건초

** **Make the most of it** (v.) – to take the full advantage of something

최대한 이용하다.

1) The job they offered me isn't the one I wanted, but I'm going to accept their offer and *make the most of it*.
내게 제안된 일자리는 내가 원하던 곳은 아니었지만, 나는 그들의 제안을 받아들일 것이고 최대한 이용할 것이다.

2) Too few students *make the most of* the school library facilities.
너무나 적은 수의 학생들이 학교도서관을 충분히 사용한다.

452. **Make light of** (v.) – to treat as unimportant, to minimize, to play down

대단치 않게 취급하다. 소홀히 여기다.

1) Don't brag, but don't *make light of* your accomplishments, either.
너의 업적을 너무 자랑하지 마라, 하지만 너무 경시하지도 말아라.

2) He's a good manager, but he *makes light of* the problems his workers face too often.
그는 좋은 경영인 이지만, 그의 노동자들이 너무 종종 직면하는 문제를 소홀히 여긴다.

** **Make much of** (*v.*) – to make something seem of more value or more importance than it actually is

실제보다 더 가치가 있는 양 보이게 하다.

1) Newspapers often ***make much of*** minor stories in their effort to boost their circulation.
신문들은 그들의 발행부수를 올리기 위해 별것 아닌 이야기를 종종 실제보다 과장한다.

• boost (v, n) 끌어올리다. 증가, 상승 • circulation (n) 순환, 유통, 발행부수

453. **Make love** (*v.*) – to engage in sexual intercourse 성관계를 맺다.

1) The film was banned because the censors felt that it recklessly encouraged our youth to ***make love*** before they were really ready to accept the responsibilities of their actions.
그 영화는 검열관에게 우리 젊은이들이 정말 그들 행동의 책임을 전달 받아 들이기 전에 사랑 없는 성관계를 조장한다는 느낌을 주었기 때문에 상영금지 되었다.

• banned (adj.) 금지된 • censor (n, v) 검열관, 검열하다.
• recklessly (adv.) 무모하게, 분별없이

454. **Make off with / Make away with** (*v.*) – to steal 훔치다.

1) The thief ***made off with*** an undisclosed amount of cash and jewels.
그 도둑은 밝혀지지 않은 액수의 현금과 보석을 훔쳐갔다.

2) The squirrel ***made away with*** an acorn.
다람쥐가 도토리를 훔쳤다.

455. **Make oneself at home** (*v.*) – to feel comfortable

(마치 집에 있는 것처럼) 편안히 하다.

1) She told her friend to come in and ***make himself at home***.
그녀는 친구에게 들어와서 편히 있으라고 말했다.

2) I'll be ready in a minute, please ***make yourself at home***.
몇 분 있으면 준비되니까 편히 계세요.

456. **Make one's mark** (*v.*) – to establish one's reputation

명성을 얻다, 흔적을 남기다.

1) She hoped to *make her mark* as a ballerina.
그녀는 발레리나로서 명성을 얻기를 원했다.

2) Ernest Hemingway began his career as a journalist, but *made his mark* as a novelist and short-story writer.
어네스트 헤밍웨이는 기자로 그의 경력을 시작하였지만, 소설가와 단편작가로 명성을 얻었다.

457. **Make one's way** (*v.*) – to find a path, to work hard to make a living.

길을 찾다. 살기위해 열심히 일하다.

1) *Making our way* through the huge crowd wasn't easy.
대단히 많은 군중들 속에서 길을 찾는다는 것은 쉬운 일이 아니었다.

2) He was an orphan and had to *make his* own *way* since there was no one to help him.
그는 고아였고 그를 도와줄 사람이 아무도 없었기 때문에 살기 위해 열심히 일 해야만 했다.

458. **Make out** (*v.*) – to see and identify, to understand, to write out, to fill in by writing, to do well, to get along well, to kiss and embrace

보고 구별하다, 이해하다, 작성하다, 써넣다, 잘하다, 화합하다, 키스하고 껴안다.

1) The fog was so heavy that the drivers couldn't *make out* the road signs.
안개가 너무 짙었기 때문에 그 운전자는 도로표지를 잘 구별할 수가 없었다.

2) I can't *make out* the meaning of the third sentence in paragraph two.
나는 두 번째 문단의 세 번째 문장을 잘 이해할 수가 없다.

3) Before going shopping she usually *makes out* a list.
장보러 가기 전에 그녀는 대게 살 목록을 작성한다.

4) He *made out* the application, but they never offered him a job.
그는 지원서를 작성했지만, 그들은 그에게 자리를 제안하지 않았다.

5) How are you *making out* in your physics class?
너는 물리학 수업을 잘 하고 있니?

6) I didn't think she would be a good match for him, but I guess they're *making out* all right.
나는 그녀가 그와 잘 어울린다고 생각하지는 않았지만, 그들이 잘 화합하고 있다고 추측한다.

7) She thought the party was boring because most of the kids spent the evening *making out*.
그녀는 대부분의 아이들이 저녁 시간을 키스를 하며 보냈기 때문에 그 파티가 지루하다고 생각했다.

459. **Make over** (*n., v.*) – to change or transfer the ownership of, to redo or renew to renovate

권리를 양도하다. 다시하다. 다시 고치다.

1) The old man's property has been *made over* to his son.
그 노인의 재산은 그의 아들에게 양도되었다.

2) We're not completely happy with the interior and want to *make* it *over*.
우리는 실내장식이 완전히 마음에 들지 않기 때문에 그것을 다시하고 싶다.

3) The house needs a complete *make over*, so we'll start with a new paint job.
그 집은 완전히 새로 고쳐야 될 필요가 있다. 그래서 우리는 새 페인트 작업으로 시작할 것이다.

460. **Make sure** (*v.*) – to make certain

확실히 하다, 확인하다.

1) I think she's arriving at 7 o'clock tomorrow morning, but we'd better call the airline and *make sure*.
나는 그녀가 내일 아침 7시에 도착하리라고 생각한다. 하지만, 우리는 항공사에 전화를 걸어 확인하는 것이 더 좋다.

2) Please *make sure* you turn off the lights and lock the door before you go to bed.
잠자리에 들기 전에 전등을 끄고 문을 잠그는 것을 확실히 해라.

461. **Make up (of, for, to)** (*v.*) – to construct falsely or fictionally, to constitute of, to compensate for, to satisfy a grievance, to resolve a quarrel, to repeat, to decide, to apply cosmetics

(이야기를) 꾸미다. 구성하다. 보충, 벌충, 보상하다. (불평 등)만족시키다. 화해하다. 반복하다. 결정하다. 화장하다.

1) Just tell me the truth, instead of *making up* another preposterous story.
말도 안 되는 얘기를 늘어놓지 말고 내게 진실을 얘기해라.

2) New York City is *made up* of five boroughs and the boroughs are *made*

up of many counties.
뉴욕시는 5개의 독립구로 되어있고, 각각의 독립구는 몇 개씩의 군으로 구성되어 있다.

3) He was absent from school last week and needs to *make up* the work he missed.
그는 지난주에 학교에 결석을 했기 때문에 그가 빠뜨린 부분을 보충해야만 한다.

4) I know I haven't been generous to you, but I'd like to *make* it *up* to you.
나는 내가 그동안 너에게 관대하지 못했음을 안다. 하지만 나는 그것을 네게 보상하고 싶다.

5) I apologize because the quarrel we had was my fault. Let's *make up* and put the past behind us so we can be friends again.
나는 지난 번 우리가 싸운 것이 내 잘못이었기 때문에 네게 사과를 한다. 우리 화해하고 지난 일은 잊어버리고 지난날처럼 친구가 될 수 있으면 좋겠다.

6) I'm too ill to take the exam. Can I *make* it *up* at a later time?
저는 지금 시험을 치루기에 너무 아픕니다. 다음에 보면 안 되겠습니까?

7) I've *made up* my mind to go to France on my summer holiday.
나는 이번 여름휴가를 프랑스로 가기로 결정했다.

8) She *makes up* her face every morning.
그녀는 매일 아침 화장을 한다.

- construct (v) 세우다. 건설하다. • fiction (n) 허구 • constitute (v) 구성하다.
- compensate (v) 보상하다. • grievance (n) 불만, 원망, 비탄 • resolve (v) 해결하다.
- preposterous (adj.) 말도 안 되는
- borough (n) 미국의 시(市) 안에서 정치적, 지리적으로 나뉘는 구역
- county (n) 미국의 주(州) 안에서 정치적, 지리적으로 나뉘는 시(市)보다는 큰 지역
  a Borough 〈 a City 〈 a County 〈 a State

** **Make-up / makeup** (*n.*) – cosmetics applied, a special exam given to a student who missed or failed a previous one
화장, 보충(벌충) 시험

1) She should wear a touch of *makeup* because she looks so pale.
그녀는 너무 창백해 보이기 때문에 약간의 화장을 하는 것이 좋겠다.

2) All the students who missed the final exam were allowed to take a *make-up*.
기말시험을 치루지 않은 모든 학생들에게 보충 시험을 치루는 것이 허락되었다.

462. **Make waves / Causing waves** (*v.*) – to create a disturbance 문제를 일으키다.

1) *Making waves* on the job isn't a good idea.
직장에서 문제를 일으키는 것은 좋은 생각이 아니다.

2) If he keeps *causing waves*, he's going to be expelled.
만약 그가 계속 문제를 일으킨다면, 그는 쫓겨날 것이다.

• disturb (v) 혼란시키다. 방해하다. • be expelled 쫓겨나다.

463. **Man of his word** (*n.*) – a man who keeps his promise 약속을 지키는 사람

1) My father never says anything he doesn't mean. He's a *man of his word*.
나의 아버지는 그가 의미하지 않은 어떤 것을 말하는 적이 없으시다. 그분은 신용이 있는 분이시다.

2) We didn't sign the contract yet, but I think he's a *man of his word*. So I'm not too worried about finalizing the deal.
우리가 아직 계약에 서명을 하지는 않았지만, 그는 신용있는 사람이기 때문에 나는 이 계약을 마무리 하는 것에 대해서 별로 걱정하지 않는다.

• sign the contract 계약에 서명하다. • finalize the deal 거래를 마무리 하다.

464. **Many hands make light work** (*proverb*) – working together makes hard work easier
함께 일을 하면 힘든 일도 쉬워 진다. 백짓장도 맞들면 낫다.

1) It's not going to be easy, but if we all pitch in, we can get the job done on time. Remember the adage, "*Many hands make light work*."
그 일은 쉽지 않겠지만, 우리가 함께 힘을 모으면 제시간에 끝낼 수 있을 거야. "백짓장도 맞들면 낫다"는 속담을 기억해.

465. **Matter of course** (*n.*) – natural, usual way 당연한 일

1) Helping those in need is a *matter of course* to her because she has a generous nature.
도움이 필요한 사람을 돕는 것은 그녀가 자비스러운 천성을 가졌기 때문에 그녀에게 자연스러운 일이다.

2) Keep working diligently and don't worry about your grades. I'm sure you'll do fine. It's just a *matter of course*.
계속 열심히 공부하고 학점에 대해서는 염려하지 마라. 나는 네가 잘해 내리라고 확신한다. 그것은 당연한 일이다.

466. **Matter of fact** (*n.*) – something that can be accepted as true 사실

1) He's been working here for a long time. As a *matter of fact*, he's been here since we opened.
그는 여기에서 오랜 기간 동안 일해 왔다. 사실 그는 우리가 창업했을 당시부터 이곳에서 일해 왔다.

2) "Are they still dating?" "Yes, they are. As a *matter of fact*, they're engaged."
그들 아직도 연애하니? 그래. 실은 그들은 약혼했어.

467. **Measure up to** (*v.*) – to live up to or meet certain standards
(어떤 상황, 표준, 기대 등에) 잘 맞추다.

1) He never *measured up to* his father's expectations.
그는 한 번도 그의 아버지의 기대에 부응하지 못했다.

2) People are often their own harshest critics and rarely *measure up to* their own standards.
사람들은 종종 스스로 자신에게 가장 엄격한 비평가가 되어서, 그들이 정한 표준에 좀처럼 맞추지 못한다.

468. **Meet with** (*v.*) – to meet accidentally, to meet by plan, to experience, to have
우연히 또는 계획해서 만나다. 경험하다. 겪다.

1) They were on their honeymoon, but took the time to *meet with* us.
그들은 신혼여행 중이었는데, 우리를 만나기 위해 시간을 내었다.

2) In December 1997, many Asian countries *met with* an economic disaster.
1997년 12월 많은 아시아의 국가들은 경제적 공황을 겪었다.

3) The fishing boat *met with* disaster in a storm in the Yellow Sea.
낚시 배는 황해의 폭풍 속에서 재난을 겪었다.

** **Meet up with** (*v.*) – (more informal setting) to meet accidentally, to meet by plan, to meet at a certain place and time, to experience
우연히 만나다. 약속해서 만나다. 겪다.

1) I will *meet up with* you at 7p.m. at that restaurant.
나는 그 식당에서 저녁 7시에 너를 만날 것이다.

2) I *met up with* him in the hallway.
복도에서 우연히 그를 만났다.

3) On the way to Seoul, I ***met up with*** a huge traffic jam.
서울 가는 길에 대단한 교통정체를 겪었다.

• accidentally (adv.) 우연히 • traffic jam 교통정체

** **Meet** (*v.*) – to meet by chance, to meet by plan, to reach a goal or satisfy
우연히 또는 계획해서 만나다. 목표에 도달하다. 만족시키다.

1) We ***met*** heavy traffic as we got on the narrow bridge.
우리는 좁은 다리에 도달했을 때 대단한 교통정체를 겪었다.

2) I ***met*** an old friend in a shopping mall whom I hadn't seen in years.
나는 수년간 만나지 못했던 옛 친구를 쇼핑몰에서 우연히 만났다.

3) I will ***meet*** you there at 7p.m.
나는 그곳에서 오후 7시에 당신을 만나겠다.

4) Two rivers ***meet*** here and go into the nearby sea.
두 강들이 이곳에서 만나 근처의 바다로 들어간다.

5) The government should make an effort to ***meet*** the needs of their people.
정부는 그들의 국민들이 필요로 하는 것을 만족시키기 위해 노력해야 한다.

6) The company ***met*** its sales goal for the year.
그 회사는 그 해의 영업목표를 달성했다.

469. **Melt in one's mouth** (*v.*) – to be delicious, to taste good 맛이 있다.

1) This is so tender and delicious. It just ***melts in my mouth***.
이것은 매우 부드럽고 맛있어서, 입안에서 살살 녹는다.

470. **Mental telepathy** (*n*) – Communication by extrasensory perception that cannot be scientifically explained
과학적으로 설명될 수 없는 초감각적 지각에 의한 대화

1) Recent research has documented more than a few interesting cases of ***mental telepathy*** involving identical twins.
최근의 연구는 일란성 쌍둥이의 정신적 텔레파시 같은 몇 가지 재미있는 사실에 대해서 상세히 보도했다.

2) I've recently been thinking of an old friend I hadn't seen in many years and received a letter from him this morning. It certainly made me consider the

M

possibility of *mental telepathy*.
나는 근래에 몇 년 동안 보지 못한 옛 친구에 대해서 생각하고 있었는데, 오늘 아침 그로부터 편지를 받았다. 그것이 내가 정신적 텔레파시의 가능성에 대해서 생각해 보도록 만들었다.

• extrasensory (adj.) 초감각적인 • perception (adj.) 지각, 인식 • identical (adj.) 동일한

471. **Miss out (on)** (*v.*) – to fail to gain the benefit or pleasure of something
(즐거움이나 이익을 얻을) 기회를 놓치다.

1) He didn't want to *miss out on* the opportunity to go camping, but the final exam was more important.
그는 야영을 갈 기회를 놓치고 싶지 않았지만, 기말 시험이 더 중요했다.

2) You *missed out on* a lot of fun by not going on the camping trip.
너는 야영을 가지 않음으로써 많은 즐거운 일들을 겪을 기회를 놓쳤다.

472. **Mix up** (*v.*) – to confuse, to mix, to make a mistake, to be connected
혼동하다. 섞다. 실수하다. 연관(교제)하다.

1) Students sometimes *mix up* the words kitchen and chicken.
학생들은 종종 kitchen과 chicken을 혼동한다.

2) Would you do me a favor and *mix up* the salad?
저를 위해서 샐러드를 섞어 주시겠습니까?

3) I listened to what he said, and I was more *mixed up* after he told me his side of the story than I was before we spoke.
나는 그가 말하는 것을 들었지만, 우리가 지난번에 이야기 한 때보다 지금 그가 그의 입장에서 말한 것이 더 혼동되었다.

4) He' s not a bad guy, he was just *mixed up* with the wrong crowd.
그는 단지 나쁜 패거리들과 어울렸을 뿐 나쁜 사람은 아니다.

473. **Monkey business** (*n.*) – any unethical, illegitimate, deceitful activity
비윤리적이고, 불법이고, 속임수를 쓰는 활동, 쓸데없는 일

1) The police were sure the small shop was a front for illegal gambling, but couldn't prove there was any *monkey business* going on.
경찰은 그 작은 가게가 불법 도박의 은신처였다고 확신하지만 거기서 그런 불법 활동이 있었다는 것을 증명할 수는 없었다.

2) His mother told him to cut out the *monkey business* and do his homework.
그의 어머니는 그에게 쓸데없는 일을 집어치우고 숙제를 하라고 말했다.

- ethical (adj.) 윤리적, 도덕적
- legitimate (adj.) 합법적인
- deceit (n) 속임
- deceive (v) 속이다.

플라워쇼

N

474. **Nail down** (*v.*) – to settle, to clinch, to make sure

결정을 보다. 매듭을 짓다. 검거하다.

1) We've got to ***nail down*** this contract if we hope to save the company from going into bankruptcy.
회사가 파산으로 가는 것을 막길 원한다면 우리는 이 계약을 매듭지어야만 한다.

2) The team ***nailed down*** the league championship in the season's final game.
그 팀은 시즌 마지막 경기에서 결승리그로 가는 것이 결정 되었다.

3) The police ***nailed down*** the drug dealers.
경찰이 마약 판매상을 검거했다.

475. **Name of the game** (*n.*) – something disguised as something else

표면과는 달리 내용이 다른 일

1) Winning a championship may seem simple, but it isn't. After all is said and done, sometimes winning is the ***name of the game***.
우승을 하는 것이 단순하게 보일 수 있지만, 그렇지 않다. 가끔 우승이라는 것은 보이는 것과는 다른 일이다.

2) The matter appears to be a simple incident of bribery, but many believe that government corruption is really the ***name of the game***.
그 사건은 단순한 뇌물 사건인 것처럼 보이지만, 많은 사람들은 정부의 부패가 이유라고 생각한다.

• disguise (v, n) 변장, 위장하다. • bribe (v, n) 뇌물을 주다.
• bribery (n) 뇌물(행위) • corrupt (adj.) 타락한, 부패한

476. **Natural-born** (*adj.*) – born in the country, having an innate ability

그 나라에서 출생한 시민, 타고난 소질이 있는

1) His parents were naturalized citizens, but he's a ***natural-born*** citizen.
그의 부모님은 귀화한 시민들이나, 그는 시민권을 가지고 태어났다.

2) Mozart appears to have been a *natural-born* musical genius.
모차르트는 타고난 음악 천재인 것처럼 보인다.

• innate (adj.) 타고난 • naturalized (adj.) 귀화한

477. **Never mind** (*v.*) – to disregard 상관하지 않다.

1) Can you answer the phone for me? *Never mind*. I'll get it myself.
전화 좀 받아주겠니? 아, 그만 둬. 그냥 내가 받을게.

478. **Next door** (*adj.*) – in, to, or at the adjacent house, apartment, office, etc.
바로 옆(집, 아파트, 빌딩, 사무실 등)에

1) They live *next door* to the bakery, just above the pizza place.
그들은 제과점 바로 옆에 있는 피자집 위에 살았다.

2) This is Mrs. Lim. She just moved in *next door*.
이분은 림 여사입니다. 바로 옆집으로 이사 왔어요.

3) A new video shop opened right *next door* to the beauty parlor.
새 비디오 대여점이 미용실 바로 옆에서 개업을 했다.

** **Next-door** (*adj.*) – adjacent, next to 바로 옆의

1) She's my *next-door* neighbor.
그녀는 나의 바로 옆집의 이웃이다.

479. **Nightlife** (*n.*) – night time entertainment 밤의 유흥

1) There's a lot of *nightlife* in any city. Cities thrive on entertainment.
어느 도시에나 밤의 유흥이 많다. 도시들은 환락으로 무성하다.

2) When we go on holiday, we enjoy cultural attractions and good *nightlife*.
우리가 휴가를 갈 때면, 우리는 문화적 매력과 밤의 유흥을 즐긴다.

• thrive (v) 강건하게 자라다. 번창하다. • attract (v) 매혹하다.

480. **Nip and tuck** (*adj., adv.*) – very close, neck and neck 매우 아슬아슬하게

1) The football game was *nip and tuck*, but the home team eked out a victory in the closing minutes of the game.
그 축구경기는 매우 막상막하였지만, 홈팀이 끝나기 몇 분 전에 겨우 승리했다.

2) This year's Indy 500 was really a *nip and tuck* race.
금년의 인디 500 경기는 매우 아슬아슬했다.

481. **Nip in the bud** (*v.*) – to stop the growth in the beginning 초기에 방지하다.

1) The principal knew it was normal for teens to get into fights, but he wanted to *nip* the problem *in the bud*, so he suspended them.
교장은 십대들에게 있어서 싸움은 흔한 일이라는 것을 알았지만, 그는 문제를 조기에 방지하기 위해서 그들을 정학시켰다.

2) Smoking and other addictive behaviors are best overcome if they are *nipped in the bud*.
흡연과 그리고 그 외의 중독성 행동은 초기에 방지된다면 효과적으로 극복할 수 있다.

• addict (v) 중독시키다. • overcome (v) 극복하다. • suspend (v) 정학시키다.

482. **Nobody's fool** (*n.*) – someone who is smart, and knows what s/he is doing 영민하고 자신이 무엇을 하는지 잘 아는 사람.

1) They thought they'd take advantage of the substitute teacher, but he showed them he was *nobody's fool*.
그들은 그들이 임시교사를 잘 이용할 수 있을 거라 생각했지만, 그는 그가 함부로 착취할 수 없는 영민한 사람이라는 것을 그들에게 보여주었다.

483. **No doubt** (*adv.*) – a state of certainty 의심할 여지없이

1) He's rich and famous and he has everything a person could want. There's *no doubt* he is very happy.
그는 부자이고 유명하다. 그는 인간이 원할 만한 모든 것을 가지고 있다. 그가 행복하다는 것은 의심의 여지가 없다.

2) There was *no doubt* in anyone's mind that she deserved to win the prize.
그녀가 상을 받을 만한 자격이 된다는 것을 의심하는 사람은 아무도 없었다.

** **To be sure** (*adv.*) – to know something with certainty 의심할 여지없이, 확실히

1) The contest is the biggest of his career, but *to be sure* he'll win.
그 대회는 그의 경력에서 가장 큰 것이다. 하지만 그가 우승하리라는 것은 확실하다.

2) She works slowly, *to be sure*, but she's methodical and does a great job.
그녀는 천천히 일하지만, 조직적이고 차근차근하게 일을 매우 잘 한다.

• methodical (adj.) 체계적이고 신중한 (차근차근하게)

484. **No good** (*adj.*) – useless 소용없는, 좋지 않은

1) I'm getting rid of my old car because it's *no good*.
나는 내 고물차가 쓸모없기 때문에 없앨 예정이다.

2) He's *no good* as a manager because he has no people skills.
그는 사람을 다루는 기술이 없기 때문에 매니저로서는 좋지 않다.

3) I tried to negotiate for a higher salary, but it did *no good*.
나는 좀 더 높은 급여를 받기위해 협상을 시도했지만, 소용이 없었다.

4) It is *no good* arguing with him because he always thinks he's right.
그는 항상 그 자신이 옳다고 생각하기 때문에 그와 논쟁하는 것은 소용이 없다.

• get rid of 제거하다. • negotiate (v) 타협, 협상하다.

** **Of no avail / To no avail** (*adj.*) – useless, unsuccessful
소용없는, 성공적이지 못한

1) Taking the medicine was *of no avail* because I still have a headache.
나는 아직도 머리가 아프기 때문에 약을 먹은 것이 소용이 없었다.

2) The project was scrapped, so all their hard work was *of no avail*.
그 계획은 쓸모없어졌다. 그래서 그들의 힘든 노력이 소용없어졌다.

3) Her attempts to learn the new computer program were *to no avail*.
새 컴퓨터 프로그램을 배우려는 그녀의 노력은 소용이 없었다.

• scrap (v) 버리다. 폐기하다. • attempt (v, n) 시도하다.

485. **No longer** (*adv.*) – not any longer 더 이상 ~ 않다.

1) The person you are looking for *no longer* lives here.
당신이 찾는 사람은 더 이상 여기 살지 않는다.

2) The number you are calling is *no longer* in service.
당신이 건 전화번호는 더 이상 사용되지 않는다.

3) I used to eat a lot of sweets, but I *no longer* eat them.
나는 옛날에는 단 것을 즐기곤 했는데, 지금은 더 이상 먹지 않는다.

4) I liked him for a long time, but I'm *no longer* interested in him.
나는 오랜 시간 그를 좋아해 왔지만, 이제는 더 이상 관심이 없다.

486. No matter what / No matter how (*adv.*) – regardless of, in spite of

~할지라도, ~에도 불구하고

1) *No matter what* he says, he still loves you.
그가 뭐라고 말하든, 그는 아직도 너를 사랑한다.

2) *No matter how* hard he studied, he still failed the exam.
그는 열심히 공부했음에도 여전히 시험에서 불합격 하였다.

487. No sweat (*adv.*) – easily, without difficulty

쉽게(힘들이지 않고)

1) I'm sure I can finish my job on time, *no sweat*.
나는 내가 힘들이지 않고 나의 일을 정시에 끝낼 것이라고 확신한다.

2) It's *no sweat*, I can fix your computer.
그것은 별로 어렵지 않다. 나는 네 컴퓨터를 고칠 수 있다.

488. No bad (*adj.*) – good enough

나쁘지 않은, 괜찮은

1) I never thought I'd like the taste of this fish, but it's *not bad*.
나는 내가 이 생선의 맛을 좋아하게 되리라고는 생각해 본 적이 없는데 나쁘지는 않다.

2) I thought the movie was going to be terrible, but it wasn't *bad*.
나는 그 영화가 형편없을 것이라고 생각했지만, 그리 나쁘지는 않았다.

489. Not for the world (*adv.*) – not for anything

결코 ~하지 않을

1) I wouldn't hurt your feelings *for the world*.
나는 결코 네 감정을 상하게 하지는 않을 거야.

2) *Not for the world*, would I abandon you.
결코 나는 너를 버리지 않을 것이다.

490. **Nothing succeeds like success** (*proverb*)
– Once a person is successful in one area, then she or he is likely to succeed in another area, as well.

하나의 일에 성공을 하면 다른 일에도 성공하기 쉽다. 성공은 계속 성공을 부른다.

1) After his success in the animal food business, he invested in other business ventures and was equally successful. *Nothing succeeds like success*.
동물사료 사업에서 성공한 후 그는 다른 벤처 사업에도 투자하였고, 그것 역시 성공이었다. 성공은 계속 성공을 부르기 마련이다.

• venture (v, n) 모험하다. 위험을 무릅쓰고 나아가다. 모험

491. **Not know which way to turn** (*v.*) – not know what to do in a difficult situation

어려운 처지에서 어찌할 바를 모른다.

1) When she lost her job and didn't have any money to pay her rent, she didn't *know which way to turn*.
그녀가 실직하고 집세를 낼 돈도 없었을 때, 그녀는 어찌해야 할 바를 몰랐다.

2) After being forced to accept early retirement and a meager pension, he truly did *not know which way to turn*.
조기 퇴직과 빈약한 연금을 받아들이도록 강요받았을 때, 그는 정말로 어찌 해야 할 바를 몰랐다.

• meager (adj.) 빈약한, 불충분한 • be forced to ~하도록 강요받다.

492. **Not the only fish in the sea** (*n.*) – not the only person available, one of many

세상에 오직 그 사람만 있는 것은 아님, 여러 명 중의 한명

1) I know he is a nice man, but he is *not the only fish in the sea*. I'm sure you'll find someone else.
나는 그가 멋있는 사람인 줄 알고 있어. 하지만 세상에 남자가 그 하나 뿐은 아니잖니? 나는 네가 다른 사람을 찾을 수 있을 것이라고 확신한다.

** **Not the only pebble on the beach** (*n.*)
– not the only person to be considered or available, one of many
쓸 수 있는 유일한 사람, 여러 명 중의 한 명

1) She's *not the only pebble on the beach*. You'll find someone else.
세상에 그녀만 있는 것이 아니야. 너는 곧 다른 사람을 찾을 거야.

493. **No use crying over spilled milk** (*proverb*)
– to complain or regret something that has already happened
(금언) – 이미 발생한 일에 대해 후회하거나 불평해도 소용없다. 지난 일은 후회해도 소용없다.

1) They lost the championship game, but there's *no use crying over spilled milk*.
그들은 결승전에서 패했다. 하지만 후회해도 소용없다.

2) I was sure they were going to offer me the position, but they didn't. Oh, well, there's *no use crying over spilt milk*.
나는 그들이 내게 일자리를 제안 할 것이라고 확신했었다. 하지만 그들은 그러지 않았다. 아, 이제 울어도 소용없다.

** **No use** (*n.*) – no gain, no purpose 소용없음, 무익

1) There's *no use* talking about our past glories because the past is over and done with.
옛 부귀영화에 대해서 이야기 해봐야 아무런 소용이 없다. 과거는 지나간 것이고 이미 끝난 것이다.

2) It was *no use* asking him to help because he never helps anyone.
그는 아무도 도와주지 않기 때문에 그에게 도와 달라고 말해봐야 소용이 없다.

3) It's *no use* sending her a letter because her mind is made up.
그녀는 이미 결심을 했기 때문에 그녀에게 편지를 보내도 아무 소용없다.

494. **No wonder** (*adj.*) – not surprising 놀랄 필요 없는, 당연한

1) She's intelligent, personable, and thoroughly professional. It's *no wonder* they were impressed with her.
그녀는 지성 있고, 매력있고, 철저히 전문적이다. 그들이 그녀에게 감명을 받은 것은 전혀 놀랄 일이 아니다.

2) *No wonder* you love this restaurant. The service is excellent and the food is delicious.

N

네가 이 식당을 좋아하는 것이 놀랄 일이 아니다. 그들의 서비스는 훌륭하고, 음식은 매우 맛있다.

- surprise (v) 놀라게 하다.
- surprising (adj.) 놀랄만한
- thoroughly (adv.) 철저히
- be impressed 감명을 받다.
- personable (adj.) 좋아할 수 있는, 매력적인

O

495. **Oddball** (*n.*) – a peculiar or an eccentric person　　약간 이상한 사람

1) Our neighbor, George, is kind of an *oddball* that keeps odd hours and doesn't associate with anyone.
내 이웃인 조지는 약간 이상한 사람이다. 그는 외톨이로 시간을 보내고 누구와도 어울리지 않는다.

• peculiar (adj.) 이상한, 독특한　• eccentric (adj.) 이상한, 괴상한
• associate with ~와 업무적으로 협력하다. 사교하다.

** **Off-center** (*adj.*) – odd, not usual　　이상한

1) He's a little *off-center*, so we never invite him to parties.
그는 이상한 사람이다. 그래서 우리는 그를 결코 파티에 초대하지 않는다.

2) This picture is a bit *off-center*.
이 그림은 약간 이상하다.

** **Off center** (*adv.*) – not exactly in the middle　　정확하게 한 가운데가 아닌

1) The picture frame is *off center*, so we need to adjust it.
이 그림은 가운데에서 약간 어긋났다, 그래서 우리는 그것을 조정해야한다.

496. **Of age** (*adj.*) – old enough to do something, age which allows one to exercise adult rights and responsibilities
(성인의 권리와 책임을 수행할 수 있도록 법에 의해 허락된) 연령의

1) She is now *of* driving *age*, so she wants to get her license.
그녀는 이제 운전을 할 수 있는 나이다. 그래서 그녀는 운전면허를 따기 원한다.

2) You must be at least 21 years *of age* to vote.
투표를 하기 위해 적어도 21살이 되어야 한다.

3) If you are only twenty, you are not yet *of* voting *age*.
만약 20살 이라면 아직 선거할 수 있는 나이가 아니다.

497. **Of course** (*adv.*) – naturally, surely, without doubt 당연히, 물론

1) Does he love her? *Of course*, he loves her.
그가 그녀를 사랑하니? 물론 그는 그녀를 사랑한다.

2) Do you remember me? Yes, *of course*, I remember you.
나를 기억하니? 물론이지. 나는 너를 기억해.

498. **Off again, on again** (*adj.*) – uncertain, not settled 불확실한, 이어졌다 끊어졌다.

1) They have an *on again, off again* relationship.
그들은 이어졌다 끊겼다 하는 불확실한 관계를 가지고 있다.

2) The rain didn't last all day, but it was *on again, off again*, so the tennis matches were cancelled.
비가 하루 종일 내리지 않았지만 오락가락 했기 때문에 그 테니스 경기는 취소되었다.

** **Off and on / On and off** (*adv.*) – sometimes, occasionally, irregularly
이따금, 불규칙적으로

1) The electrical power was *off and on* most of the day.
거의 하루 종일 전기가 불규칙적이었다.

2) We see them *on and off* for dinner or at social gatherings.
우리는 저녁이나 사교적 모임에서 그들을 이따금 본다.

499. **Off balance** (*adj.*) – not in balance 불균형의

1) The washing machine is *off balance*, so it makes a lot of noise.
세탁기가 균형이 맞지 않아, 큰 소음을 낸다.

2) The tires of my car were *off balance*, so the ride wasn't very comfortable.
내 차의 타이어들이 균형이 맞지 않아, 승차감이 별로 좋지 않았다.

500. **Off duty** (*adj.*) – not working (in a position of responsibility)

비번의, 쉬는 날의(종종 관료에게 사용)

1) An *off duty* police officer made the arrest.
비번인 경관이 범인을 체포했다.

2) The doctor is *off duty* today and he's probably playing golf.
그 의사는 오늘 쉬는 날이어서, 아마 골프를 치고 있을 것이다.

** **On one's day off** – not supposed to work (for general)

쉬는 날에, 비번 날에(종종 일반인들에게 적용)

1) What do you usually do *on your day off*?
너 쉬는 날 대개 뭐하니?

2) *On my day off* I usually spend time working in my garden.
난 쉬는 날이면 대개 정원 손질을 하며 시간을 보내곤 한다.

3) I usually go shopping when I have a *day off*.
나는 쉬는 날에는 대개 쇼핑을 가곤 한다.

** **On duty** (*adj.*) – at one's work or assignment 근무 (중) (자신의 책임부서에서)

1) Dr. Sharkis is *on duty* today.
닥터 샤키스는 오늘 근무이다.

2) He's *on* active *duty* in the Korean Navy.
그는 한국 해군에 현역으로 복무중이다.

3) Employees aren't allowed to receive personal phone calls while *on duty* unless it's an emergency.
직원들은 위급한 상황이 아니면 근무 중에 개인적인 전화를 받는 것이 허락되지 않는다.

501. **Off one's chest** (*adj.*) – tell someone about something that bothers oneself

자신의 고민거리를 누군가에게 말하다. 마음에서 털어놓다.

1) I told my boss that he wasn't treating me fair. It didn't change the way he treated me, but I felt much better after I got it *off my chest*.
나는 내 상사에게 그가 나를 공평하게 대우하지 않았음을 이야기 하였다. 그 이후 그가 나를 대하는 것이 달라지지는 않았지만, 나는 내 마음속을 털어 놓은 뒤 훨씬 기분이 나아졌다.

O

2) He listened to her story and let her get it *off her chest*.
그는 그녀의 이야기를 들었고, 그녀의 마음속을 털어놓도록 했다.

502. **Off the cuff** (*adv.*) - without any preparation 즉석에서

1) He prefers to give speeches *off the cuff*.
그는 즉석에서 연설하는 것을 더 좋아한다.

2) He gave a presentation of the proposed project *off the cuff*.
그는 제시된 계획에 대해서 즉석에서 설명을 했다.

** **Off-the-cuff** (*adj.*) - instant, immediate and without preparation
즉석의, 준비 없이

1) He is wonderfully talented at giving *off-the-cuff* speeches.
그는 즉석에서 연설하는 것에 놀라운 재능을 가지고 있다.

2) He gave a marvelous *off-the-cuff* speech.
그는 굉장한 즉석연설을 했다.

503. **Off the top of one's head** (*adj., adv.*) - without thinking much, just spontaneously
(깊이 생각하지 않고) 그냥 생각나는 대로

1) She didn't take time to think. She just answered the question *off the top of her head*.
그녀는 깊이 생각할 시간을 갖지 않았다. 그녀는 질문에 그냥 생각나는 대로 답했다.

2) He didn't think about what he wrote. He just wrote *off the top of his head*.
그는 그가 쓴 것에 대해서 생각을 짜내지 않았다. 그는 그냥 생각나는 대로 썼다.

• spontaneous (adj.) 자연히 발생한, 계획적이 아닌

** **Offhand** (*adj., adv.*) / **offhanded** (*adj.*) - without much thought, without planning or thinking ahead
계획 없이, 깊이 생각하지 않고 바로

1) I can't recall it *offhand*.
나는 좀 생각을 하지 않고는 바로 그것을 회상해 낼 수가 없다.

2) The politician made some *offhand* remarks on a few sensitive issues.
그 정치가는 몇 가지 민감한 현안문제들에 대해서 깊은 생각 없이 논평했다.

• sensitive issues 민감한 문제들

504. **Of late** (*adv.*) – recently, lately 최근에

1) He hasn't been his usual happy-go-lucky self *of late*.
최근에 그는 평소의 낙천적 모습이 아니었다.

2) The newspaper has been focusing on trivial matters rather than hard news *of late*.
최근에 그 신문은 중요한 문제 보다는 하찮은 문제들에 초점을 맞춰왔다.

• trivial (adj.) 사소한 • hard news 중요하고 심각한 뉴스

505. **Of one's own free will / Of one's own accord** (*adv.*) – voluntarily, without outside influence
자발적으로, 외부의 영향 없이

1) Are you signing the contract *of your own free will*?
너 그 계약에 자발적으로 서명하려고 하니?

2) Yes, I'm signing it *of my own accord*.
그래, 나는 그것에 내 의향대로 서명하려고 해.

3) The decision on a one-year leave of absence was made *of my own accord*.
1년간의 휴무결정은 내 의지에서 나온 것이다.

• accord (n. v) 동의, 주다. • in accord with ~ ~와 조화롭게
• in accordance with ~와 조화롭게

506. **On account of** (*prep.*) – for the sake of, by reason of, because of
~를 위하여, ~의 이유로써, ~ 때문에

1) He wants to move to a warmer southern climate *on account of* his health.
그는 그의 건강상의 이유로 좀 더 따뜻한 남부지역으로 이사를 하고 싶어 한다.

2) They emigrated *on account of* the tense political situation in their country.
그들은 그들 나라의 팽팽한 정치상황 때문에 이민을 갔다.

O

3) She arrived late *on account of* heavy traffic.
그녀는 교통 체증 때문에 늦게 도착했다.

• climate (n) 기후 • emigrate (v) 이민가다.

507. **On the average** (*adv.*) – using the average as a basis of judgment
평균해서, 대개

1) *On the average*, I have my motor oil changed every 3000 miles.
평균적으로, 나는 3000마일에 한 번씩 자동차 오일을 교환한다.

2) *On the average*, I spend $100.00 a month on entertainment.
평균적으로, 나는 한 달에 100달러를 용돈으로 사용한다.

508. **On approval** (*adv.*) – a set of criteria one must meet before being allowed credit.
(대부, 신용장)등을 받기 전에 요구되는 기준

1) She wanted the merchandise delivered immediately, but had to wait because they would only ship them *on approval* of her credit application.
그녀는 물품이 당장 배달되길 원했지만, 그들은 신용장 승인이 나야만 배달하므로 기다려야만 했다.

2) We can issue the credit card *on approval* of your credit application.
우리는 당신의 신용 신청허가에 의해서 신용카드를 발급 할 수 있다.

3) We can give you a money-back guarantee on this product if you buy it *on approval*.
우리는 당신이 점검 매매의 조건으로 이 물품을 산다면 당신에게 환불을 보장할 수 있다.

• criterion (n) 판단기준, 표준 • criteria (pl.) • issue (v) 발급하다.
• a money-back guarantee 환불보장

509. **On call / At call** (*adj.*) – available for use, ready to respond to a summons or command, subject to demand for payment or return without previous notice
(의사나 간호사 등) 호출 대기 중의, (사전 통보 없이) 돈을 갚으라고 요구하는

1) Dr. Smith is the *on call* surgeon today.
스미스 의사가 오늘 당직 외과의사다.

2) The position is an *on call* position, but I accepted it anyway.
그 자리는 호출 대기를 해야만 하는 자리이지만, 어쨌든 나는 그 제안을 받아들였다.

3) The man urgently borrowed a large sum of money *on call* from a local bank. Now, the lender wants it back, however, he isn't ready to pay it back.
그 남자는 긴급하게 그 지역의 은행에서 온콜조건으로 많은 액수의 돈을 빌렸다. 지금 그 채권자는 돈을 갚을 것을 요구하지만 그는 갚을 준비가 되어있지 않다.

• summon (v) 소환하다. • summons (n) 소환장, 소환, 법정출두명령서

510. **Once and for all** (*adv., n.*) – one time only with certainty, conclusively, certainly

단 한번 확실하게

1) Let me say, *once and for all*, the answer is "no."
확실하게 그 대답은 "아니다."이다.

2) Let's get the job finished and be done with it *once and for all*.
그 일을 한 번에 확실하게 끝마치도록 하자.

511. **Once in a while** (*adv.*) – now and then, occasionally 이따금, 가끔

1) We go out to dinner with them *once in a while*.
우리는 종종 그들과 저녁식사를 하러 나간다.

2) I go out, *once in a while*, for coffee with my coworkers.
나는 종종 내 동료들과 커피를 마시러 나간다.

3) Don't be a stranger. Drop by and see us *once in a while*.
낯선 사람이 되지 말고 가끔 들려서 우리를 좀 만나라.

512. **On condition that** (*conj.*) – if, provided that 만약, ~라는 조건으로

1) I'll accept your apology *on condition that* you are sincere.
나는 네가 진심이라는 조건으로 너의 사과를 받아들이겠다.

2) I borrowed some money from the bank *on condition that* I would pay it back within two years at 10% interest.
나는 2년 상환에 10%의 이자로 은행에서 약간의 돈을 빌렸다.

3) I will gladly cook dinner *on condition that* you wash the dishes.

O

나는 네가 설거지를 한다는 조건으로 기꺼이 저녁을 준비하겠다.

• accept one's apology ~의 사과를 받아들이다.

513. **On edge** (*adj.*) – tense, nervous, irritable 긴장한, 불안한, 신경이 곤두선

1) The unpleasant incident put everyone in the office *on edge*.
그 불쾌한 사건은 사무실에 있는 모든 사람의 신경을 곤두서게 했다.

2) His unpleasant tone of voice was a dead giveaway that he was still a little *on edge*.
그의 불쾌한 어조는 그가 아직 신경이 곤두서있다는 것의 결정적인 증거였다.

514. **On end** (*adj.*) – in an upright position, without interruption, continuously
곧추 선, 중단 없이, 계속해서

1) He was so angered by her remarks that his hair stood *on end*.
그는 그녀의 말에 너무나 화가 나서 그의 머리털이 곤두섰다.

2) She had worked on her homework assignment for hours *on end*, but it remained incomplete.
그녀는 부과된 숙제를 몇 시간째 중단 없이 했지만 그것은 미완으로 남았다.

3) I've been trying to write this article for hours *on end*, but constant interruptions keep me from finishing it.
나는 이 기사를 쓰기위해 계속해서 몇 시간째 노력하고 있지만, 끊임없는 방해거리들이 내가 그것을 끝마치지 못하게 하고 있다.

4) It has been raining for hours *on end*.
몇 시간째 계속 비가 내리고 있다.

• upright (adj.) 곧추선 • interrupt (v) 중단하다. 끼어들다. • remains (n) 잔존물, 유물
• remain (v) 남다. 머무르다. 계속하다 • remainder (n) 나머지

515. **One of these days** (*adv.*) – sometime soon 조만간

1) He promised his wife that he would clean out the garage *one of these days*.
그는 아내에게 조만간에 차고를 청소하겠다고 약속했다.

2) Let's meet for coffee or a few drinks *one of these days*.
우리 조만간 커피나 술 한잔하러 만납시다.

516. **On faith** (*adv.*) – with trust, confidently 신뢰로써, 의심 없이

1) You'll have to take his word *on faith* if you want to save your relationship with him.
네가 만약 그와의 관계를 지키고 싶다면 너는 그가 말하는 것을 신뢰로써 받아들여야 한다.

2) She sold him the car *on* good *faith*, but he never paid her.
그녀는 신뢰로써 그녀의 차를 팔았지만, 그는 그녀에게 결코 돈을 지불하지 않았다.

517. **On guard** (*adj.*) – alert, watchful, cautious 조심하는

1) Be *on guard* when you go to a big city because there are many pickpockets.
대도시에 가면 소매치기가 많기 때문에 조심해야 한다.

** **Off guard** (*adj.*) – not alert, incautious 방심한

1) After a few glasses of wine, he was *off guard* and told her the secret.
포도주를 몇 잔 마신 후에, 그는 방심을 해서 그 비밀을 그녀에게 말했다.

2) The runner stole home because the pitcher was caught *off guard*.
주자는 투수가 방심을 하고 있는 것이 보였기 때문에 홈으로 도루를 했다.

518. **On hand** (*adv.*) – available for use, nearby 사용할 수 있게, 가까이

1) The secretary keeps extra medical supplies *on hand* in case of emergencies.
그 비서는 응급사태를 대비해서 여분의 의약품을 보관하고 있다.

2) When I study, I always have a dictionary *on hand*.
나는 공부할 때, 항상 내 사전을 가까이 둔다.

519. **On one's hands** (*adj., adv.*) – in one's care or possession, usually as a responsibility
~의 책임인, 돌보는, 수중에 있는

1) With so much work *on her hands*, she had to postpone her vacation until late July.
처리해야 할 일이 많기 때문에, 그녀는 7월 말까지 휴가를 연기해야만 했다.

2) Those matters are *on his hands* now.
그 일들은 지금 그의 책임 하에 있다.

** **Off one's hands** – out of one's care or possession or responsibility
돌보지 않아도 되는, 수중에서 떠난, 책임에서 벗어 난

1) Her son is over 21 and *off her hands*. She's not responsible for his debts. So, he should find a job to pay off his debts.
그녀의 아들은 21세가 넘었고, 그녀의 품을 떠났다. 그래서 그녀는 그 아들의 빚에 대해 책임이 없다. 그래서 그는 그의 빚을 갚기 위해서 직업을 찾아야만 한다.

2) I'm glad the job is finished and finally *off my hands*.
그 임무가 끝나고 마침내 내 책임에서 떠나 기쁘다.

• possess (v) 소유하다. • pay off 다 지불하다. • debt 빚

520. **On one's honor** (*adj.*) – with one's honesty, trusted ~의 명예를 걸고

1) The students took the exam *on their honor* and no one cheated.
그 학생들은 그들의 명예를 걸고 시험을 보았고, 아무도 부정행위를 하지 않았다.

521. **On one's mind** (*adv.*) – in one's thoughts ~의 생각 속에

1) She was far from home, but her family was still *on her mind*.
그녀는 집에서 먼 곳에 있지만, 그녀의 가족은 여전히 그녀의 마음속에 있었다.

2) I argued with my friend more than a month ago, but it is still *on my mind*.
나는 내 친구와 한 달 전에 말다툼을 했지만 아직도 앙금이 가시지 않았다.

3) What's on your mind? Something must be *on your mind*.
너 지금 무슨 생각하니? 너 지금 무슨 생각하고 있음에 틀림없어.

522. **On one's own** (*adj.*) – a state of independence, or something done independently
완전히 독립한

1) After the death of his parents, he was *on his own*.
부모님이 돌아가신 후 그는 스스로 완전히 독립해서 살았다.

2) I don't have the time to help you with your homework, you're *on your own*.
나는 네 숙제를 도와 줄 시간이 없다. 너는 스스로 해야만 한다.

3) The thought of being *on her own* made her feel uneasy.
그녀가 완전히 혼자라는 생각은 그녀를 불안하게 만들었다.

523. **On the part of / On one's part** (*adj.*) – with regard to the one specified

~편의, ~에게 있는, ~의 탓인

1) The accident was blamed on carelessness *on the part of* the driver.
그 사고는 운전자 측의 부주의 탓으로 돌려졌다.

2) He stole the money, but *on her part*, she didn't report him.
그가 돈을 훔쳤지만, 그녀는 그를 신고하지 않았다.

524. **On one's shoulders** (*adj., adv.*) – as one's responsibility 책임이 있는

1) Taking care of her family weighed heavily *on her shoulders*.
가족을 돌봐야 하는 책임이 그녀의 어깨를 무겁게 눌렀다.

2) Much of the success of the company rests *on his shoulders*.
그 회사의 성공이 대부분 그에게 달려있다.

525. **On one's toes** (*adj.*) – ready to act, alert

활동할 준비가 되어있는, 정신을 바짝 차린

1) A good attorney is always *on his toes* and rarely makes mistakes.
훌륭한 변호사는 항상 정신을 바짝 차리고 있어서, 거의 실수를 하지 않는다.

2) Our police officers must be *on their toes* when they are on duty.
경찰은 근무 중일 때 정신을 바짝 차리고 있어야 한다.

526. **On paper** (*adj., adv.*) – in writing or print 서류상, 이론상

1) We managed to get an agreement *on paper*. The contract has been signed.
우리는 서류상 합의점을 찾을 수 있었고, 그 계약은 성사 되었다.

2) Many prospective employees look good *on paper*, but they often don't measure up to expectations.
많은 취업 희망자들이 서류상 훌륭해 보인다. 하지만, 그들은 종종 기대에 부응해서 일을 잘하지 못한다.

- get an agreement 합의점을 찾다.
- prospective (adj.) 기대되는, 가능성 있는
- measure up to 기준에 맞다. 기대에 미치다.

527. **On purpose** (*adv.*) – for a reason, intentionally 일부러, 고의로

1) The police think that fire may have been started *on purpose*.
경찰은 그 불이 방화에 의해 시작되었다고 생각한다.

2) The flagrant foul was no accident, it was done *on purpose*.
그 공공연한 못된 반칙은 우연이 아니다. 그것은 일부러 그런 것이다.

• flagrant (adj.) 공공연히 나쁜, • foul (adj.) 매우 더러운, (n) 반칙

528. **On record** (*adj.*) – publicly known, written down in a record
공개적으로 알려진, 기록된

1) Students' misbehaviors are noted *on* school *records*.
학생들의 비행은 학교 기록부에 기록된다.

2) The politician stated his position, *on record*, for the upcoming elections.
그 정치인은 다가오는 선거에 대한 그의 입장을 기록하여 밝혔다.

3) Many old reports have been lost and are no longer *on record*.
많은 옛 기록들이 소실되어서 더 이상 기록이 남아있지 않다.

• misbehavior (n) 나쁜 행위 • upcoming (adj.) 곧 다가오는

529. **On sale** (*adj.*) – selling for a special discounted price for a certain period
특정한 기간 동안에 할인된 가격으로 판매하는

1) Many items were offered *on sale* for the University's Spring Fundraiser.
그 대학의 봄 기금 모금 행사에서 많은 물품들이 할인된 가격으로 제공되었다.

2) A designer's dress that usually sells for $1,200.00 went *on sale* for $500.00.
통상적으로 1200달러에 팔리는 한 디자이너의 옷이 500달러로 할인되었다.

530. **On schedule** (*adv.*) – as planned or expected 예정대로

1) Flight KE 460 has landed *on schedule*.
KE 460 항공편이 예정대로 착륙했다.

2) The boat for Jeju Island didn't leave *on schedule* because of bad weather.
악천후 때문에 제주도로 가는 배가 예정대로 떠나지 못했다.

531. **On the air** (*adj., adv.*) – being broadcast 방송중의, 방영될

1) The golf tournament will be *on the air* this afternoon.
그 골프 경기가 오후에 방송될 예정이다.

2) The documentary will be *on the air* next Saturday on channel 9.
그 기록영화는 다음 주 토요일 9번 채널에서 방영될 예정이다.

532. **On the contrary** (*adv.*) – oppositely, rather 반대로, 오히려

1) He thought he would win the game; *on the contrary*, he lost.
그는 그가 그 경기에서 이길 것이라고 생각했지만, 오히려 패했다.

2) People thought she didn't like animals; *on the contrary*, she is an animal's rights advocate.
사람들은 그녀가 동물을 좋아하지 않을 것이라고 생각했지만, 반대로 그녀는 동물권리 옹호자의 한 사람이다.

• advocate (n, v) 옹호자, 주장자, 옹호하다.

533. **On the face of it** (*adv.*) – apparently, as it seems 표면상으로, 외견상으로

1) *On the face of it*, his story made sense, but it fell apart under close examination.
그의 이야기는 표면상으로는 이치에 맞는 것 같았지만, 면밀히 따져보면 이치에 전혀 맞지 않았다.

2) Her behavior, *on the face of it*, was unexpected under the circumstances.
외견상으로, 그러한 상황에서 그녀의 행동은 예기치 못한 것으로 보였다.

534. **On the go** (*adj.*) – active and busy 활동적이고 바쁜

1) She's the most energetic person I know. She's always *on the go*.
그녀는 내가 아는 한 가장 원기왕성한 사람이다. 그녀는 항상 활동적이고 바쁘다.

2) His new position includes a lot of travelling and keeps him *on the go*.
그의 새로운 일자리는 많은 출장을 포함한다. 그리고 그를 항상 활동적이고 바쁘게 한다.

535. **On the house** (*adj.*) – free, as a gift from the management
(레스토랑이나 바 등에서 손님에게 무료로 주는 것)공짜의

1) They gave us beverages *on the house* because we waited an hour for our meal.
그들은 우리가 한 시간이나 음식을 기다렸기 때문에 우리에게 음료를 공짜로 제공했다.

O

2) Many restaurants offer soft drinks *on the house* to draw customers.
많은 식당들이 손님을 끌기 위해서 청량음료를 무료로 제공한다.

• beverage (n) 음료

536. **On the line** (*adj.*) – immediately available, ready, at stake
즉시 사용할 수 있는, 준비된, 위태로운

1) There is a caller *on the line* for you now.
지금 당신의 전화가 와 있습니다.

2) She felt her reputation was *on the line* and it motivated her to do her best work.
그녀는 그녀의 평판이 위태롭다는 것을 깨달았고, 그것이 그녀가 최선을 다하도록 동기를 부여했다.

• reputation (n) 평판 • motivate (v) 동기를 부여하다.

** **Lay it on the line / Put it on the line** (*v.*) – to state clearly, to speak openly without concealing anything, to put or spend
숨김없이 분명하게 공개적으로 말하다. 쓰다.

1) I hope you don't mind me *laying it on the line*. Your work is unsatisfactory.
나는 내가 직선적으로 말하는 것을 네가 기분 나빠 하지 않았으면 좋겠다. 네가 하는 일이 만족스럽지 못하다.

2) I know you have a lot on your mind. Why don't you *lay it on the line*?
나는 너의 마음이 복잡한 줄 안다. 솔직하게 말해주지 않을래?

3) The company *laid* $1,000,000.00 *on the line* for its employee's health plan.
그 회사는 1백만 달러를 사원 건강계획을 위해서 사용했다.

• conceal (v) 숨기다. • mind (v) 꺼리다.

** **On-line / Online** (*adj.*) – having a connection to a network of computers, immediately available, working properly
컴퓨터 시스템에 연결이 되어있는, 즉시 이용할 수 있는, 작동이 잘 되는

1) All banks have *online* systems these days.

요즈음 모든 은행은 온라인 체계를 갖추고 있다.

2) My computer was down earlier, but it's *online* now.
내 컴퓨터가 얼마 전에 작동 불능이 되었지만, 지금은 작동이 정상적이다.

** **Off-line** (*adj.*) – not having a connection to a network of computers, not working properly

컴퓨터 시스템에 연결이 되어있지 않은, 작동이 안 되는

1) The internet has been *off-line* all day.
인터넷이 하루 종일 작동이 안 되었다.

2) At the bank, I couldn't withdraw my money because its computer system was *off-line*.
컴퓨터가 작동이 안 되었기 때문에 나는 은행에서 돈을 인출할 수가 없었다.

537. **On the lookout for** (*adj.*) – to expect and watch for something or someone

자세히 살피다 (기대감을 가지고).

1) The agency is always *on the lookout for* new talent.
그 에이전시는 항상 새로운 인재를 찾고 있다.

2) She has a reputation as someone who's always *on the lookout for* a bargain.
그녀는 항상 싼 물건을 찾는 사람으로 평판이 나있다.

3) Police are *on the lookout for* the arsonist who started the recent fires.
경찰은 최근 화재들의 방화범을 샅샅이 수색하고 있다.

538. **On the run** (*adj., adv.*) – in a hurry 바쁜, 서두르는, 황급히

1) I'd like to help you, but I'm *on the run*, I've got a meeting.
나도 너를 도와주고 싶지만, 회의가 있어서 급히 가는 중이라 그럴 수 없다.

2) We'd like to invite her to dinner, but she's always *on the run*.
우리는 그녀를 저녁 식사에 초대하고 싶지만, 그녀는 항상 바쁘다.

539. **On the point of** (*prep.*) – Just about doing something

막 ~하려고 하는, 막 ~하려는 시점에서

1) He was *on the point of* quitting when they finally offered him a promotion.
그들이 마침내 그에게 승진을 제안했을 때 그는 막 사직하려고 하는 시점에 있었다.

2) His speech was so poignant that she was *on the point of* crying.
그의 연설은 매우 통렬해서, 그녀는 막 울려고 했다.

• poignant (adj.) 깊이 감동적인, 통렬한

540. **On the spot** (*adj., adv.*) – without delay, at once, at the scene of action, in a difficult situation

그 당장, 즉석에서, 어려운 처지에

1) Her insubordination justified his firing her *on the spot*.
그녀의 반항은 그가 그녀를 즉석에서 해고하는 이유가 되었다.

2) Three witnesses and conclusive evidence put the robber *on the spot*.
세 명의 증인과 결정적인 증거가 그 강도를 궁지로 몰고 갔다.

3) He's *on the spot* because he doesn't have his rent money.
그는 임대료가 없기 때문에 어려운 처지에 놓여 있다.

• (in)subordination (n) (불)복종
• justify (v) 정당화 시키다.
• witness (n, v) 증인, 목격하다, 증언하다.
• conclusive (adj.) 결정적인, 확고한

541. **On the spur of the moment** (*adv.*) – on a sudden impulse 충동적으로

1) She packed and left for a week in Hawaii *on the spur of the moment*.
그녀는 충동적으로 짐을 싸서 하와이로 일주일간 떠났다.

2) He made the promise *on the spur of the moment* and lived to regret it.
그는 충동적으로 그 약속을 했고, 그것을 후회하면서 살았다.

• spur (n, v) 부츠나 말 양쪽에 매다는 작은 쇳조각, 박차를 가하다.
• impulse (n) 충동

542. **On the strength of** (*prep.*) – on the basis of ~를 근거로

1) The contract was signed *on the strength of* the company's reputation.
그 계약은 그 회사의 평판을 근거로 성사되었다.

2) He opened an art gallery *on the strength of* his experience as an artist.
그는 예술가로서의 그의 경험을 바탕으로 화랑을 열었다.

543. **On the way / on one's way** *(adj., adv.)* – in the process of coming, going, or travelling, on the route of one's journey

오는 중, 가는 중, 여행 중

1) I'm *on my way* home and should arrive in about twenty minutes.
   나는 집에 가는 중이고, 20분 후에 도착할 것이다.

2) The buds on the trees are a good sign that spring is *on its way*.
   나무위의 새싹들은 봄이 오고 있다는 좋은 신호이다.

3) I was *on my way* to Cleveland, but ended up in Washington D.C. instead.
   나는 클리블랜드로 가는 중이었으나, 대신 워싱턴 D.C로 갔다.

544. **On time** *(adj., adv.)* – according to the scheduled time, at the time arranged

예정된 시간에

1) As usual, the six o'clock train didn't arrive *on time*.
   평소와 같이 6시 기차가 정시에 도착하지 않았다.

2) Her date for the evening came *on time*, but she wasn't quite ready.
   그녀의 저녁 데이트 상대는 정시에 왔지만, 그녀는 아직 준비되지 않았다.

3) The students complained that the class never started *on time*.
   학생들은 그 수업이 결코 정시에 시작되지 않았다고 불평했다.

545. **On top of** *(prep.)* – knowing all about, besides, in addition to, on top of, in control of

~에 대해 잘 아는, 게다가, ~위로, 지배(관리)하는

1) Modern multimedia allows us to stay *on top of* world news and events.
   현대의 멀티미디어는 우리가 세계의 최신뉴스와 사건에 대해 잘 알도록 해준다.

2) She's been diagnosed with cancer and *on top of* that she lost her job.
   그는 암으로 진단받았고, 게다가 실직까지 했다.

3) An apple falling from the tree hit him *on top of* his head.
   사과 하나가 나무에서 떨어져서 그의 머리 위를 때렸다.

4) He's putting in extra hours to stay *on top of* his work.
   그는 일을 아주 잘 관리하기 위해서 여분의 시간을 투자한다.

• multimedia 신문, 라디오, TV 등의 복합 • be diagnosed 진단받다.

** **On top of the world (cliché)** – feeling successful, very pleased

성공적으로 느끼는, 매우 기쁜

1) When she received an A+ in English, she felt she was *on top of the world*.
그녀가 영어 과목에서 A+를 받았을 때, 그녀는 매우 기뻤다.

546. **Open door(s)** (*v.*) – to give an opportunity to start or to join, to begin to open

기회를 주다. 문을 열다. 시작하다.

1) The scholarship fund has *opened doors* for many needy youngsters.
그 장학기금은 많은 가난한 청소년들에게 기회를 주기위해 시작되었다.

2) The Bistro Restaurant *opened* its *doors* 20 years ago today.
비스트로 식당은 20년 전 오늘 개업했다.

547. **Open one's eyes** (*v.*) – to see the truth, to realize what is really happening

눈을 뜨다. 사실을 보다.

1) Growing up in the country *opened my eyes* to the beauty of nature.
시골에서의 성장은 내게 자연의 아름다움에 대한 눈을 띄어주었다.

2) *Open your eyes* and see the truth.
눈을 떠서 사실을 보아라.

548. **Open one's heart** (*v.*) – to give love or sympathy, to confide in

(마음을 열어) 사랑이나 동정을 주다. 신뢰하다. 마음을 터놓다.

1) A little cat *opened my heart*.
작은 고양이 한 마리가 나의 마음을 열게 했다.

2) The Red Cross is asking citizens to *open their hearts* and donate blood.
적십자사가 시민들에게 마음을 열어 헌혈을 할 것을 요청하고 있다.

3) Seeing the orphans *opened her heart* and prompted her to dedicate the rest of her life to improving their lot in life.

고아들을 보는 것이 그녀의 마음을 열게 했고, 그들의 보다 나은 삶을 영위시키기 위해 그녀의 남은 일생을 헌신하도록 만들었다.

4) She pleaded with him to *open his heart* before it was too late.
그녀는 너무 늦기 전에 그의 마음을 열라고 간청했다.

- confide (v) 누군가에게 비밀을 털어놓다.
- donate (v) 기증하다.
- dedicate (v) 헌신하다.
- plead (v) 호소하다. (법)답하다

549. **Out of breath** (*adj., adv.*) – breathing hard, panting 숨이 가쁜

1) The runners were *out of breath* after running the six-kilometer race.
6Km의 경주 후에 달리기 주자들은 숨이 가빴다.

2) Smokers run *out of breath* more quickly because smoking affects lung capacity.
흡연이 심폐기능에 영향을 주기 때문에, 흡연자들은 더 빨리 숨이 가쁘게 된다.

550. **Out of one's character** (*adj., adv.*) – not consistent with someone's general character or behavior
~의 일반적인 성격이나 행동과는 다른

1) He studied diligently and cheating seemed *out of character*, nevertheless, he was caught cheating on the final exam.
그는 열심히 공부했고 부정행위와는 거리가 멀어보였지만, 그럼에도 불구하고, 기말시험에서 부정행위를 하다가 적발되었다.

- consistent (adj.) 일치하는, 일관된

** **in character** – consistent with someone's general character or behavior
~의 일반적 성격이나 행동에 일치하는

1) Volunteering her time and energy to assist those in need is one of the fine points *in* her *character*.
도움이 필요한 사람들을 위해 그녀의 시간과 능력을 자원 봉사하는 것은 그녀의 성격과 잘 일치하는 좋은 면이다.

551. **Out of hand** (*adv.*) – out of control 조정 할 수 없는, 조절 할 수 없는, 통제 할 수 없는

1) His parents said his behavior is getting *out of hand* and grounding him for two weeks is the punishment they've decided on.
그의 부모님은 그의 행동을 통제할 수 없어서, 부모님은 그에게 2주간 외출을 금지 한다는 벌칙을 결정하셨다.

2) Several neighbors called the police to report a fraternity party that was getting *out of hand*.
몇몇의 이웃사람들이 도를 넘어선 남학생들의 사교파티를 신고하기 위해서 경찰에 전화했다.

• ground (v) 통행권을 부정하다. 못 다니게 하다.
• fraternity (美대학) 남학생 사교클럽 • sorority 여학생 사교클럽

552. **Out of line** (*adj.*) – improper, not in a straight line 부적절한, 줄이 바르지 않은

1) His remarks were *out of line* and the chairperson censured them.
그의 논평은 부적절했고, 의장이 그를 비난했다.

2) Your recent behavior has been *out of line* with school policies. We have no alternative, but to expel you for the remainder of the semester.
너의 최근 행동은 학교 정책에서 어긋난 것이었다. 그래서 우리는 이번 학기의 나머지 기간 동안 정학시키는 수밖에 달리 방도가 없다.

3) The kindergarten teacher gave repeated warnings, but the children continued to stray *out of line*.
유치원의 선생님이 계속해서 주의를 주었지만, 그 아이들은 계속 줄에서 벗어났다.

• censure (v) 공식적으로 불허하다. • alternative (n, adj.) 다른 선택, 다른
• remainder (n) 나머지

553. **Out of luck** (*adj.*) – having bad luck, unlucky 운수가 나쁜

1) I tried to get to the bank before it closed, but I was *out of luck*.
나는 은행이 문을 닫기 전에 은행에 도착하려고 했지만, 운이 나빴다.

2) The team made it to the semi-finals, but ran *out of luck* in the finals.
그 팀은 준결승까지 진출했지만, 결승전에서는 운이 나빴다.

554. **Out of nowhere** (*adv.*) – suddenly and unexpectedly 갑자기, 뜻밖에

1) I didn't see any highway patrol. So I drove over the speed limit. Then a

highway patrol appeared *out of nowhere* and chased me. So I ended up in a court and was fined $120.
나는 고속도로 순찰대를 못 보았기 때문에, 제한 속도보다 더 빨리 운전 했는데, 그때 갑자기 순찰대원이 나타나 나를 쫓기 시작했다. 그래서 나는 결국 법정에 섰고 120달러의 벌금을 선고 받았다.

555. **Out of order** (*adj., adv.*) – not according to rule, not acceptable procedure, not working properly

규칙에 위배되는, 순서가 바뀐, 고장 난

1) The student's behavior was *out of order*, so he was reprimanded.
그 학생의 행동은 규칙에 위배되는 것이었기 때문에, 그는 질책을 받았다.

2) Young children often say the alphabet *out of order*.
어린 아이들은 종종 알파벳의 순서를 바꾸어 말한다.

3) I called the company to let them know the coffee machine is *out of order*.
나는 커피 자판기가 고장 난 것을 알리기 위해 그 회사에 전화를 걸었다.

556. **Out of print** (*adj.*) – no longer offered for sale by a publisher, no longer printed

더 이상 인쇄되지 않는

1) He wrote prolifically and was well read in his time, but today his works are *out of print*.
그는 많은 작품을 썼고, 그의 시대에는 많이 읽혔으나, 근래에 그의 작품은 더 이상 출판되지 않는다.

• prolific (adj.) 생산적인, 작품을 많이 쓰는, 자식을 많이 낳는

** **in print** – in a printed or a published form, offered to be published

인쇄된, 출판된

1) The author's fans are happy to hear their long awaited sequel is now *in print*.
그 작가의 애호가들은 그들이 오랫동안 기다리던 속편이 출판되었다는 것을 듣고 기뻤다.

2) The new edition of the astronomy textbook will soon be *in print*.
새 천문학 교과서가 곧 출판될 것이다.

557. **Out of season** (*adv.*) – not at the right or proper time, not available in a particular season

제철이 아닌, 이용하거나 구할 수 없는

1) Tomatoes are *out of season*, so all we have are hothouse tomatoes.
토마토는 지금 제철이 아니기 때문에, 우리가 먹는 모든 것은 온실 토마토이다.

2) Her attire is *out of season*. It's odd that she continues to wear sweaters in the middle of the summer.
그녀의 복장은 계절과 맞지 않는다. 한 여름에도 계속 스웨터를 입는 것은 이상하다.

558. **Out of the question** (*adj.*) – not even thinkable, not to be considered

생각할 수조차 없는, 고려될 수 없는

1) Your request for an additional loan is *out of the question*.
너의 추가 대출 요구는 고려될 수조차 없다.

2) For her, failure at anything was *out of the question*. She feels she must succeed in everything.
그녀에 있어서 실패라는 것은 생각할 수조차 없었다. 그녀는 그녀가 모든 일에서 성공해야만 한다고 느낀다.

** **in question** – Under discussion, concerned 고려(거론) 되고 있는

1) I made a list of the people *in question*, but I'm not sure whether I added all of those deserving a promotion.
나는 거론 되고 있는 사람들의 명단을 만들었지만, 승진할 만한 모든 사람들을 포함시켰는지 확실하지 않다.

559. **Out of the running** (*adv.*) – having no chance to win, not among those to be considered

승리할 기회가 없는, 승산이 없는

1) She thought she was *out of the running*, but nevertheless she got the position.
그녀는 그 자리에 승산이 없다고 생각했지만, 그럼에도 불구하고 그녀는 그 자리를 얻었다.

2) The horses I bet on are usually *out of the running* at the starting gate.
내가 돈을 건 말들은 출발문부터 대개 승산이 없다.

560. **Over one's head** (*adj., adv.*) – beyond one's ability to understand or deal with

~을 이해하거나 상대하는데 있어서 능력이 미치지 않는

1) A complete understanding of computers is ***over my head***.
   컴퓨터를 완전히 이해하는 것은 내 능력 밖이다.

2) It's a complex paper and I admit parts of it are ***over my head***.
   이것은 어려운 논문이고 몇몇 부분이 내 능력 밖이라는 것을 인정한다.

3) I'm sorry but I can't answer that question. The decision on the matter is ***over my head***.
   죄송하지만, 저는 그 질문에 대답을 할 수가 없습니다. 그 문제에 대한 결정은 저의 권한 밖이다.

티파니

P

561. **Pack off** (*v.*) – to send away (짐 싸서 또는 챙겨서) 보내다.

1) When the parents had finally *packed* the children *off* to summer camp, they breathed a sigh of relief.
그들이 마침내 아이의 짐을 싸서 여름 캠프로 보냈고, 안도의 한숨을 내 쉬었다.

2) The boy wanted to stay home for the summer holiday, but his parents *packed* him *off* to Europe.
그 소년은 여름 휴가동안에 집에 있기를 원했지만, 그의 부모님들은 짐을 싸서 그를 유럽으로 보냈다.

562. **Pain in the neck** (*n.*) – unpleasant, offensive, bothersome or obnoxious person or thing
불유쾌한 것. 귀찮거나 성가신 존재(것)

1) One of my colleagues is a *pain in the neck*.
내 동료들 중의 하나는 매우 불쾌하고 귀찮은 존재이다.

2) Many students think writing is a *pain in the neck*.
많은 학생들이 작문을 귀찮게 생각한다.

• offensive (adj.) 매우 불쾌한 • obnoxious (adj.) 매우 불쾌한 • bothersome (adj.) 귀찮은

P

563. **Pair off / Pair up** (*v.*) – to become grouped or separated into pairs, to make a pair of, to become associated with
그룹을 짓거나 쌍으로 나누어지다. 짝짓다. 관련이 되다.

1) The couples *paired off* for the next dance.
쌍쌍이 다음 춤을 위해서 짝을 지었다.

2) The host *paired up* his guests by age and interests.
주최자는 초대 손님들을 나이와 관심사항에 따라 그룹을 지었다.

3) I was *paired off* with him in a tennis doubles match.

나는 테니스의 복식 경기에서 그와 짝이 되었다.

4) Lee *paired up* with Kim to work on the project.
이씨는 일을 하기 위해 김씨와 함께 팀이 되었다.

564. **Pawn off** (*v.*) – to get rid of by deception 속여서 처분하다.

1) The jeweler *pawned off* the ring for far more than it was worth.
그 보석상은 그 반지를 원래의 가치보다 훨씬 더 높게 속여서 팔았다.

2) Her colleagues usually *pawned off* the lion's share of the work on her.
그녀의 동료들은 그녀에게 대개 많은 양의 일을 속여서 떠맡겼다.

565. **Partake (in, of)** (*v.*) – to participate, to take a portion, to share
참여(참가)하다. ~의 몫을 받다. 나누다.

1) Many people *partake in* the company's annual spring get-together.
많은 사람들이 그 회사의 연례 춘계 모임에 참석한다.

2) The guests eagerly *partook in* the celebration.
초대 손님들은 그 행사에 열심히 참가하였다.

3) Why don't you *partake of* our food?
우리의 음식을 나누어 먹지 그래요?

566. **Part and parcel** (*n.*) – an inseparable part 떼어 놓을 수 없는 부분. 불가분의 관계

1) Working overtime seems to be *part and parcel* of the contract.
초과근무는 그 계약과 떼어 놓을 수 없는 부분인 것 같다.

2) Injuries are *part and parcel* of being an athlete.
부상은 운동선수가 되는 것과 불가분의 관계이다.

567. **Part with** (*v.*) – to give up, to separate from 포기하다. 헤어지다.

1) She was sad to *part with* the friends she had made, but eager to move and begin her new job.
그녀는 사귀어 온 친구들과 헤어지는 것이 슬펐지만, 그녀는 떠나서 새로운 일을 하기를 간절히 원했다.

2) *Parting with* her family seems to be a painful experience for her.
그녀의 가족과 떨어지는 것이 그녀에게 매우 아픈 경험인 것처럼 보인다.

568. **Pass away (*v.*) – to die, to slip by or pass, to cease** 죽다. 지나가다. 그치다.

1) My grandfather *passed away* at the ripe old age of 98.
나의 할아버지는 대단히 고령의 나이인 98세에 돌아가셨다.

2) Time *passes away* much more quickly than we realize.
시간은 우리가 실감하는 것보다 훨씬 더 빨리 지나간다.

3) It takes a few hours for the effect of the medication to *pass away*.
그 약의 효과가 그치는 데는 두어 시간이 걸린다.

569. **Pass on (*v.*) – to give by or as if by inheritance** 전하다. 넘겨주다.

1) Genetic traits are *passed on* from one generation to the next.
유전적 성질은 한세대에서 다음세대로 전해진다.

2) University students often *pass* their textbooks *on* to other students.
대학의 학생들은 종종 그들의 교과서들을 다른 학생들에게 넘겨준다.

570. **Pass out (*v.*) – to distribute, to faint** 배포하다. 기절하다.

1) She was hired to *pass out* the company's advertising flyers.
그녀는 그 회사의 광고 전단을 배포하기 위해서 고용되었다.

2) Please take your exam paper and *pass* the others *out* to the rest of the class.
너의 시험지만 가지고 나머지 시험지는 다른 학생들에게 돌려라.

3) She *passed out* when she heard the news of her sister' s accident.
그녀는 그녀의 자매의 사고 소식을 들었을 때 기절했다.

• advertise (v) 광고하다. • hire (v) 고용하다. • flyer (n) 전단지

571. **Pass over (*v.*) – to omit or overlook** 그냥 지나치다. 생략하다.

1) Let's *pass over* this matter for the time being and get to the issue at hand.
이 문제는 당분간 거론하지 않고 지금 현재의 안건만 다룹시다.

2) It seems you *passed over* what I see as the most important point of the

film in your review.
그 영화에 대한 너의 비평에서 내가 가장 중요한 부분이라고 본 부분을 생략한 것 같다.

572. **Pass up** (*v.*) – to turn down, to refuse 거절하다.

1) "Would you like some chocolate?" "No, thank you. I'll *pass* it *up* because I'm on a diet."
"쵸콜릿 좀 드시겠어요?" "아니요, 괜찮습니다. 다이어트 중이라 거절하겠습니다."

2) The job offer was attractive, but she *passed* it *up* and found a better one.
그 일자리 제안은 매력적이었지만, 그녀는 거절했고 더 좋은 직장을 잡았다.

• on a diet 다이어트 중 • attractive (adj.) 매력적인

573. **Patch up** (*v.*) – to settle or smooth over, to mend a hole or repair
화해하다. 구멍 난 곳을 때우다. 수리하다.

1) They have *patched* things *up* to improve their relationship.
그들은 그들의 관계를 호전시키기 위해 화해했다.

2) We should *patch up* the roof before the monsoon season begins.
우리는 장마철이 시작되기 전에 지붕을 수리해야만 한다.

574. **Pave the way** (*v.*) – to make the development or progress easier
개발이나 진행 등을 더 쉽게 만들다.

1) It's not true that a good education *paves the way* to financial success.
교육이 경제적 성공을 더 쉽게 만든다는 것은 사실이 아니다.

2) Her family lineage helped *pave her way* into an Ivy League College.
그녀의 가족 혈통은 그녀가 미국의 명문대학에 입학하는 것을 더 쉽게 만들었다.

575. **Pay back** (*v.*) – to retaliate upon, to get even with 갚다, 보복하다.

1) He promised them he'd find a way to *pay back* their insults.
그는 그들에게 그들의 모욕을 보복할 방법을 찾을 것이라고 그들에게 다짐했다.

2) The entire team was eager to *pay* them *back* for last year's humiliating defeat in the championship game.

그 팀 전원은 작년 결승전에서의 치욕적인 패배를 갚기 위해서 혈안이 되어 있었다.

- retaliate (v) 보복하다.
- be eager to 몹시 ~하고 싶어 하다.
- humiliate (v) 창피를 주다.
- defeat (n, v) 패배, 패배시키다, 쳐부수다.

576. **Pay for** (*v.*) – to suffer the consequences of ~의 결과로 고통을 겪다.

1) Youth is a time when we make our mistakes and forget about them. Adulthood is the time when we *pay for* our mistakes.
젊은 시절은 우리가 실수를 하고 그것에 대해 잊을 수 있는 때다. 성인기는 우리가 저지른 잘못의 결과로 고통을 겪는 시간이다.

2) If you don't quit smoking now, you'll have to *pay for* it later.
만약 네가 지금 담배를 끊지 않는다면, 당신은 나중에 그로 인해 고통을 겪을 것이다.

- consequence (n) 결과
- consequently (adv.) 결과로서

577. **Pay up** (*v.*) – to pay in full, to pay what is owed 전액을 지불하다.

1) We expected to be *paid up* when the work was completed, but not three weeks later!
우리는 그 일이 완료된 후 3주후가 아니라, 완료된 후 즉시 임금을 지불 받을 것이라고 예상했다.

2) It's wise to make sure your credit cards are *paid up* in full before leaving on an extended holiday.
장기 휴가를 떠나기 전에 너의 신용카드의 빚 전액이 지불 되어있나 확인하는 것이 현명하다.

** **Pay off** (*v.*) – to pay in full, to make a profit, rewarding
전액을 지불하다. 이익을 남기다. 보람이 되는.

1) The mortgage on my house has been *paid off*, so I don't owe the bank anything.
내 집에 대한 주택담보대출자금이 상환되었다. 그래서 나는 더 이상 은행에 빚이 없다.

2) She was finally able to *pay off* her long overdue telephone bill.
마침내 그녀는 그녀의 오랫동안 밀린 전화요금을 다 갚을 수가 있었다.

3) His investment in a textile mill never *paid off* big, but he was able to make a comfortable living.
직물 공장에 대한 그의 투자는 큰 이익이 남지는 않았지만, 그는 안락한 생활은 할 수 있었다.

4) Improving my English ability was difficult, but it *paid off* when I got a good job that required a high level of English proficiency.
내 영어 능력을 향상 시키는 것은 어려웠다. 하지만, 높은 영어 능숙도를 요구하는 좋은 직업을 얻었을 때, 그것이 참 보람이 되었다.

• mortgage (n) 주택담보대출 • overdue (adj.) 연체된 • textile mill 직물공장 • proficiency (n) 능숙

578. **Penny wise and (but) pound foolish** (*proverb*) – wise or careful in small things, but foolish in important matters
(격언) – 호미로 막을 것을 가래로 막는다. 기와 한 장 아끼려다 대들보를 썩힌다.

1) He didn't take the time to repair the small rust-spot. Now there's a big hole. He was *penny wise, but pound foolish*.
그는 작은 녹슨 부분을 고치는 시간을 할애하지 않아, 지금은 그곳에 큰 구멍이 생겼다. 그는 호미로 막을 것을 가래로 막았다.

2) She thought she was getting a bargain buying a used washing machine, but it broke down after a few weeks. She's *penny wise and pound foolish*.
그녀는 중고 세탁기를 사는 것이 이익을 얻는 것이라고 생각했지만, 그것은 몇 주가 지나지 않아서 고장이 났고, 몇 푼 아끼려다 더 큰 손해를 보게 되었다.

579. **Pep up** (*v.*) – to bring energy or liveliness to 격려하다.

1) The coach's half-time speech *pepped up* the discouraged football team.
코치의 중간 쉬는 시간의 연설은 낙심한 축구팀을 격려했다.

2) A good teacher usually *peps up* whatever class they enter.
좋은 선생님들은 어떤 반에 들어가든지 항상 학생들을 격려해준다.

** **Pep talk** – encouraging words 격려의 말

1) After the coach gave a *pep talk*, the team returned to the field and played their best game of the season.
코치가 격려의 말을 한 다음에, 그 팀은 경기장으로 들어갔고 그들은 그 시즌 최고의 경기를 펼쳤다.

2) Whenever I feel down, my friend helps me out by giving me a *pep talk* that usually makes me feel better.
내가 기분이 우울해질 때, 내 친구는 대개 내 기분이 좋아지게 하는 격려의 말을 통해서 나를 도와준다.

580. **Perk up** (*v.*) – to regain or cause to regain one's good spirits or liveliness

기분이나 기운을 되찾거나 또는 되찾게 하다.

1) The listless students *perked up* when their professor announced the class was cancelled.
공부에 흥미를 잃은 학생들은 그들의 교수님이 휴강을 발표하자 기뻐했다.

2) A cup of hot coffee *perks* me *up*.
뜨거운 커피 한잔은 내가 기운을 되찾게 한다.

3) My cat always *perks up* when I give him some catnip.
내 고양이는 내가 고양이 박하를 줄때면 언제나 활기를 되찾는다.

• listless (adj.) 기운이나 흥미가 없는 • announce (v) 발표하다.
• catnip (n) 고양이 박하

581. **Pick and choose** (*v.*) – to choose or select with much care, in a fussy way, or in one's own way

아주 꼼꼼히 마음대로 선택하다.

1) His father told him it was time to *pick and choose* a career.
그의 아버지는 그에게 이제는 꼼꼼히 직업을 선택해야 할 시기라고 말했다.

2) Early shoppers *pick and choose* the best of the sale items. Late shoppers get to sift through the remainder.
일찍 오는 손님들은 판매 품목 중에 가장 좋은 것을 마음대로 선택한다. 늦게 오는 손님들은 남은 것들 가운데서 고르게 된다.

3) We're in a hurry. You don't have time to *pick and choose*. Just take one and come along.
우리는 바쁘다. 자세히 고를 시간이 없다. 그냥 하나 가지고 가자.

582. **Pick at** (*v.*) – to eat in small bites without much appetite, to criticize someone repeatedly in small ways

식욕이 없는 듯 조금씩 먹다. 아주 조그만 일들로 트집을 잡거나 비평을 하거나 괴롭히다.

1) He is a picky eater and he *picks at* any food.
그는 까다로운 식성을 가지고 있어서 모든 음식을 식욕이 없는 듯 조금씩 먹다.

2) She's quitting because her supervisor *picks at* every small mistake she makes.
그녀는 그녀의 상급자가 그녀가 하는 작은 실수까지도 트집을 잡고 괴롭혀서 직장을 그만 두려고 한다.

** **Pick on – to tease, to annoy continually** 골리다, 계속해서 귀찮게 하다.

1) The student told his teacher that the other students were *picking on* him.
그 학생은 다른 학생들이 자기를 계속 귀찮게 군다고 그의 선생님에게 말했다.

2) He gets *picked on* by many of his classmates because he's a slow learner.
그는 학습지진아이기 때문에 많은 학급 친구들로부터 골림을 받았다.

583. **Pick out (v.) – to choose, to select** 선택하다. 고르다.

1) She was pleased that her boyfriend *picked out* a beautiful dress for her birthday.
그녀는 그녀의 남자친구가 그녀의 생일 선물로 아름다운 드레스를 골랐기 때문에 매우 기뻐했다.

2) He *picked out* the dress and bought it at Say Department Store.
그는 세이 백화점에서 옷을 골라서 샀다.

584. **Pick up (v.) – to lift up, to take on, to get on the way, to receive, to learn quickly without much effort, to improve**
집어 올리다. 태우다. (지나는 길에) ~을 찾다. 받다(전파 등을 타다), 쉽게 배우다. 향상하다.

1) He *picked up* the heavy box.
그는 그 무거운 상자를 집어 올렸다.

2) The school bus stopped to *pick up* the students.
학교 버스는 학생들을 태우기 위해 멈추었다.

3) I am *picking up* my suit from the dry cleaner on the way home.
나는 집에 가는 길에 세탁소에서 내 정장을 찾을 것이다.

4) The control tower *picked up* a distress signal from flight 713.
관제탑은 713 비행기로부터 조난 신호를 수신했다.

5) It is easier for children to *pick up* a foreign language.
어린이가 외국어를 배우는 것이 더 쉽다.

6) He's behind, but he's sure he can *pick up* his course work quickly.
그는 뒤 쳐져 있지만, 그의 교육과정을 빨리 향상 시킬 수 있을 것이라고 확신한다.

- distress (n, v) 마음의 고통, 어려움, 위험, 마음의 고통을 주다.
- control tower 비행기관제탑

585. **Pin down** (*v.*) – to explain precisely, to determine, to force to make a response
명확하게 지적하거나 설명하다. 결론짓다. 강요하여 확답하게 하다.

1) Using modern techniques, the archeologist *pinned down* the age of a fossil.
현대적 기술을 사용하여 그 고고학자는 그 화석의 나이를 명확하게 설명 했다.

2) She doesn't like her job, but she can't *pin down* the reason.
그녀는 자신의 직업을 좋아하지는 않지만, 그 이유를 명확하게 설명할 수는 없다.

3) I want a raise, but it's too early to *pin* my boss *down* to discuss the matter.
나는 급여의 인상을 원하지만, 이 건을 거론하여 나의 상사가 확답하게 하기에는 너무 이르다.

** **On pins and needles** (*n.*) – in a state of anxiety or suspense 안절부절한 상태

1) She's been *on pins and needles* since she applied for the job.
그녀는 그 일자리를 지원한 이래로 안절부절 못해왔다.

2) The students were *on pins and needles* while they awaited the exam results.
그 학생들은 그 시험 결과를 기다리는 동안 안절부절 하지 못했다.

• anxiety (n) 불안, 근심 • suspense (n) 긴장감, 불안 • suspension (n) 중지, 매달기

586. **Pitter-patter** (*n., adj., adv.*) – the sound of a rapid beats or light taps, with a series of quick heart beats,
가슴이 두근거리는

1) My heart goes *pitter-patter* when spring comes around.
봄이 가까이 다가올 때면 나의 가슴은 두근거린다.

2) Her heart went *pitter-patter* when he asked her to marry him.
그가 그녀에게 청혼 했을 때, 그녀의 가슴은 설랬다.

587. **Play down** (*v.*) – to minimize the importance of
중요치 않게 취급하다. 강조하지 않다.

1) The salesman *played down* the weak points of the car and emphasized the good points.
자동차 판매원은 그 차의 단점을 극소화하고 장점만 강조했다.

2) He is a wise man and always *plays down* his ability and knowledge.
그는 현명한 사람이다. 그리고 항상 자신의 능력과 지식수준을 겸허히 낮춘다.

** **Play up** (v.) – to emphasize or publicize with some exaggeration

강조하거나 과장되게 알리다.

1) The newspaper review *played up* the writer's artistic talents.
그 신문논평은 그 작가의 예술적 재질을 너무 과장했다.

2) He likes to *play up* the fact that he is popular with the girls.
그는 그가 소녀들에게 인기 있다는 사실을 과장되게 떠벌리기를 좋아한다.

• exaggerate (v) 과장하다. • publicize (v) 홍보, 선전하다.

** **Play up to** (v.) – to try to win the favor of someone by flattery

아첨으로 ~의 환심을 사려하다.

1) She has been *playing up to* her boss to get a raise.
그녀는 승진하기 위해 그의 사장에게 아첨으로 환심을 사려고 해왔다.

2) He *plays up to* women's vanities and then takes advantage of them.
그는 여성들의 허영심을 자극하고 환심을 사서 그것으로 이익을 취한다.

• win the favor of ~의 환심을 사다. • vanity (n) 허영심, 헛됨

588. **Play havoc with / Raise havoc with** (v.) – to make or cause a great disturbance, to damage badly

대단한 혼란을 일으키다. 파괴하다. 비판을 일으키다.

1) The torrential rains *played havoc with* the area's electricity.
폭우는 그 지역의 전기에 대단한 혼란을 일으켰다.

2) The researcher's unethical treatment of animals *raised havoc* among those in the animal rights community.
그 연구원의 비윤리적 동물취급은 동물생존권을 주장하는 단체들 사이에 대단한 비판을 일으켰다.

• torrential (adj.) 맹렬한, 퍼붓는 • unethical (adj.) 비윤리적인

589. **Play hooky** (v.) – to be absent from school without permission

허락 없이 학교를 빠지다. 농땡이 치다.

1) The principal warned the three students to stop *playing hooky*.
교장은 그 세 학생들에게 학교에 농땡이 치지 말라고 경고했다.

2) If they don't stop *playing hooky*, they won't graduate.
만약 그들이 무단결석을 계속한다면, 그들은 졸업을 할 수 없을 것이다.

• warn (v) 경고하다. • permit (v) 허락하다. • permission (n) 허락, 동의

590. **Play on / upon** (v.) – to take advantage of (someone's feelings or hopes) for one's own purpose, to have an affect on, to influence
자신의 목적을 위하여 다른 사람의 기분이나 바램 등을 이용하다. 영향을 미치다.

1) Some people like to *play on* the fears of others.
어떤 사람들은 다른 사람들의 공포심을 이용하고 싶어 한다.

2) The speech *played upon* the young man's political ambition.
그 연설은 그 젊은이의 정치적 욕망에 영향을 미쳤다.

591. **Play politics** (v.) – to handle people cleverly or cunningly for one's own advantage
자신의 이익을 위해서 영리하게 또는 교묘히 사람을 조종하다. 책략을 쓰다.

1) She *plays politics* to get what she wants.
그녀는 그녀가 원하는 것을 얻기 위해 교묘히 책략을 쓴다.

2) Presidential candidates *play politics* in key districts for many years prior to the general elections.
대통령 후보자들은 총선 전 몇 년 동안 중요한 지역에서 교묘히 책략을 쓴다.

592. **Play it safe** (v.) – to avoid loss or danger for the sake of safety
안전을 위하여 위험이나 손실을 피하다. 안전을 추구하다.

1) He'd rather *play it safe* in the stock market than take unnecessary risks and lose everything.
그는 필요 없는 모험을 하여 모든 것을 잃는 것보다 주식시장에서 안전위주로 갈 것이다.

2) I like to *play it safe*, so I never put all my eggs in one basket.
나는 위험을 피하고 싶다. 그래서 결코 달걀을 한 바구니에 담지 않는다(한 종목에 집중 투자하지 않는다).

• avoid (v) 피하다. • loss (v) 손실 • for the sake of ~을 위하여 • stock market 주식시장

593. **Plow back** (*v.*) – to reinvest earnings in one's business

(사업에) 소득을 재투자 하다.

1) He promised the employees he would *plow back* 50% of the company's profits and offer them stock options.
그는 직원들을 위해 회사 이익의 50%를 재투자하고, 스톡옵션을 제공하겠다고 약속했다.

594. **Plow into** (*v.*) – to run into with great force, to undertake with great energy or enthusiasm

강력하게 돌진하다. 열정적으로 ~을 하다.

1) A motorcycle *plowed into* a bush.
모터사이클 한대가 덤불 속으로 돌진했다.

2) He *plowed into* his work and finished it by midnight.
그는 열정적으로 그의 일에 몰두했고, 자정까지 끝마쳤다.

• enthusiasm (n) 열정 • undertake (v) 착수하다. 시도, 노력하다.

** **Plug away** (*v.*) – to persist, to work hard steadily

고집하다. 주장하다. 일을 열심히 꾸준히 하다.

1) The boy *plugged away* at the difficult math problem until he was rewarded with the right answer and a feeling of accomplishment.
그 소년은 그가 정답을 쓰고 성취감을 느낄 때까지 그 어려운 수학문제를 물고 늘어졌다.

2) The construction workers kept *plugging away* and completed the building earlier than anyone expected they would.
그 건설 인부들은 일을 꾸준히 열심히 했고 예상보다 일찍 그 건물을 완성했다.

595. **Plug in / into** (*v.*) – to connect into the socket of an electrical device

전기를 꼽다.

1) If you want the iron to heat up, you must *plug* it *in*.
만약 다리미가 가열되기 원한다면, 전원을 연결해야 한다.

2) I *plugged* the cord *into* the socket, but it didn't work.
내가 코드를 소켓에 꽂았는데도, 그것은 작동하지 않았다.

596. **Plunge into** (*v.*) – to thrust or throw oneself or place forcefully into something, to cause to enter suddenly, to enter violently into a situation

갑자기 어떤 상황에 처하게 하다. 돌입하다. 뛰어들다.

1) She *plunged into* her work as if it were the last opportunity she'd have to complete the book.
그녀는 이번이 마치 그 책을 마무리 할 수 있는 마지막 기회인양 일에 몰두했다.

2) As the diver *plunged into* the water completing a perfect dive, the crowd applauded.
다이빙 선수가 완벽하게 입수를 했을 때, 관중들은 박수갈채를 보냈다.

3) The man who lost his job committed suicide by jumping from the bridge and *plunging into* the icy water.
실직한 그 남자가 다리에서 얼음처럼 차가운 물로 뛰어내려서 자살했다.

4) The assassination of the king *plunged* the two countries *into* a state of war.
국왕 암살이 그 두 국가를 전쟁 상황으로 몰고 갔다.

- thrust (n, v) 찌르기, 밀기
- violently (adv.) 격렬하게
- applaud (v) 박수갈채하다.
- assassinate (v) 암살하다.

597. **Point out** (*v.*) – to bring to notice, to make known as by showing

지적하다. 알리다.

1) Very few people appreciate having their faults *pointed out*.
그들의 결점을 지적받을 때 감사해 하는 사람은 거의 없다.

2) The tour guide *pointed out* the historical sites and other points of interest.
여행 안내인이 역사 유적지와 그리고 다른 재미있는 곳들을 알려주었다.

598. **Poles apart** (*adj.*) – completely different 극과 극의, 아주 다른

1) Some newly married couples discover that they are *poles apart* in many ways.
새로 결혼한 많은 커플들은 그들이 많은 점에서 서로 아주 많이 다르다는 것을 발견한다.

2) Their personalities and their outlooks on life are *poles apart*.
그들의 성격과 삶에 대한 견해는 극과 극이다.

- discover (v) 발견하다.
- pole (n) 극, 정반대
- personality (n) 성격
- outlook (n) 전망, 예측

599. **Polish off** (*v.*) – to finish or dispose quickly and easily

재빨리 해치우다. 재빨리 먹어 치우다.

1) The boy *polished off* his dinner so he could go out and play with his friends.
소년은 저녁을 재빨리 먹어치웠다. 그래서 그는 친구들과 나가서 놀 수 있었다.

2) I *polished off* my homework and then went to a movie.
나는 숙제를 재빨리 해치우고는 영화를 보러 나갔다.

600. **Possessed of** (*adj.*) – having or owning 소유한

1) He was a witty man and was *possessed of* a great mind.
그는 놀라운 기지가 있었고, 훌륭한 마음을 가졌다.

2) My younger brother is *possessed of* great potential.
내 남동생은 대단한 잠재력을 가지고 있다.

3) We moved in and took *possession of* the house as of 31 May, 2003.
우리는 이사를 했고, 2003년 5월 31일부터 그 집을 소유했다.

• possess (v) 소유하다. • potential (n, adj.) 잠재력, 잠재적 • move in (v) 이사들어가다.

601. **Pot calling the kettle black (cliché)** – used when a person accusing someone else of a fault, shares the same fault

~묻은 개가 ~묻은 개를 나무란다.

1) Their argument began when the mayor accused the police chief of incompetence and the police chief replied that it was a case of the *pot calling the kettle black*.
그들의 논쟁은 시장이 경찰서장을 무능력하다고 비난하고, 경찰서장이 뭐 묻은 개가 뭐 묻은 개 나무란다고 응답했을 때 시작되었다.

602. **Press one's luck / Push one's luck** (*v.*) – to act too confidently, to push something in spite of odds against it

자만하다, 성공률이 희박함에도 불구하고 일을 강행하다.

1) Prudent people don't *press their luck* too far.
신중한 사람들은 성공률이 희박한 경우에 일을 강행하지 않는다.

2) The teacher told the unruly students not to *push their luck*.

그 선생님은 버릇없는 학생들에게 자만하지 말라고 했다.

• prudent (adj.) 신중한 • in spite of ~에도 불구하고 • odds (n) 가능성
• unruly (adj.) 버릇없는, 말 안 듣는

603. **Prevail on / upon** (*v.*) – to persuade successfully 성공적으로 설득하다.

1) He ***prevailed upon*** me to believe he was powerful and wealthy as well as sincere.
그가 성실한 만큼이나 부자이고 권력이 있다는 것을 내가 믿도록 나를 설득했다.

2) The lawyer's arguments ***prevailed upon*** the jury and they found his client innocent.
그 변호사의 변론은 배심원들을 설득하였고 그들은 그의 의뢰인이 무죄라는 것을 알아냈다.

• persuade (v) 설득하다. • argue (v) 논쟁하다. • jury (n) 배심원
• client (n) 의뢰인 • innocent (adj.) 결백한

604. **Prey on / upon** (*v.*) – to feed by seizing as prey, to take unfair advantage of as by swindling, to bring a harmful effect
먹이를 낚아채서 먹다. 수탈하다. 해로운 결과를 초래하다.

1) Owls ***prey on*** mice.
부엉이들은 쥐들을 잡아 낚아채서 먹는다.

2) The young and the defenseless members of our society are the most likely to be ***preyed upon***.
우리 사회의 젊은이들과 의지할 곳 없는 사람들은 가장 수탈을 당하기가 쉽다.

P

605. **Pride (oneself) on** (*v.*) – to be proud of 자랑스럽게 여기다.

1) We often ***pride ourselves on*** our achievements.
우리는 우리의 성취로 인해 종종 자부심을 갖는다.

2) You should ***pride yourself on*** your talent.
너는 네 재능을 자랑스럽게 생각해야 한다.

** **Take pride in** – to be proud of 자랑스럽게 여기다.

1) I *take pride in* my ability to write.
나는 나의 글 쓰는 능력을 자랑스럽게 여긴다.

2) Parents often *take pride in* their children's talents.
부모님들은 종종 그들 자식의 재능을 자랑스럽게 여긴다.

606. **Promise the moon** (*v.*) – to promise something impossible
불가능 한 것 또는 지킬 수 없는 것을 약속하다.

1) He *promised* her *the moon* and the stars, but she was sorely disappointed.
그는 그녀에게 지킬 수 없는 약속들을 했고, 그녀는 매우 깊이 실망했다.

2) I can't *promise* you *the moon*, but I will support you completely.
지킬 수 없는 약속을 할 수는 없지만, 최선을 다해서 너를 돕겠다.

607. **Pull in / pull into** (*v.*) – to arrive 도착하다. 차가 들어오다.

1) The train *pulled into* the station five minutes behind schedule.
그 기차는 예정보다 5분 늦게 도착했다.

2) He is *pulling* the car *in* the driveway as we speak.
그는 우리가 말하고 있는데 차를 몰고 들어오고 있다.

608. **Pull off** (*v.*) – to do or accomplish something in spite of difficulties
어려움에도 불구하고 해내다. 성취하다.

1) The cellist was pleasantly surprised when he managed to *pull off* the contract with the Seoul Symphony Orchestra.
그 첼로 연주자는 그가 서울 교향악단과 계약을 성사시켰을 때, 매우 기뻐서 어쩔 줄을 몰랐다.

2) Three robbers *pulled off* a daring daylight robbery of the local bank.
세 명의 강도가 대담하게도 지역은행에서 낮에 강도행각을 벌였다.

609. **Pull (oneself) together** (*v.*) – to regain one's composure or self-control
침착성이나 자제성을 되찾다.

1) Try to *pull yourself together*.
침착성을 되찾도록 노력해라.

2) He lost his job and then the bank foreclosed on his home, but things are

getting better and he is slowly but surely *pulling himself together*.
그는 실직을 했고, 은행에서 그의 집을 압류했다. 하지만, 상황은 나아지고 있고, 그는 천천히 확실하게 침착함을 되찾고 있다.

• composure (n) 침착, 냉정

** **Pull through** (*v.*) – to recover from illness or misfortune, to regain one's self-control

(병이나 불행 등으로부터) 회복 하다.

1) A loan from a family friend *pulled* us *through* our financial difficulties.
가족 친구로부터 빌린 빚은 우리가 경제적 어려움으로부터 회복하게 했다.

2) The operation was a complete success and the patient will surely *pull through*.
수술은 완전한 성공이었고 환자는 곧 회복될 것이다.

3) The company has to *pull through* these difficult times and look forward.
그 회사는 이 어려운 시기로부터 회복해서 장래를 바라보아야만 한다.

** **Pull together** (*v.*) – to cooperate 협력하다.

1) We must *pull together* to succeed in this project.
그 계획을 성공하기 위해서 우리는 협력 해야만 한다.

2) We all need to *pull together* to do this job.
이 일을 하기 위해서 우리 모두는 협력 해야만 한다.

610. **Pull over** (*v.*) – to stop a vehicle on the side of a road

길 가장자리에 차를 멈추다.

1) A highway patrolman *pulled* her *over* for speeding.
고속도로 순찰대원이 그녀가 과속했다고 가장 자리에 차를 정지시켰다.

2) The driver pulled over and opened the hood of his car.
운전자는 차를 도로 가장자리에 정지시키고 그의 차의 후드를 열었다.

** **Pull up** (*v.*) – to come to a stop 와서 정지하다. 와서 멈추다.

1) John *pulled up* in front of the building in a new sports car.
존은 새 스포츠카를 타고 와서 건물 앞에 멈췄다.

2) The driver slowed down and *pulled up* to the curb.
운전사는 속도를 늦추고는 도로 커브 옆에 정지했다.

3) I was sitting in the parking lot when he *pulled up* alongside me.
그가 내 옆에 와서 차를 멈춰 섰을 때 나는 주차장에 앉아있었다.

• alongside 옆에

611. **Puppy love** (*n.*) – new love, especially between young people
청소년들의 미숙한 사랑.

1) *Puppy love* is nice, but it usually fades as quickly as it begins.
풋사랑은 멋있다. 하지만 그것은 시작처럼 빨리 사그러진다.

612. **Pure and simple** (*adj.*) – simply stated
간단히 말하자면

1) Paying your bills, *pure and simple*, is your problem.
간단히 말하면, 네 청구서를 지불하는 것은 네 문제이다.

2) My life's goal, *pure and simple*, is to be an environmental protectionist.
간단히 말하면, 내 삶의 목표는 환경보호가가 되는 것이다.

613. **Push around** (*v.*) – to give harassment or unfair treatment, to be bossy with
(우월권을 가지고) 불공평한 대우를 하거나 괴롭히다.

1) No one understands why he lets his wife *push* him *around*.
아무도 그가 왜 자기 아내가 자기를 괴롭히도록 내버려 두는지 이해할 수 없다.

2) His mother told him to stop *pushing* his younger brother *around*.
그의 어머니는 그에게 그의 남동생을 괴롭히지 말라고 말했다.

3) Stop *pushing* me *around*.
나를 강압적으로 괴롭히는 것을 중단하라.

• harass (v) 괴롭히다. • bossy (adj.) 우월하게 행동하는

614. **Put all one's eggs in one basket** (*v.*) – to put all one's efforts, hopes, or money into one thing
노력, 희망, 투자 등을 모두 한 곳에 쏟아 붓다.

1) I won't invest all my money in one company, because that would be like *putting all my eggs in one basket*.
나는 내 모든 돈을 한 회사에 투자 하지는 않을 것이다. 왜냐하면 그것은 내 모든 달걀을 한 바구니에 넣는 것과 똑같을 것이기 때문이다.

2) *Putting all your eggs in one basket* is risky and limits your chances to make a profit.
너의 모든 달걀을 한 바구니에 넣는 것은 위험하고, 네가 이익을 얻을 수 있는 기회를 제한한다.

• risky (adj.) 위험한 • make a profit 이익을 얻다.

615. **Put an end to (v.) – to stop, to end** 중단하다. 끝내다.

1) She advocates *putting an end to* corporal punishment in the school system.
그녀는 학교제도에서 체벌을 끝내자고 주장한다.

2) The police have steeped up their vigilance in order to *put an end to* gang related violence.
경찰은 폭력 범죄를 근절시키기 위해 경계 태세를 강화해오고 있다.

• advocate (v) 주장하다. • corporal (adj.) 신체의 • steep (v) 몰두하다.
• vigilance (n) (위험대비) 경계

616. **Put away (v.) – to put in a proper place, to place in confinement**
적당한 장소 또는 제자리에 두다. 갇히다.

1) *Put away* your books and school supplies after you've finished using them.
책과 학용품을 사용하고 나면 제자리에 잘 놓아라.

2) His lawyer told him he'd be *put away* for two years.
그의 변호사는 그에게 그가 2년 형을 살게 될 것이라고 이야기 했다.

** **Put away / Put aside (v.) – to save, to lay aside** 저축하다. 떼어 놓다.

1) Every month, without exception, I *put away* some money for my future.
예외 없이, 매달 나는 내 미래를 위해 약간의 돈을 저축한다.

2) You should *put aside* some money every time you get paid.
너는 돈을 받을 때마다 약간의 돈을 저축해야만 한다.

• riot (n) 폭동

P

617. **Put down** (*v.*) – to set aside, to suppress, to make fun of
내려놓다. 진압하다. 무시(조롱)하다.

1) Why don't you *put down* your bag?
가방을 내려놓으시죠.

2) The National Guard had to be called in to *put down* the student riots.
학생들의 폭동을 막기 위해 국가 경비대를 불러야만 했다.

3) The fight began when one of the boys *put down* the other.
그 싸움은 그 소년들 중의 한명이 다른 소년을 깎아 내렸을 때 시작되었다.

618. **Put off** (*v.*) – to repel someone, to postpone or procrastinate
역겹게 하다. 흥미를 잃게 하다. 연기하다.

1) Her taciturn disposition *puts* people *off*, but she's really not a bad person.
그녀의 뚱한 성질은 사람들을 역겹게 하지만, 그녀는 정말 나쁜 사람은 아니다.

2) Don't be *put off* by the difficulty of learning English. Continue to study and you will be successful.
영어를 공부하는 것이 어렵다고 흥미를 잃지 말라. 공부하기를 계속하라. 그러면 잘 할 수 있을 것이다.

3) Her fiancé keeps *putting off* their wedding date, but she's sure he'll marry her someday.
그녀의 약혼자는 그들의 결혼 날짜를 계속 미루지만, 그녀는 그가 언젠가 그녀와 결혼할 것이라는 것을 확신한다.

4) She kept *putting off* studying until it was too late.
그녀는 너무 늦을 때까지 공부하는 것을 계속 미뤘다.

• procrastinate (v) 연기하다. • disposition (n) 성향

619. **Put on** (*v.*) – to wear, to place, to activate, to pretend, to deceive or to tease
입다. 올려놓다. 작동하다. 가장하다. 속이다 또는 놀리다.

1) If you don't *put on* a warm coat, you'll be cold. The temperature is quite low.
기온이 꽤 낮다. 만약 따뜻한 코트를 입지 않는다면 너는 추울 것이다.

2) Please *put* the kettle *on* for tea.
차 끓일 물을 올려놓아라.

3) He *put on* the brakes, but the car continued to roll down the hill.
그는 브레이크를 밟았지만, 그 차는 계속 언덕을 내려갔다.

4) She always ***puts on*** an air of superiority.
그녀는 항상 잘난 척을 한다.

5) You're ***putting*** me ***on.***
네가 나를 놀리고(속이고) 있다.

620. **Put out** (*v.*) – to extinguish, to turn off, to annoy　끄다, 짜증나게 하다.

1) It took several hours for the firefighters to *put out* the fire.
소방관들이 그 화재를 진화하는데, 몇 시간이 걸렸다.

2) Please *put* the light *out* before you go to bed.
잠자리에 들기 전에 전등을 끄도록 해라.

3) I was really *put out* when I had to wait for two hours at the doctor's office.
진료실에서 두 시간이나 기다려야 했을 때 나는 정말 짜증이 났다.

621. **Put two and two together** (*v.*) – to reason from the known facts
알려진 사실을 토대로 추론하다. 판단을 내리다.

1) She *put two and two together* and figured out that her son wanted his diaper changed.
그녀는 추론을 해서 그녀의 아기가 기저귀를 갈아주기를 원했다는 것을 알아내었다.

2) He finally *put two and two together* and realized he'd never pass the course unless he studied.
그는 결국 추론을 통해, 그가 공부하지 않으면, 그 과정을 통과하지 못할 것이라는 것을 깨달았다.

622. **Put through** (*v.*) – to complete successfully, to connect by phone
성공적으로 완성하다. (전화에서) ~와 연결하다.

1) The proposal shouldn't be difficult to *put through*. We can do it if we put our heads together.
그 제안은 성공적으로 완성하기에 어렵지 않을 것이야. 우리가 우리의 머리를 맞댄다면 그것을 할 수 있다.

2) The family has ample savings to *put* both their children *through* university.
그 가족은 그들의 두 아들이 성공적으로 대학을 마치게 하기 위한 충분한 저축액을 가지고 있다.

3) Can you *put* this call *through* to the admissions office?
이 전화를 입학관리실로 연결해 주실 수 있습니까?

P

• proposal (n) 제안 • put heads together 머리를 맞대다.

623. **Put up** (v.) – to build, to raise, to accommodate or offer (as for sale)

짓다, 들어 올리다. 숙소를 제공하다. 팔려고 내어놓다.

1) We are planning to *put up* a new garage.
우리는 새 차고를 지을 계획을 짜고 있다.

2) The robbers wore ski masks and told us to *put* our hands *up*.
그 강도들은 스키 마스크를 하고는 우리에게 손을 들라고 말했다.

3) You don't need to go to a hotel. We can *put* you *up* in the spare bedroom.
당신은 호텔에 갈 필요가 없다. 우리는 여분의 침실을 당신에게 제공할 수 있다.

4) When their business went bankrupt, they *put* their home *up* for sale.
그들의 사업이 파산했을 때, 그들은 그들의 집을 팔기 위해 내어놓았다.

• accommodate (v) 편의를 제공하다. 조절하다.

** **Put up with** (v.) – to be patient with, to endure, to bear, to tolerate

견디다. 참다.

1) He refused to *put up with* his son's decadent lifestyle.
그는 그의 아들의 퇴폐적인 생활방식을 견디기를 거절했다.

2) As long as we continue to *put up with* environmental pollution, our wildlife will continue to die off.
우리가 환경오염을 묵과하며 살아가는 한, 야생동물들은 계속해서 죽어갈 것이다.

3) He divorced his wife because he could no longer *put up with* her incessant nagging.
그는 아내의 끊임없는 잔소리를 더 이상 견딜 수 없었기에 이혼했다.

• decadent (adj.) 퇴폐적인 • pollution (n) 오염 • wildlife (n) 야생동물
• die off 차례로 죽다. • incessant (adj.) 끊임없는

624. **Put words into one's mouth** (v.) – to speak for another person without permission or the right to do so

(허락, 권리 등이 없이) 대신 말을 하다.

1) Don't *put words in her mouth*. She can speak for herself.
그녀 대신 말하지 마라. 그녀는 스스로 이야기 할 수 있다.

2) He became annoyed when the salesman kept *putting words in his mouth*.
그는 그 판매원이 허락 없이 말을 계속했기 때문에 짜증이 났다.

펄페인트파사드

Q

625. **Quite a** *(adj.)* – unusual, remarkable 뛰어난, 대단한

1) ***Quite a*** large crowd had gathered for the annual flower festival.
대단히 많은 군중들이 연례 꽃 축제를 보기위해 모였다.

2) It is ***quite an*** exhibition for a newly discovered artist.
이것은 새롭게 발굴된 한 예술가로서는 대단한 전시회다.

3) Her students think she is ***quite a*** good teacher.
그녀의 학생들은 그녀가 대단히 좋은 선생님이라고 생각한다.

• annual (adj.) 연례의 • festival (n) 축제 • quite a large 대단히 많은 • exhibit (v) 전시하다.

626. **Quite a few** *(adj., n.)* – a large number, many 꽤 많은

1) The storm destroyed many homes and left ***quite a few*** people isolated.
그 폭풍은 많은 집들을 파괴했고, 꽤 많은 사람들을 고립된 채 남겨두었다.

2) We still have ***quite a few*** miles to go before we reach Seoul.
우리가 서울에 도착하려면 아직도 꽤 많은 거리가 남아있다.

3) ***Quite a few*** people came to the party last night.
꽤 많은 사람들이 지난밤 파티에 왔었다.

627. **Quite a bit (a little, a few)** *(adj., n.)* – a large amount 꽤 많은

1) I still have ***quite a bit*** of work to complete before I can go home.
나는 집에 가기 전에 해야 할 일들이 아직도 많다.

2) We had ***quite a bit*** of snow last night.
지난밤에 꽤 많은 눈이 내렸다.

노드스트롬

R

628. **Rain check** (*n.*) – a promise to get an invitation or an item at another time, between people or between a customer and a business

다음 기회를 의미하는 뜻 (개인 간이나 상점에서 물건을 살 때, 그 물건이 없을 경우 카드를 써주면 상점에서 나중에 그 물건이 들어오면 연락을 해줌.)

1) I have a cold and can't make your dinner invitation. Can I take a *rain check*?
나 감기가 걸려서 네 저녁초대에 응하지 못할 것 같은데, 다음에 갈 수 있을까?

2) The store manager offered the disappointed customers a *rain check* and promised to contact them when the item was restocked.
그 상점 주인은 실망해 하는 손님에게 rain check을 제안했고, 그 물건이 새로 공급되면 그들에게 연락해 주겠다고 약속했다.

• get an invitation 초대받다. • be restocked 새로 공급되다.

629. **Rain out** (*v.*) – to force the postponement of an outdoor event because of rain

비 때문에 옥외 행사를 부득이 중단 또는 연기하다.

1) The annual company picnic was *rained out*.
그 회사의 연례 야유회는 비 때문에 연기되었다.

2) Yesterday's ball game was *rained out*.
어제의 야구 경기는 비 때문에 연기되었다.

630. **Rainy day** (*n.*) – a future time of need 앞으로 필요한 때, 궁 한때

1) I've been saving money for a *rainy day*.
나는 앞으로 필요할 때를 대비해서 저축을 해오고 있다.

2) She puts some money aside for a *rainy day*.
그녀는 장래 필요한 때를 위해 돈을 저축한다.

3) Squirrels gather acorns for *rainy days*.
다람쥐는 궁한 때를 대비해서 도토리를 비축한다.

631. **Reach out** (v.) – to make an effort in order to achieve a relationship or understanding

다른 사람들과 유대관계를 갖거나 이해하려고 노력하다.

1) You should *reach out* if you want to find people who can be your friends.
너는 친구가 될 사람을 찾기를 원한다면 다른 사람들과의 유대관계를 가져야 한다.

632. **Reckon with** (v.) – to take into account, to consider something as one of the things to change a situation

~을 고려하다. ~인가가 상황을 바꿀 수 있는 것들 중의 하나라고 여기다.

1) Farmers must *reckon with* the weather and plant a variety of crops.
농부는 날씨를 고려해야하고 다양한 곡식들을 심어야한다.

• reckon (v) 계산하다. 생각하다. 판단하다. • variety (n) 다양
• take into account (v) 고려하다.

** **be reckoned with** – not to be ignored, important 무시해서는 안 될, 중요한

1) He doesn't look like an important person, however he is a big businessman who should *be reckoned with*.
그는 중요한 사람으로 보이지는 않는다. 그러나 그는 무시해서는 안 되는 큰 사업가이다.

2) Teenagers today are a group to *be reckoned with*.
오늘날 십대들은 무시되어서는 안 되는 그룹이다.

633. **Refine** (v.) – to improve, to make better 향상시키다. 다듬다.

1) He needs to *refine* his knowledge of English grammar and vocabulary before attempting to take the advanced placement test.
그는 고급단계 시험을 시도하기 전에 그의 영어 문법과 어휘에 대한 지식을 향상시켜야만 한다.

2) The professor asked her to *refine* her outline before handing it in.
그 교수는 그녀에게 개요를 제출하기 전에 다듬을 것을 요구했다.

• advanced 앞선, 고급 단계의 • hand in 제출하다.

634. **Relative to** (prep.) – about, related to ~에 관하여, ~에 관계가 있는, ~에 비례하는

1) That issue is *relative to* morality.
그 쟁점은 도덕성과 관련이 있다.

2) Supply is *relative to* demand.
공급은 수요에 비례한다.

3) The meaning of "expensive or cheap" is *relative to* a person's income.
비싸거나 싸다는 의미는 개인의 수입과 관계가 있다.

• moral (adj.) 도덕적, 윤리적 • morality (n) 도덕(성)

635. **Rent out** (*v.*) – to rent to someone 세를 주다.

1) I have three bedrooms and I want to *rent out* one of the rooms.
나는 방이 세 개나 있는데, 그중에 하나를 세를 주고 싶다.

2) The house they wanted to rent had already been *rented out*.
그들이 세를 얻기를 원했던 그 집은 이미 세가 나갔다.

** **Rent** (*v.*) – the amount of money to use something, to pay to use ~
~을 사용하기 위한 돈, ~을 사용하기 위해 지불하다.

1) I pay a low *rent* on my apartment.
나는 내 아파트에 저렴한 세를 낸다.

2) I've *rented* this apartment for two years.
이 아파트를 2년 동안 빌려 있다.

3) I want to *rent* a movie.
영화를 빌리고 싶다.

636. **Ride on** (*v.*) – to depend on ~에 달려있다.

1) The outcome of the election *rides on* her popularity with the voters.
그 선거결과는 유권자들에 대한 그녀의 인기에 달려있다.

• outcome (n) 결과

637. **Ride for a fall** (*v.*) – doing something risky (자신을 과신하여) 무모한 짓을 하다.

1) The businessman built a very luxurious home and is spending faster than he earns. He is *riding for a fall*.
그 사업가는 너무나 사치스러운 집을 지었다 그리고 그가 버는 것 보다 더 빨리 써버리고 있다. 그는 무모한 짓을 하고 있다.

2) He has borrowed too much money from the bank for his home. He is *riding for a fall*.
그는 집을 위해 은행으로부터 너무 많은 돈을 빌렸다. 그는 무모한 짓을 하고 있다.

• luxurious (adj.) 호화로운

638. **Ride out** (*v.*) – to survive successfully, to endure 성공적으로 살아남다. 이겨내다.

1) The small sailboat had *ridden out* the storm and returned to the marina without serious damage.
그 작은 돛배는 폭풍우를 이겨내었고, 별다른 큰 손상 없이 계류장으로 돌아왔다.

2) Astute politicians know how capricious the public is and are willing to *ride out* most scandals.
기민한 정치가들은 군중의 마음이 얼마나 변덕스러운지를 알고 기꺼이 대부분의 추문들을 견뎌낸다.

• marina (n) 선착장, 항구 • astute (adj.) 기민한 • capricious (adj.) 변덕스러운

639. **Get rid of** (*v.*) – to remove something 제거하다. 면하다.

1) I want to *get rid of* this old chair and get a new one.
나는 이 낡은 의자를 버리고 새것을 사고 싶다.

2) We finally redecorated our home and *got rid of* the ugly living room furniture.
우리는 마침내 우리 집을 다시 꾸몄고, 거실의 볼품없는 가구들을 버렸다.

** **to be rid of** (*v.*) – to be free of ~로 부터 자유롭게 되다.

1) She thought she *was rid of* her math professor but she was shocked to see his name again on her summer schedule.
그녀는 그녀가 수학교수로부터 벗어났다고 생각했으나, 그녀의 여름 시간표에서 그의 이름을 다시 보았을 때, 그녀는 대단히 놀랐다.

640. **Right along** (*adv.*) – without trouble or delay 문제없이, 지체 없이

1) In spite of turbulence, the plane flew *right along* and landed on schedule.
기상이변에도 불구하고, 그 비행기는 지체됨 없이 날아서 예정대로 착륙했다.

• turbulence (n) 날씨의 거침, 소란

** **Right away** (*adv.*) – immediately, without delay 즉시, 지체 없이

1) If we want to reach the summit before nightfall, we'd better start *right away*.
만약 우리가 해질녘 전에 정상에 도착하길 원한다면, 우리는 지금 즉시 출발하는 편이 좋다.

2) We'll be there in about half-hour, if we leave *right away*.
만약 우리가 지금 즉시 출발한다면 약 30분 후면 우리는 그곳에 가 있을 것이다.

3) The people who have been affected by the flood need help *right away*.
홍수의 피해를 받은 사람들은 지금 당장 도움을 필요로 한다.

• affect (v) 영향을 미치다. • flood (n) 홍수

641. **Ring up** (*v.*) – to record a sale on a cash register (금전 등록기로) 계산하다.

1) I'll *ring up* your purchase as soon as I finish with this customer.
이 손님의 계산을 끝내는 대로 당신의 물품을 계산해 드리겠습니다.

2) The clerk *rang up* the merchandise and said I owed 25,950 won.
그 직원은 내 구매품을 금전등록기로 계산하고는 내가 25,950원을 내야 한다고 말했다.

• register (n, v) 기록부, 등록하다. • registered (adj.) 등록한

642. **Rip into** (*v.*) – to tear in pieces, to attack or scold violently
맹렬히 공격하다. 갈갈이 찢다. 맹렬히 비난하다.

1) A tiger *ripped into* a zookeeper as the horrified crowd looked on.
사자 한 마리가 공포에 질린 관중들이 바라보는 가운데, 동물 사육사를 맹렬히 공격했다.

2) Her boss *ripped into* her for being late three times in one week.
그녀의 상사는 그녀가 일주일에 세 번 지각한 것에 대해 그녀를 아주 심하게 몰아세웠다.

** **Rip off** (*v.*) – to steal or take something without giving a fair price
훔치거나 정당한 가격을 지불하지 않고 가져가다. 바가지 씌우다.

R

1) He had been *ripping off* the store for months until he was finally caught red-handed.
그는 그가 마침내 현행범으로 잡히기 전까지 그 상점에서 수개월간 도둑질을 했었다.

2) Some tourists visiting Korea have complained about being *ripped off* by unscrupulous salespeople.
한국을 방문한 몇몇 방문객들은 파렴치한 바가지 행위를 당한 것에 대해서 불평했다.

• unscrupulous (adj.) 부정직하고 기준도 없는

** **Rip-off** (*n.*) – an act of cheating, anything dishonest or exploitative
(도둑행위 같은) 바가지 행위, 부정직하거나 착취하는 행위

1) The prices are so high, it's almost a *rip-off*.
그 가격은 너무 높아서, 바가지나 다름없다.

• cheat (v) 속이다. • exploit (v) 착취하다.

643. **Rip up** (*v.*) – to tear into pieces 조각조각 찢다.

1) His letter made her so angry that she *ripped* it *up*.
그의 편지는 그녀를 매우 화나게 만들어서 그녀는 그것을 조각조각 찢어버렸다.

2) The homework was so poorly done that the teacher *ripped* it *up* and threw it into the wastebasket.
그 숙제는 너무나 형편없었기 때문에, 선생님은 그것을 찢어서 쓰레기통에 던져버렸다.

644. **Rise up** (*v.*) – to rebel against 항거하다. 들고 일어나다.

1) When freedom is denied, the people will eventually *rise up*.
자유가 인정되지 않을 때, 결국은 사람들이 들고 일어날 것이다.

2) The workers were exhorted to *rise up* and defend their right to have a union.
그 노동자들은 노동조합을 가질 그들의 권리를 지키기 위해 항거할 것을 집요하게 재촉 받았다.

• rebel (v) 항거하다. • freedom (n) 자유 • deny (v) 거부하다. • exhort (v) 재촉하다.

** **Give rise to** (*v.*) – to be a cause of, to lead to ~을 일으키는 원인이 되다. 일으키다.

1) The development of the computer chip *gave rise to* the information age.
컴퓨터 칩의 개발이 정보세대를 일으키는 원인이 되었다.

2) Shipbuilding *gave rise to* many other industries.
조선술은 많은 다른 산업들을 일으키는 원인이 되었다.

645. **Rob the cradle** (*v.*) – to marry or have a sexual relationship with a person who is much younger
상당한 나이 차이가 나는 사람과 결혼하거나 성관계를 갖다.

1) Nowadays, some men really *rob the cradle* by engaging in sexual relationship with teenagers.
오늘날 어떤 남자들은 십대들과 성 관계를 맺음으로써 성적인 착취를 한다.

2) He really *robbed the cradle* when he chose her for his wife.
그가 그녀를 그의 아내로 선택했을 때 그는 정말 그녀를 유린하는 것이었다.

646. **Roll in** (*v.*) – to arrive in large numbers 엄청나게 들어오다.

1) Tickets went on sale and according to the latest tallies the money is *rolling in*.
표들이 할인 판매되었고, 최신집계에 따르면 돈이 엄청나게 굴러들어 오고 있다.

2) They did all they could and then sat back and watched the election results *roll in*.
그들은 그들이 할 수 있는 모든 일을 했고, 이제는 손을 떼고 앉아서 선거결과가 엄청나게 들어오는 것을 주시했다.

647. **Roll back** (*v.*) – to reduce prices to a previous level 이전 상태로 가격을 낮추다.

1) The administration hopes to *roll back* prices while maintaining present wages.
경영진은 그들이 현재 임금을 유지하는 동안 이전 상태로 가격을 낮추기를 희망한다.

2) In an attempt to bring in new business, the travel company *rolled back* its prices to compete with those offered in the 1980's.
새 사업을 유치하기 위한 시도로, 그 여행 회사는 1980년대에 제시된 가격과 경쟁하기 위해서 그들의 가격을 이전 상태로 낮추었다.

• administer (v) 관리(경영)하다. 지배하다. • reduce (v) 감소시키다.
• previous (adj.) 이전의 • maintain (v) 유지하다. • In an attempt to ~하기 위한 시도로

648. **Roll up** (*v.*) – to roll something up or to amass 둘둘 말다. 축적하다.

1) After the party, we had to *roll up* the rug and take it to the dry cleaner.
파티가 끝난 후 우리는 양탄자를 둘둘 말아서 그것을 세탁소에 가져다주어야만 했다.

2) The company asked its workers to *roll up* their sleeves and get the job done.
그 회사는 노동자들에게 팔을 걷어 부치고 그들의 작업을 다 끝내도록 요청했다.

3) He *rolled up* a huge fortune by collecting and selling stamps.
그는 우표를 수집·판매로 대단히 많은 재산을 축적했다.

• get the job done 작업을 끝내다.

649. **Rough up** (*v.*) – to harm physically, to beat up, to damage
(위협, 협박 등으로) 때리다. 망가뜨리다.

1) On his way home from school, Lee was grabbed and *roughed up* by a couple of bullies from the local high school.
하교해서 집에 가는 동안에 이군은 근처 고등학교에 다니는 두어명의 불량배들에게 잡혀 구타를 당했다.

2) The boxer *roughed up* his opponent in the first three rounds and won on a T.K.O in the forth round.
그 권투선수는 처음 세 회 동안 매번 그의 상대를 때려 눕혔고, 4회에는 T.K.O 승을 거두었다.

3) I'm going to *rough* him *up* one of these days.
조만간 그를 패 줄꺼야.

• be grabbed 잡히다. • bully (n) 불량배

** **A diamond in the rough** – in a natural or unrefined state
천연 그대로, 정련되지 않은

1) She is like *a diamond in the rough*. She has great potential.
그녀는 다듬어지지 않은 다이아몬드와 같다. 그녀는 굉장한 가능성을 가지고 있다.

2) The early computers can now be seen as *diamonds in the rough*.
지금 초창기 컴퓨터들은 정련되지 않은 다이아몬드처럼 보여진다.

650. **Round off / round out** (*v.*) – to bring to the nearest whole number, to finish nicely, to make round

(소수점을 떼거나 반올림해서) 가장 가까운 자연수로 만들다. 멋있게 끝내다. 둥글게 만들다.

1) The average score on the exam was 87.69. *Rounded off*, the average score was 88.
그 시험의 평균점수는 87.69였고, 반올림해서 88점이었다.

2) We *rounded off* dinner with delicious strawberry shortcake.
우리는 맛있는 딸기 쇼트케이크로 저녁을 훌륭히 마쳤다.

3) I'd like to have someone *round off* the sharp edges of the dining room table.
나는 식당 방에 있는 식탁의 날카로운 가장자리를 둥글게 만들어줄 사람이 필요하다.

** **Round up** (*v.*) – to herd together, to seek out and bring together, to raise a number to the next highest one

(짐승의) 무리를 모으다. 찾아 나서서 데려오다. 반올림하다.
(그 다음으로 가장 높은 숫자로 올리다.)

1) It's getting dark. We need to *round up* our gear and get the tent pitched before nightfall.
날이 어두워지고 있다. 우리는 해지기 전에 장구들을 모아서 텐트를 쳐야한다.

2) Let's *round* everyone *up* and get ready to go home.
모든 사람들을 다 찾아 데리고 와서 집에 갈 준비를 하자.

3) 87.69 *rounded up* is 88.
87.69를 반올림 하면 88이다.

651. **Rub down** (*v.*) – to massage 문지르다. 마사지 하다.

1) Some people go to a masseuse or a masseur for a *rub down*.
어떤 사람들은 안마를 받기위해 여자 마사지사나 남자 마사지사를 찾아간다.

2) The therapist *rubbed down* my back to relax the muscle.
그 치료사는 근육을 이완시키기 위해 내 등을 문질렀다.

652. **Rule on** (*v.*) – to make a decision in law, to sentence (법적인)판결을 내리다.

1) The jury asked the judge to *rule on* some of the issues in dispute. So the

R

judge arrived at a verdict of "not guilty" for the defendant.
배심원은 판사에게 논쟁 중에 있는 그 문제에 대해서 판결을 내릴 것을 요청했다. 그래서 그 판사는 피고에게 무죄를 선고했다.

2) The Supreme Court recently passed its *ruling on* a huge tobacco case.
대법원은 최근에 거대한 담배 소송에 대한 판결을 통과시켰다.

• in dispute 논쟁중인 • verdict (n) 판결문 • defendant (n) 피고

** **Rule out** (*v.*) – to exclude, to remove from consideration 제외하다. 배제하다.

1) A jury must *rule out* the unproven evidence before reaching a verdict. Therefore, the jury arrived at a verdict of "not guilty" for the defendant.
배심원들은 평결에 이르기 전에 증명되지 않은 증거는 배제해야만 한다. 그러므로 배심원은 피고가 무죄라고 결정했다.

2) The suggestions of the employees should not be *ruled out* when decisions are being made.
결정이 내려 질 때는 직원들의 제안들이 배제되어서는 안 된다.

653. **Run across / Run into** (*v.*) – to meet or find by chance
우연히 부딪치다. 우연히 만나다.

1) I *ran across* Mary at the shopping mall and was surprised because I didn't know she was back in town.
나는 쇼핑센터에서 메리와 우연히 마주쳤는데 그녀가 마을에 돌아 온줄 몰랐었기 때문에 놀랬다.

2) Kim and I *run into* each other all the time because we work in the same building.
김씨와 나는 같은 건물에서 일하기 때문에 항상 우연히 만나게 된다.

654. **Run after** (*v.*) – to chase after ~의 뒤를 쫓다.

1) He's a hound who likes to *run after* women.
그는 여자들의 뒤를 쫓아다니기를 좋아하는 사냥개이다.

2) The boy *ran after* the ball as fast as he could.
그 소년은 그가 할 수 있는 한 최대한 빨리 그 공을 쫓아갔다.

655. **Run a risk / Take a risk** (*v.*) – to put oneself in danger 모험을 하다. 위험에 처하다.

1) I don't want to *take a risk*, so I always wear a life jacket when I'm on a boat because I can't swim.
나는 위험에 처하는 것을 원하지 않는다. 그래서 나는 수영을 하지 못하기 때문에 배에 탈 때면 항상 구명조끼를 입는다.

2) Don't *take the risk* of damaging your eyes, wear safety goggles.
너의 눈이 다칠지도 모르는 모험을 하지 말고, 보안경을 써라.

3) I try not to put all my eggs in one basket because I don't want to *take a risk*.
나는 모험을 하고 싶지 않기 때문에, 나의 재산을 한 곳에 모두 걸지 않도록 노력한다.

• safety goggles 보안경

646. **Run around** (*v.*) – to go here and there for pleasure and company
(친구와) 놀러 이리저리 돌아다니다.

1) I have a lot to do and don't have time to *run around* doing errands for her.
나는 할 일이 많아서 그녀의 심부름을 해주면서 여기저기 돌아다닐 시간이 없다.

2) Right now he likes to *run around* with his friends, but he'll settle down after he's married.
지금 현재 그는 그의 친구들과 이리저리 놀러 돌아다니는 것을 좋아하지만, 그가 결혼한 후에는 정착할 것이다.

• settle down 정착하다. 안정하다.

657. **Run a temperature** (*v.*) – to have a fever 열이 있다.

1) Call the doctor immediately. The baby is *running a high temperature*.
의사를 빨리 불러라, 아기한테 높은 열이 있다.

658. **Run away from** (*v.*) – to flee or escape from 도망가다.

1) After *running away from* home three times, the boy was placed in a home for runaways.
집에서 세 번 가출한 후에 그 소년은 가출소년 보호소로 보내졌다.

2) The girls screamed and *ran away from* the boys who were chasing them with water balloons.
그 소녀들은 물풍선을 가지고 쫓아오는 소년들로부터 비명을 지르며 도망쳤다.

** **Run away with** (*v.*) – to steal or take and run away, to elope, to win easily

훔쳐서 도망가다. (부모의 허락 없이) 남녀가 도망가다. 쉽게 받다.

1) She took money and documents from the safe and *ran away with* them.
그녀는 금고에서 돈과 서류들을 꺼내서는 그것들을 가지고 도망갔다.

2) They *ran away* and got married before anyone could stop them.
그들은 누군가가 그들을 말리기 전에 도망가서 결혼했다.

3) The dark horse nominee *ran away with* a top award.
다크호스로 지목된 사람이 일등상을 쉽게 받았다.

• nominee (n) 추천된 사람 • get married 결혼하다.

659. **Run down** (*v.*) – to slow down and stop, to criticize, to get into poor condition, to chase until exhausted, to knock down or hit

(시계 등이)서다. (배터리 등이)죽다. 비평하다. 형편없는 상태가 되다. 지칠 때까지 추격하다. (자동차가) 치다.

1) The battery in the alarm clock *ran down*.
자명종 시계의 배터리가 다 닳았다.

2) He left his parking lights on and the battery in his car *ran down*.
그는 그의 주차등을 켜 놓은 채로 놓아두었고, 그의 차의 배터리가 다 방전 되어 버렸다.

3) It is better to praise people rather than *run* them *down* if you want them to do a good job.
만약에 네가 사람들로 하여금 일을 잘하게 하고 싶다면, 그들을 비평하기 보다는 칭찬하는 것이 좋다.

4) The small farmhouse is completely *run down*.
그 작은 농가는 완전히 형편없는 상태이다.

5) A dog *ran down* a rabbit.
개가 토끼를 추적했다.

6) The motorcyclist almost *ran down* a pedestrian.
오토바이 운전자가 행인을 거의 칠 뻔 했다.

• exhausted (adj.) 지친 • praise (v) 칭찬하다. • pedestrian (n) 보행자

** **Run-down** (*adj.*) – old and decayed, needing to be repaired, very tired

낡고 헐은, 수리가 요구되는, 매우 피곤한

1) The city must find the funds to renovate its *run-down* tenements.
그 도시는 하층민들의 낡은 공동주택들을 개선하기 위해 재원을 마련해야 한다.

2) Running a marathon made John feel *run-down* and tired.
마라톤을 뛴 것이 존을 기진맥진하고 피곤하게 만들었다.

3) The old *run-down* house on our street is finally being renovated.
우리 동네 길에 있는 오래되고 낡은 집이 마침내 수리 중에 있다.

4) This is one of the *run-down* areas in Seoul, so the government is planning to build a new town in this area.
이곳은 서울의 재건축이 요구되는 낡은 지역이다. 그래서 정부는 이 지역에 새로운 타운을 지을 계획이다.

• renovate (v) 개선하다. • tenement (n) 복잡하고 형편없는 주거건물

660. **Run for** (*v.*) – to campaign for public office 출마하다.

1) The senator announced he would *run for* reelection.
그 상원위원은 재선을 위해 뛰겠다고 발표했다.

2) She is *running for* the state legislature.
그녀는 주 의회에 들어가기 위해 출마중이다.

661. **Run off** (*v.*) – to make copies on a machine, to leave hurriedly, to make someone leave, to drain
복사하다. 급히 떠나다. ~을 떠나게 하다. 배수하다.

1) We *ran off* three thousand copies of the flyer and distributed them.
우리는 그 광고전단을 3천장을 복사해서 배부했다.

2) The boys who were fighting *ran off* as soon as they saw a policeman.
싸우고 있던 소년들이 경찰을 보자마자 황급히 떠났다.

3) The reservoir depends on the water that *runs off* the mountain.
그 저수지는 산에서 흐르는 물에 의존하고 있다.

• distribute (v) 배부하다. • reservoir (n) 저수지

662. **Run out (of)** (v.) – to deplete the supply, to come to an end, to become used up

몽땅 다 써버리다. (운, 돈 등이) 다 떨어지다.

1) Please pick up some more toilet paper, we've *run out of* it.
휴지를 좀 더 사오세요. 다 써버렸습니다.

2) He usually *runs out of* money before payday.
그는 대개 봉급날 전에 돈을 다 써버린다.

3) We'd better stop at the next gas station. We're *running out of* gas.
우리는 다음 주유소에서 멈추는 것이 좋겠다. 연료가 다 떨어져가고 있다.

4) We *ran out of* gas on the free way and had to contact road service.
우리는 고속도로에서 연료가 다 떨어져서 도로 서비스에 연락해야만 했다.

• deplete (v) 감소시키다. 고갈시키다. • depletion (n) 감소, 고갈

** **Run through** (v.) – to use or spend rapidly (얼마 안가서)다 써버리다.

1) The widow *ran through* her inheritance within a few years.
그 미망인은 그녀가 받은 유산을 2-3 년 만에 다 써버렸다.

2) The students *ran through* their assignment in record time. It was definitely too easy.
학생들은 그들의 과제를 아주 빨리 해치웠다. 그것은 너무 쉬었다.

• inherit (v) 상속하다. • inheritance (n) 상속(재산) • definitely (adv.) 틀림없이

663. **Run over** (v.) – to ride over, to review quickly, to flow over

차로 치다. 재빨리 훑어보다. (물 등이) 넘치다.

1) *Running over* a squirrel was a terrible experience.
자동차로 다람쥐를 친 것은 끔찍한 경험이었다.

2) The drunk driver *ran over* a pedestrian and sped off.
그 음주운전자는 행인을 치고 나서 속력을 내어 도망쳤다.

3) Students were standing in the hallway *running over* their notes before taking the final exam.
학생들은 그 들의 기말고사를 치루기 전에 복도에서 노트를 빠르게 훑어보며 서 있다.

4) She forgot to turn off the water and it *ran over* the sink and onto the floor.

그녀는 물을 잠그는 것을 잊어버려서, 물이 싱크대에서 넘쳐서 바닥에 흘렀다.

• speed off / sped off 속력을 내서 달아나다. • pedestrian (n) 보행자
• take an exam 시험보다.

664. **Run short** (v.) – to not have enough, to be not enough in quantity

부족하다.

1) She was *running short* and asked me to lend her some money until payday.
그녀는 돈이 부족해서, 봉급날이 될 때까지 돈을 조금 빌려 달라고 나에게 요청했다.

2) We were having a great time until we realized we were *running short* of money.
우리는 우리에게 돈이 부족해지고 있다는 것을 깨달을 때까지 굉장히 즐거운 시간을 보냈다.

665. **Run out on** (*v.*) – to desert 저버리다.

1) She *ran out on* her child.
그녀는 그녀의 아기를 저버렸다.

2) He *ran out on* his family.
그는 그의 가족을 저버렸다.

666. **Run up** (*v.*) – to increase rapidly, to raise or hoist

(빚이)늘다. 올리다. (기 등을)게양하다.

1) She *ran up* her credit card and left the bills for her poor husband to pay.
그녀는 그녀의 신용카드 빚이 많아져서 그녀의 가난한 남편이 대금을 지불하도록 청구서를 남겨 놓았다.

2) They *ran up* the telephone bill and the service was finally cut off.
그들은 전화 요금을 많이 썼고 마침내 그들의 전화가 끊겼다.

3) OPEC is *running up* the price of crude oil.
석유수출국 기구는 원유의 가격을 인상하고 있다.

4) On national holidays, it is seen as patriotic to *run up* the flag.
국경일에 국기를 게양하는 것이 애국적으로 보인다.

• crude oil 원유 • patriotic (adj.) 애국적인

King Kullen
Supports
Long Island's
PRODUCE
AND
FARMERS
grown
ON LONG ISLAND

킹컬런

S

667. **Safe and sound** (*adv.*) – safe and not damaged, not hurt 무사히, 안전하게

1) The fragile package was delivered ***safe and sound***.
깨지기 쉬운 소포가 무사히 배달되었다.

2) Her parents were worried until she arrived home ***safe and sound***.
그녀의 부모님들은 그녀가 집에 무사히 도착 할 때까지 걱정하였다.

3) David returned home from his trip abroad ***safe and sound***.
데이비드는 해외여행을 갔다가 무사히 돌아왔다.

• fragile (adj.) 깨지기 쉬운 • abroad (adv.) 외국으로(에), 멀리 넓게

668. **Save face** (*v.*) – to save reputation or dignity 체면을 살리다.

1) I like to give a person the chance to ***save face***.
나는 사람들에게 체면을 살릴 기회를 주는 것을 좋아한다.

2) Giving someone the opportunity to ***save face*** is often a good way to earn their respect.
누군가에게 체면을 살릴 기회를 준다는 것은 그들로부터 존경을 얻을 수 있는 좋은 방법이다.

669. **Save one's breath** (*v.*) – not talk because it will do no good
(말해도 소용없기 때문에)말을 아끼다. 말하지 말라.

1) He's stubborn and won't change his mind, so ***save your breath***.
그는 고집이 세기 때문에 그의 마음을 바꾸지 않을 것이다. 그러므로 그에게는 말을 하지 말라.

670. **Save up** (*v.*) – to save, to accumulate for future use 저축하다. 모으다.

1) They are ***saving up*** to buy a home, so they hardly ever go out on holiday.
그들은 지금 집을 장만하기 위해 저축을 하고 있는 중이다. 그래서 휴일에도 거의 놀러 나가지 않는다.

2) She *saves up* all the rubber bands and paperclips she finds around the office.
그녀는 그녀가 사무실 주변에서 찾은 고무밴드와 종이 클립을 모은다.

671. **Savings account** (*n.*) – an account for savings in a bank 예금계좌

1) He recently opened a *savings account* with a local Bank.
그는 최근에 그 지역 은행에 예금계좌를 하나 개설했다.

** **Checking account** (*n.*) – an account for checking 수표 계좌

1) I'd like to close my savings account and put the funds into my *checking account*.
나는 나의 예금계좌를 해약하고 거기에 있는 예금을 나의 수표구좌에 넣고 싶다.

672. **Scare away / Scare off** (*v.*) – to frighten away 무서워서 도망가게 하다.

1) The barking dog *scared away* the deliveryman.
그 짖는 개가 배달부를 무서워 도망가게 했다.

2) In the beginning of their relationship, he liked her, but has been gradually *scared off* by her overbearing behavior.
그들의 관계 초기에 그는 그녀를 좋아했지만, 그녀의 타인에 대한 배려없이 자기식대로만 하는 행동에 그는 점점 멀어졌다.

• overbearing (adj.) 타인에 대한 배려 없이 자기식대로 밀어붙이는 • behavior (n.) 행위

673. **Scratch one's back** (*v.*) – to do something good for someone in the hope that the other party will do the same
(상대방도 나를 도울 것이라는 전제 하에) 도움을 주다.

1) If you help me with my homework, I'll pay for the movie: You *scratch my back* and I'll scratch yours.
만약에 내 숙제를 도와주면, 나는 영화를 보여줄께, 우리 서로 돕고 살자.

** **From scratch** (*adv.*) – with left over fresh cooking ingredients, from almost nothing
남은 요리재료를 가지고, 거의 빈손으로

1) She likes to cook *from scratch*.
그녀는 이것저것 남은 재료로 음식 만드는 것을 좋아한다.

2) He started his business *from scratch*.
그는 맨주먹으로 그의 사업을 시작했다.

• ingredient (n) 성분, 원료, 재료

674. **Screen out** (*v.*) – to eliminate by a process of purification, etc., to eliminate by a test, interview, etc.

정화 과정에 의해 제거하다. 면접, 테스트 등으로 가려내다.

1) The Department of Natural Resources *screens out* impurities in the water, so the water is safe to drink.
천연 자원국에서 물속의 불순물을 걸러낸다. 그래서 그 물은 마시기에 안전하다.

2) The company is *screening out* applicants through short lists and interviews.
그 회사는 짧은 명부와 면접을 통해서 지원자들을 가려내고 있다.

• pure (adj.) 순수한 • impure (adj.) 오염된 • purify (v) 순수하게 하다. • eliminate (v) 제거하다.

675. **Search one's heart / Search one's soul** (*v.*) – to try to discover the truth or reason for one's behavior or desire, etc.

~의 행위 또는 욕망의 이유나 진실을 알아내려 노력하다.
마음을 헤아리며 곰곰이 생각하다.

1) He *searched his soul* trying to find a way to accommodate both his parents's wishes and his own desires.
그는 그의 부모님의 기대와 그의 욕망을 모두 충족시킬 타협점을 찾아내기 위해 곰곰이 생각했다.

2) I've been *searching my soul* trying to find what I really want in my life.
나는 내 삶에서 정말로 원하는 것이 무엇인지 알기 위해 곰곰이 고민을 해왔다.

676. **Second thought** (*n.*) – a change in one's way of thinking after further thought

생각의 변화 (좀 더 깊이 생각한 후)

1) She wanted to take summer classes, but on the *second thought*, she decided

S

to take the summer off and relax.
그녀는 여름 계절학기를 듣기를 원했었다. 그런데 생각의 변화를 통해, 여름에는 수업을 듣지 않고 쉬기로 결정했다.

2) I decided to go to Hawaii, but I am having ***second thoughts*** and Bali seems more exotic.
나는 하와이에 가기로 결정했다. 그러나 다시 생각을 하고 있고, 발리가 더 이국적으로 보인다.

• take ~ off ~를 쉬다. • exotic (adj.) 이국적인

677. **See about** (*v.*) – to find out about, to pay attention to
생각해 보다. 고려해 보다. 검토해 보다.

1) She was angry at being passed over for the promotion, but her boss told her to continue to work hard and he would ***see*** what he could do ***about*** it.
그녀는 승진에서 누락된 것에 대해서 화가 났으나, 그녀의 상사는 그녀가 계속 열심히 일하면, 고려해 보겠다고 말했다.

2) We called in a plumber to ***see about*** the broken water pipes.
우리는 깨진 물관들을 조사해보기 위해 배관공을 불렀다.

3) The director of human resources promised to ***see about*** my transfer to the head office within the next few days.
인사과의 장이 이삼일 이내에 본사로의 나의 전근을 검토해 보겠다고 약속했다.

• transfer (v) 전근하다. 옮기다. • head office 본사 • human resource office 인사과

678. **See daylight** (*v.*) – a result or success is near (좋은) 결과를 보다.

1) We've been working on this project for a few years and finally we are starting to ***see daylight***.
우리는 이 프로젝트를 2~3년간 작업해오고 있고, 마침내 좋은 결과를 보기 시작하고 있다.

2) I've been writing this book since 1998, and I am sure now that I'll ***see daylight*** by the end of 2003.
나는 1998년이래로 이 책을 써오고 있다. 그리고 2003년 후반에는 좋은 결과를 볼 것이라고 확신한다.

679. **See off** (*v.*) – to escort to or attend a place of departure, to watch someone depart
배웅하다.

1) We are coming to the airport to ***see*** you ***off***.
우리가 너를 배웅하러 공항으로 갈께.

2) He drove her to the train station and waited to ***see*** her ***off***.
그는 그녀를 역으로 태워다 주고는 그녀가 떠나는 것을 보기위해 기다렸다.

680. **See through** (v.) – to understand the true nature of, to stand by or support a person in a time of difficulty, to accomplish, fulfill, or finish
간파하다. ~가 어려움을 극복하도록 도와주거나 끝까지 지켜 보다.
과제나 임무 등을 끝내다.

1) His excuse for missing the exam was so bad that a child could ***see through*** it.
시험을 치루지 않은 것에 대한 그의 핑계는 너무 빈약해서, 어린아이라고 할지라도 그것을 간파할 수 있었을 것이다.

2) Her family and friends ***saw*** her ***through*** the difficult times, so she' d like to repay their kindness.
그녀의 가족과 친구들은 그녀가 어려움을 극복하도록 끝까지 지켜 주었기 때문에, 그녀는 그들의 친절에 보답을 하고 싶어 한다.

3) The project is much larger than I had anticipated, but I'll ***see*** it ***through***.
그 계획은 내가 예상했었던 것 보다 훨씬 크지만, 나는 그것을 끝마치고 싶다.

• miss the exam 시험을 안치다. • anticipate (v) 기대하다. 예상하다.

681. **Sell off** (v.) – to get rid of by selling, often at a lower price than a usual price
(헐값으로) 팔아 치우다.

1) I ***sold off*** all my household appliances before returning to Korea.
나는 한국으로 돌아가기 위해 가전 기구들을 헐값으로 팔아치웠다.

2) He's ***selling off*** his blue chip stocks and reinvesting in real estate.
그는 그의 우량주식들을 다 팔고 있다. 그리고 부동산에 재투자하고 있다.

• household appliance 가전제품 • real estate 부동산

** **Sell out** (v.) – to completely sell all of something, to betray for a reward
전부 팔다. 이익을 위해 배반하다.

1) The men's suits in the spring sale ***sold out*** faster than expected.

봄 세일기간에 남성복이 기대했던 것 보다 빨리 매진되었다.

2) The store is *sold out* of the Christmas items.
그 가게의 크리스마스 관련 상품들은 품절이다.

3) The union *sold out* its members in the last round of bargaining.
그 노동조합은 타협의 마지막 시점에서 회원들을 배반했다.

682. **Send back** (*v.*) – to return 반환하다. 반품하다.

1) She *sent back* the merchandise because it was not what she had ordered.
그것은 그녀가 주문한 상품이 아니었기 때문에 그녀는 그것을 반품했다.

2) I bought a gold necklace through a home shopping TV channel. But I'll *send* it *back* because it's not what I want.
나는 금목걸이를 한 개 홈쇼핑 TV 채널에서 샀다. 그러나 그것은 내가 원하는 것이 아니기 때문에 반품할 것이다.

683. **Send for** (*v.*) – to order something, to summon, to request by message to come

~을 주문하다. 소환하다. ~을 오라고 요구하다.

1) I *sent for* a pair of Nike tennis shoes from the catalogue.
나는 카탈로그에서 나이키 신발 한 켤레를 주문했다.

2) The court *sent for* me.
법원에서 나를 소환했다.

684. **Send out** (*v.*) – to send, to mail or distribute (우편으로)발송하다.

1) These packages need to be *sent out* with today's mail.
이 소포들은 오늘의 우편물들과 함께 발송되어야 한다.

2) Our university language school *sends out* a lot of advertising brochures.
우리 대학의 언어학교는 대단히 많은 광고지를 발송한다.

3) Some customers prefer to pick up their credit card in person, but most are *sent out* by mail.
어떤 고객들은 그들의 신용카드를 직접 받아가기를 더 좋아하지만 대부분은 우편으로 발송되어진다.

** **Send over** (v.) – to send a short distance by a special messenger

(보통 가까운 거리에) ~을 시켜서 보내다. 파견하다.

1) We called the delivery service and asked them to *send* someone *over* as soon as possible to deliver these packages.
우리는 배달 서비스에 전화를 걸어서 이 패키지들을 운반하게 가능한 빨리 누군가를 보내달라고 했다.

2) He couldn't keep our dinner date, so he *sent* some flowers *over* to my home.
그는 우리의 저녁 데이트를 지킬 수 없어서 나의 집으로 꽃을 보냈다.

3) U.N. troops were *sent over* to the Sarajevo to act as a peacekeeping force.
국제연합군이 평화유지 활동을 하기 위해 사라예보로 파견되었다.

• delivery (n) 배달 • a peacekeeping force 평화유지군

685. **Send up** (v.) – to send to prison, to cause to rise 감옥(교도소)에 보내다. 올리다.

1) The defendant was found guilty and *sent up* for five to seven years.
그 피고는 유죄로 판결되어서 5년에서 7년 동안 감옥에 보내졌다.

2) The survivors from their wrecked ship reached a small island and *sent up* a flare.
난파선으로부터 살아남은 사람들은 작은 섬에 다다라서 불꽃을 올렸다.

• defendant (n) 피고 • guilty (adj.) 유죄의 • survive (v) 살아남다. • wrecked ship 난파선

686. **Serve up** (v.) – to prepare and serve 차려내다.

1) The soup and salad are to be *served up* before the main course.
주 요리 전에 스프와 샐러드가 차려나온다.

2) The cook *served up* a very delicious meal.
그 요리사는 매우 맛있는 음식을 준비해서 차려내었다.

687. **Set about** (v.) – to begin 시작하다.

1) He couldn't *set about* putting the machine together because he couldn't understand the instructions.
그는 사용법을 이해할 수 없었기 때문에 그 기계의 조립을 시작할 수 없었다.

S

2) She *set about* learning computers five years ago and has made remarkable progress.
그녀는 컴퓨터를 5년 전에 배우기 시작해서 괄목할 만한 진보를 이뤄냈다.

** **Set in** (*v.*) – to begin, to develop (~하기) 시작하다.

1) The storm *set in* before they could reach the summit.
그들이 정상에 도달하기 전에 폭풍우가 시작되었다.

2) A strong wind *set in* before the small fishing boat could reach port.
그 조그만 낚싯배가 항구에 도착하기 전에 강풍이 불기 시작했다.

3) Night *sets in* earlier in winter than it does in summer.
여름보다 겨울에 밤이 일찍 시작된다.

688. **Set against** (*v.*) – to disapprove or oppose strongly 강하게 반대하다.

1) She is *set against* her daughter's marriage because her fiancé is a heavy drinker.
그녀는 그녀의 딸의 약혼자가 술꾼이기 때문에 딸의 결혼을 강하게 반대한다.

2) I am dead *set against* going to that meeting because it's going to be too controversial.
그 모임은 너무나 논쟁적일 것이기 때문에 나는 그 모임에 가는 것에 단연코 반대한다.

• controversial (adj.) 논쟁적

** **Set** (*adj.*) – decided, determined, ready, prepared 결심한, 준비된

1) I'm *set* on going to a graduate school to study further.
나는 공부를 더 하기 위해 대학원에 갈 것을 결정했다.

689. **Set aside** (*v.*) – to put aside for future use, to pay no attention
(특별한 목적으로)따로 떼어 비축하다. (잠시) 접어두다. 관심을 두지 않다.

1) Father *sets aside* some money each month for my college education.
아버지는 나의 대학 교육을 위해서 매달 약간의 돈을 따로 비축하신다.

2) The original plan was temporarily *set aside* because the new business

venture was too important to be neglected.
그 새로운 사업은 부주의하게 방치되기에는 너무나 중요하므로 원래의 계획은 일시적으로 접어 놓았다.

• venture (n, v) (위험적, 모험적) 사업, 위험을 무릅쓰다. • neglect (v) 방치하다.

690. **Set back** (*v.*) – to slow down the process of, to hinder, to cost
~의 진행을 더디게 하다. 비용이 들다.

1) The heavy rains ***set back*** the scheduled remodeling plans.
폭우가 예정되었던 건물의 리모델링 계획을 지연시켰다.

2) His lack of real work experience ***set*** him ***back***, but his eagerness and ability helped him overcome all obstacles.
그의 실무 경험의 부족은 진전을 더디게 하였지만, 그의 열망과 그의 능력은 그가 모든 장애물들을 극복하는데 도움을 주었다.

3) Remodeling their house ***set*** them ***back*** more than $175,000.
그들이 집을 개축하는데 175,000달러 이상이 들었다.

• overcome (v) 극복하다. • obstacle (n) 장애물

691. **Set down** (*v.*) – to put in writing, to put something down, to attribute
적어두다. 내려놓다. ~의 탓으로 돌리다.

1) They decided to ***set down*** all of the points they agreed on and meet again at a later time.
그들은 그들이 합의한 모든 것을 기록하기로 하고, 나중에 다시 모이기로 결정했다.

2) He ***set*** the book ***down*** on the desk.
그는 책상위에 그 책을 내려놓았다.

3) I didn't get the position I wanted and ***set*** it ***down*** to my lack of experience.
나는 내가 원했던 자리를 얻지 못했는데, 그것을 나의 경험부족으로 돌렸다.

692. **Set fire to** (*v.*) – to start a fire, to catch fire 불을 내다. 불이 옮겨 붙다.

1) An arsonist ***set fire to*** three video shops within the last month.
방화범이 지난 한달 사이에 세 곳의 비디오 대여점에 불을 질렀다.

S

2) The flames leaped from the burning building and *set fire to* the neighboring buildings.
불꽃은 타는 건물에서 옮겨 나와 이웃 건물들에 옮겨 붙었다.

693. **Set forth** (*v.*) – to express, propose, or present, to start a trip
명확하게 설명, 또는 발표하다, 출발하다.

1) The company's new fiscal policy was *set forth* at its bimonthly meeting.
두 달에 한 번씩 열리는 정기 회의에서 그 회사의 새로운 회계정책이 발표되었다.

2) The President has ordered his aides to *set forth* on a new campaign to stamp out corruption.
대통령은 부패를 근절하기 위한 새로운 운동을 제안하라고 그의 보좌관들에게 명령했다.

3) They *set forth* on their trip to Mexico.
그들은 멕시코로의 여행을 출발했다.

• fiscal (adj.) 재정의, 회계의 • aide (n) 측근, 보조자 • stamp out 근절하다.

694. **Set off** (*v.*) – to cause to explode, to make more apparent by contrast, to accentuate
폭발시키다. 대조되어 눈에 띄게 하다. 강조하다.

1) Every year, on August 15th, many people *set off* firecrackers in celebration of our nation's independence.
매년 8월 15일이면, 많은 사람들이 우리나라의 독립을 기념하기 위해 폭죽을 터뜨린다.

2) No one has claimed responsibility for the bomb that was *set off* last week in Dublin.
지난주 더블린에서 터진 폭탄에 대해서 누구도 책임지려 하지 않았다.

3) The blouse she wore *set off* the color of her eyes.
그녀가 입은 블라우스는 그녀의 눈 색깔과 대조가 되어 선명하게 보였다.

4) The gray walls were *set off* by the addition of lush green carpeting.
회색빛 벽이 화려한 녹색 카펫이 더해지면서 강조되었다.

5) The burgundy drapes really *set off* the ivory wall and white trimming.
적포도주 빛 커튼이 상아색 벽과 하얀 장식을 정말로 눈에 띄게 한다.

695. **Set on / upon** (*v.*) – to direct to attack or attack 공격하게 하다. 공격하다.

1) The owner of the house *set* his dog *on* the intruder.
그 집의 주인은 그의 개에게 침입자를 공격하게 하였다.

2) Israeli troops were *set upon* by angry Palestinians early last night in Gaza.
이스라엘 군대는 지난밤 일찍 가자지구에서 성난 팔레스타인 사람들로부터 공격을 받았다.

696. **Set one's heart on** (*v.*) – to want very much 몹시 원하다.

1) She had *her heart set on* going to Europe, but her poor grades forced her to cancel her trip.
그녀는 유럽에 몹시 가고 싶어 했지만, 그녀의 나쁜 성적이 그녀의 여행을 취소할 수밖에 없도록 만들었다.

2) He doesn't know it yet, but his girlfriend has *her heart set on* a large sapphire and diamond wedding ring.
그는 아직 모르고 있지만, 그녀의 여자 친구는 큰 사파이어와 다이아몬드로 된 결혼반지를 몹시 원하고 있다.

697. **Set out** (*v.*) – to put in a known place, to plant, to explain
아는 장소에 놓다. 심다. 설명하다.

1) I always *set out* a dish of food for stray cats.
나는 집 없는 고양이들을 위해 항상 한 접시의 음식을 내어놓는다.

2) She *sets out* tomato seedlings every summer.
그녀는 매년 여름에 토마토 묘목을 심는다.

3) His staff had to *set out* all the facts before he would come to a decision.
그의 직원들은 그가 결정을 내리기 전에 모든 진상에 대해서 다 설명을 해야만 했다.

• stray (n) 길 잃은, 집에서 기르던 동물 • seedling (n) 모종, 묘목

698. **Set up** (*v.*) – to arrange or assemble, to found or establish, to place in a position of authority, to provide with the necessary means or money
차리다. 만들다. 설립하다. 권위를 세우다. 필요한 것으로 지원하다.

1) Her nightly chore was to *set up* the dinner table and put out the china.
그녀가 밤마다 하는 허드렛일은 저녁식탁을 꾸미고 접시를 내어놓는 것이다.

2) The school *set up* a special program to assist business majors in finding

employment after graduation.
그 학교는 경영학을 전공한 학생들이 졸업 후에 직업을 찾는 것을 도와주는 특별프로그램을 만들었다.

3) I want to *set up* a publishing company.
나는 출판 회사를 설립하기를 원한다.

4) He *set* himself *up* in business and made an enormous amount of money.
그는 개인 사업을 설립해서 대단히 많은 돈을 벌었다.

5) His family helped **set** him **up** in the restaurant business.
그의 가족은 그가 식당을 개업하는데 도움을 주었다.

• means (n) 수단, 방법 • chore (n) 허드렛일 • assist (v) 도와주다. • enormous (adj.) 대단한

699. **Settle down** (v.) – to begin living a more orderly life, to become calm
안착하다. 안정된 생활을 하다. 조용히 하다.

1) They hope to *settle down* in a quiet family oriented area.
그들은 조용한 가족 지향의 지역에서 안착하기를 희망한다.

2) Most people tend to *settle down* after they get married.
대부분의 사람들은 그들이 결혼한 다음에는 안정된 생활을 하는 경향이 있다.

3) The students *settled down* as soon as the teacher walked into the classroom.
학생들은 선생님께서 교실로 들어오자마자 조용히 했다.

700. **Settle for** (v.) – to accept something or someone even though not satisfied.
(만족하지는 않지만 할 수 없이) 받아들이다.

1) He wanted $100.00 for the bike, but *settled for* $65.00
그는 그의 자전거를 100달러에 팔고 싶었지만 할 수 없이 65달러에 만족할 수밖에 없었다.

2) She had dreamed of marrying a multimillionaire, but *settled for* a millionaire.
그녀는 수백만 달러를 가진 부자와 결혼하고 싶어 했으나 1백만 달러를 가진 사람과 결혼하는 것에 만족해야했다.

3) I wanted to find a better job, but I *settled for* the present one.
나는 좀 더 나은 직장을 찾기 원했지만 그냥 현재의 직장을 받아들였다.

701. **Settle on / upon** (*v.*) – to reach a decision 결정을 보다.

1) The First Merit Corporation has recently had a lot of corporate policy changes, but they've finally ***settled on*** new policies that are believed to carry them into the next decade.
First Merit회사는 최근에 대단히 많은 회사 정책을 바꿨으나, 결국에 그들을 다음 10년으로 인도해줄 것으로 기대되는 새 정책으로 결정을 보았다.

2) The issue of how to combine the assets of the two banks was ***settled upon*** at last week's meeting.
두 은행의 자산을 어떻게 합병하는가 하는 문제가 지난 주 회의에서 결정이 되었다.

702. **Settle up** (*v.*) – to pay money owed, to resolve a dispute
돈을 갚다. 지불하다. 결말을 짓다. 분쟁을 해결하다.

1) Let's ***settle up*** quickly and get out of here, or we'll be late for the concert.
빨리 돈을 지불하고 이곳에서 떠나도록 하자, 그렇지 않으면 우리는 음악회에 늦을 거야.

2) The settlement calls for them to ***settle up*** their ongoing dispute over the fundraising irregularities.
소송의 화해는 변칙적인 기금모음에 대해 그들의 계속되는 분쟁을 그들이 해결할 것을 요구한다.

** **Settle with** (*v.*) – to reach an agreement, to pay 합의를 보다.

1) He has agreed to ***settle*** his dispute ***with*** the company in return for a fair share of the profits from ticket sales.
그는 표 판매 이익에 대한 정당한 자기 몫을 돌려받기 위한 그 회사와의 분쟁에서 합의를 보았다.

2) She needs to ***settle*** her account immediately ***with*** the bank, or service will be discontinued.
그녀는 그녀의 은행 계좌를 즉시 결재해야 될 필요가 있다. 그렇지 않으면 그 서비스는 종료될 것이다.

703. **Shake down** (*v.*) – to extort money from (돈을)강탈하다. 빼앗다.

1) The police officers were caught trying to ***shake down*** business owners in the area.
그 지역의 사업 소유주들로부터 돈을 갈취하려던 경찰관들이 붙잡혔다.

2) The Mafia has often been accused of ***shaking down*** small business owners

or destroying their businesses.
마피아는 작은 사업주들을 협박하여 돈을 갈취하거나 그들의 사업들을 망하게 하는 것으로 종종 비난받는다.

• accuse (v) 비난하다. • be accused of 비난받다.

704. **Shake off** (*v.*) – to get rid of 제거하다.

1) The spy knew some people were following him and he tried to ***shake*** them ***off***, but to no avail.
그 스파이는 누군가 자기를 미행하고 있음을 알고, 떨쳐버리려고 했으나 소용이 없었다.

2) She wants to get rid of the stalker, but she doesn't know how to ***shake*** him ***off***.
그녀는 스토커를 떨쳐버리고 싶으나 어떻게 그를 떨쳐버릴 수 있을지 방법을 모른다.

705. **Shake up** (*v.*) – to disturb (긴장, 걱정, 혼란 등으로) 몹시 불안하게 하다.

1) The grisly crime ***shook up*** the entire community.
그 소름끼치는 범행은 온 동네를 몹시 불안하게 만들었다.

2) The news of forced layoffs and early retirement ***shook up*** the entire staff.
강제해고와 조기 퇴직에 대한 뉴스는 모든 직원들을 몹시 불안하게 했다.

706. **Shape up** (*v.*) – to improve one's behavior or performance
(행위, 몸매, 태도 등을)다듬다. 개발하기 위하여 기대되는 일을 하다.
행동이나 일을 향상하다.

1) After midterms, her teacher told her to ***shape up*** or she would fail the course.
중간고사가 끝난 후 그녀의 선생님은 그녀가 열심히 공부하지 않으면 그 과목에서 낙제할 것이라고 말했다.

2) His father told him to ***shape up*** or find another place to live.
그의 아버지는 그가 행동을 바르게 하지 않으면 따로 나가 살 집을 구해야 할 것이라고 말했다.

3) My body is in such bad shape, I really need to ***shape up***.
나의 몸매가 정말 좋지 않다. 나는 정말 내 몸매를 다듬어야할 필요가 있다.

707. **Ship out** (*v.*) – to ship to another location 다른 장소로 수송하다.

1) We are planning to *ship out* all the merchandise soon.
우리는 모든 상품을 곧 다른 장소로 수송할 예정이다.

2) If the packages are *shipped out* today, they'll arrive in three days.
만약 화물들이 오늘 실어내지면, 3일 후에는 도착할 것이다.

708. **Shoot for** (*v.*) – to try to achieve a goal 목적을 달성하기 위해 시도 또는 노력하다.

1) He *shot for* a June opening, but didn't make it.
그는 6월 개장을 위해 시도했으나, 해낼 수 없었다.

2) They're *shooting for* the 1st place prize in the dance contest.
그들은 댄스 경연대회에서 1등상을 목표로 하고 있다.

709. **Shoot off** (*v.*) – to shoot, to set off 발포하다. 쏘아 올려서 터뜨리다.

1) The army has decided to *shoot off* the new missile before August 2002.
육군은 2002년 8월 전에 새 미사일을 발사하기로 결정했다.

2) Revelers *shot off* firecrackers in celebration of Independence Day.
들뜬 군중들이 독립일을 기념하여 폭죽을 쏘아 올렸다.

710. **Show into / out** (*v.*) – to guide or escort someone entering or leaving
안으로(밖으로) 안내하다.

1) I will *show* you *into* the house.
제가 집안으로 안내하겠습니다.

2) I will *show* you *out*.
제가 밖으로 안내하겠습니다.

711. **Show off** (*v.*) – to display or behave in an ostentatious or conspicuous manner
자랑하다. 전시하다.

1) He should be studying, but he's busy *showing off* his new car to his friends.
그는 공부를 하고 있어야 하는데, 그의 친구들에게 그의 새 차를 자랑하느라고 바쁘다.

2) She is ostentatious and jumps at every opportunity to *show off* her wealth.
그녀는 과시하는 것을 좋아하고, 그녀의 부를 자랑할 수 있는 모든 기회에 흔쾌히 달려든다.

• ostentatious (adj.) 자랑하는 • conspicuous (adj.) 눈에 띄는

712. **Show up** (*v.*) – to arrive, to come, to appear, to reveal
도착하다, 오다, 나타나다, 드러나다.

1) Just for once, everybody ***showed up*** on time.
딱 한번 모든 사람들이 정시에 도착했다.

2) The band ***showed up*** more than an hour late for their concert.
그 악단은 그들의 연주회에 정시보다 한 시간 이상이나 늦게 도착했다.

3) When she didn't ***show up*** for dinner, her family began to worry.
그녀가 저녁식사에 나타나지 않았을 때 그녀의 가족들은 걱정하기 시작했다.

4) Many book-keeping inaccuracies ***showed up*** during the routine inspection.
정기 감사 때 많은 경리 오류들이 드러났다.

• book keeping (n) 경리 • inaccuracy (n) 오류 • routine (adj.) 일상적인 • inspection (n) 조사, 검사

713. **Shrug off** (*v.*) – to act as if s/he doesn't care, to minimize the importance of
떨쳐버리다, 경시하다.

1) She ***shrugged off*** her disappointment over not being promoted and kept on working, sure she would get the next one.
그녀는 승진되지 못한 것에 대한 실망을 떨쳐버리고, 계속 일을 하였다. 그녀가 다음에 승진할 것이라는 것은 확실하다.

2) His family and friends made several suggestions, but he just ***shrugged*** them ***off***.
그의 가족과 친구들이 그에게 여러 제안을 했으나, 그는 그것들을 무시했다.

• keep on ~ing 계속해서 ~하다.

714. **Shut down** (*v.*) – to stop operating, to halt operation of 휴업하다, 중지하다.

1) The company ***shut down*** the mill until the labor dispute was resolved.
그 회사는 노동 분쟁이 해결될 때까지 공장의 문을 닫았다.

2) The company ***shuts down*** for two weeks every summer.

그 회사는 매년 여름 두 주간 휴업을 한다.

• labor dispute 노동분쟁 • halt (v) 중지하다.

715. **Shut off** (*v.*) – to turn off 끄다. 차단하다.

1) Please make sure you ***shut off*** the television before you go to sleep.
잠자러 가기 전에 TV 전원을 껐는지 확인하시오.

2) The water shortage probably means the Water Company will ***shut off*** the water on alternate weekends.
물 부족은 아마 수자원공사가 격 주말로 물의 공급을 차단할 것이라는 것을 의미한다.

• alternate (adj., v) 다른, 교대하다. • water shortage 물 부족

716. **Shut out** (*v.*) – to exclude, to keep someone or something from entering
따돌리다. 제외하다. 들어오는 것을 막다.

1) She felt her coworkers had completely ***shut*** her ***out*** at the weekly meeting.
그녀는 그녀의 동료들이 매주 회의에서 그녀를 철저히 따돌리는 것을 느꼈다.

2) We closed all the windows in an effort to ***shut out*** the noise.
우리는 소음이 밖에서 들어오는 것을 막기 위해 모든 창문을 닫았다.

• in an effort to ~ ~하기 위한 노력으로

717. **Shy away from** (*v.*) – to avoid or move away from something with fear or disgust
두려움이나 혐오스러움으로 피하거나 가버리다.

1) The students ***shied away from*** the new teacher's questions.
학생들은 새로 온 선생님의 질문에 두려운 듯 피했다.

2) Kittens usually ***shy away from*** strangers.
새끼 고양이는 일반적으로 낯선 사람들을 피한다.

718. **Sick and tired of** (*adj.*) – irritated, or annoyed (by something repeated or continued too long very unpleasantly)
(반복되거나 아주 오래 끄는 불쾌한 일로) 몹시 성가신, 지겨운

1) I am *sick and tired of* answering the phone all day.
나는 하루 종일 전화 받는 것이 정말 귀찮다.

2) I am *sick and tired of* listening to her complaints.
나는 그녀의 불평을 듣는 것이 지겹다.

719. **Side by side** (*adv.*) – next to each other 가까이 함께, 나란히

1) Their houses are *side by side* on 1st Street.
그들의 집은 1번가에 나란히 위치해 있다.

2) They always sit *side by side* in the classroom.
그들은 교실에서 항상 나란히 앉는다.

3) The dresses were displayed *side by side* in the window.
옷들이 진열창에 나란히 전시되어 있었다.

4) They played *side by side* all afternoon.
그들은 오후 내내 같이 놀았다.

720. **Side with** (*v.*) – to align oneself with 편들다.

1) She *sides with* him whether he's right or wrong.
그녀는 그가 옳던 그르던 그의 편을 든다.

2) He thanked his boss for *siding with* him in his request for a leave of absence.
그는 그의 결근 요청에 응해준 사장에게 감사했다.

• align (v) 한 줄로 세우다. 제휴하다.

** **Side against** (*v.*) – to align oneself against ~의 편을 들지 않다.

1) Many of the people she considered friends *sided against* her.
그녀가 친구라고 생각했던 많은 사람들이 그녀의 편을 들어주지 않았다.

2) It was unusual to see workers take the side of management and *side against* the labor union.
노동자들이 노조의 편을 들지 않고 경영자들의 편을 들어주는 것을 보는 것이 흔치 않은 일이다.

721. **Sign in** (*v.*) – to sign a register or log on entering

입장할 때 등록표나 명부 등에 성명을 기재하다.

1) Students taking the exam must *sign in* when they enter the test site.
시험을 치르는 학생들은 시험장에 들어갈 때 성명을 기재해야 한다.

2) Beginning Monday, staff must *sign in* when they come to work.
월요일 아침부터 직원들은 출근할 때, 성명을 기재해야 한다.

** **Sign out** (*v.*) – to sign a register or log on leaving 떠날 때 기재하다.

1) Employees must sign in when they arrive and *sign out* when they finish their shift.
종업원들은 출근할 때나, 교대를 끝내고 퇴근할 때, 자신들의 이름을 기재해야만 한다.

• register (n, v) 등록, 기록부, 등록하다.

722. **Sign off** (*v.*) – a broadcasting term, to stop transmitting or to complete one's air presentation

방송에서 (그날의) 방송을 끝내다.

1) The station *signs off* at the same time every night.
그 방송사는 매일 밤 같은 시각에 정규방송을 끝낸다.

2) The newscaster always *signs off* by saying, "Have a good night."
그 뉴스의 진행자는 항상 "안녕히 주무세요"라는 말로 방송을 끝맺는다.

• broadcasting (adj. n) 방송(의) • transmit (v) 전달하다.

723. **Sign on** (*v.*) – to sign an agreement to work, or do volunteer work

고용계약서에 서명하다. 자원해서 하다.

1) If you are interested in a summer job, you must *sign on* now.
여름 일자리에 관심이 있다면, 지금 고용계약서에 서명을 해야 합니다.

2) Many celebrities have *signed on* to help flood victims.
많은 연예계 인사들이 홍수 피해자들을 돕기로 서명했다.

• celebrity (n) (살아 있는) 유명한 사람(특히 연예계)

S

** **Sign up** (*v.*) – to sign one's name to an agreement
동의서에 서명하다. 등록(참가)하다. 서명하다.

1) He *signed up* for the Navy last week.
그는 지난주에 해군에 지원했다.

2) The university is hoping more students will *sign up* for their summer intensive courses.
그 대학은 그들의 여름집중과정에 더 많은 학생들이 등록하기를 바라고 있다.

• intensive (adj.) 집중적인

724. **Sign over** (*v.*) – to give legally by signing one's name
서명하여 합법적으로 양도하다.

1) He *signed over* the deed of his house.
그는 그의 집의 증서를 양도했다.

2) She will *sign* her property *over* to her adopted son when he is old enough.
그녀는 그녀의 양자가 나이가 웬만히 들면 그녀의 재산을 그에게 양도할 것이다.

725. **Sit back** (*v.*) – to relax, to stand away from 느긋하게 쉬다. 떨어져 있다.

1) After I retire, I am going to *sit back* and enjoy life.
나는 은퇴 한 후에, 느긋하게 쉬면서 인생을 즐길 것이다.

2) I couldn't believe she just *sat back* and let her kids do whatever they wanted to do.
나는 그녀가 그녀의 아이들이 하고 싶은 내로 내버려 두었다는 것을 믿을 수가 없었다.

726. **Sit in (on)** (*v.*) – to participate or attend in, to be included usually as an observer
참가하다. 참관하다.

1) He was asked to *sit in on* the finance meeting because he is an expert in corporate fundraising.
그는 법인의 자금 모금 전문가이기 때문에 재무회의에 참가하도록 요청받았다.

2) The new teacher asked if she could *sit in on* one of the principal's classes.

신임 교사는 교장의 수업 중 한 시간을 참관할 수 있는지 물었다.

• expert (n) 전문가 • corporate (adj.) 법인의, 회사의

** **Sit on** (*v.*) – to be a member of

(참석하여) ~의 임무를 수행하다. ~의 멤버이다. 지연하다.

1) The twelve people who ***sat on*** the jury had found the defendant guilty.
그 재판에 참석한 12명의 사람들은 그 피고가 유죄라는 것을 알아냈다.

2) He's retired, but he still ***sits on*** the board of trustees.
그는 은퇴했지만, 여전히 이사회의 일원이다.

727. **Size up** (*v.*) – to make an estimate of, to meet certain specifications

어림잡다. 평가(측정)하다. 표준이나 요구사항에 미치다.

1) The counselor ***sized up*** the problem only after he had spoken with all the individuals involved in the dispute.
그 카운슬러는 그 다툼에 연루된 모든 사람들과 면담한 후에 그 문제를 평가했다.

2) He needed some additional time to ***size up*** the situation.
그는 그 상황을 파악하기 위해 약간의 시간을 더 필요로 했다.

3) The thought that the interviewer was ***sizing*** her ***up*** made her feel uncomfortable.
그 면접자가 그녀를 평가하고 있다는 생각이 그녀를 불편하게 했다.

• specification (n) 정확한 설명서, 세부계획서, 표준 • involved (adj.) 연루된, 연관된
• additional (adj.) 추가적인

728. **Skeleton in the closet** (*n.*) – a shameful secret which is kept hidden

숨겨진 창피한 비밀

1) Almost everyone has at least one ***skeleton in the closet***.
거의 모든 사람들은 적어도 한가지씩의 창피한 비밀을 가지고 있다(털어서 먼지 안 나는 사람 없다).

• skeleton (n, adj.) 해골, 말라빠진

729. **Sketch out** (*v.*) – to make an outline 윤곽을 그리다.

1) His boss asked him to *sketch out* a rough draft of the proposal before they meet with the rest of the team.
그의 상사는 그들이 다른 팀들을 만나기 전에, 그에게 그의 제안의 대략적인 윤곽을 그려보도록 요청했다.

2) The architect *sketched out* a plan of the proposed building project.
그 건축가는 제안된 건물 건축 계획의 윤곽을 그렸다.

730. **Skin and bones** (*n.*) – very thin and undernourished state
매우 마르고 영양실조에 걸린, 피골상접

1) Photographs of the famine stricken country showed horrific scenes of children who were little more than *skin and bones*.
흉작이 휩쓴 나라의 사진들은 피골이 상접한 어린아이들의 끔찍한 장면을 보여주었다.

2) The cat is healthy now, but it was near starvation and merely *skin and bones* when I found it.
그 고양이는 지금은 건강하지만, 내가 그것을 발견했을 때는 아사직전이었고, 단지 뼈와 가죽밖에 남지 않았었다.

• famine (n) 기근, 굶주림 • horrific (adj.) 무서운 • starvation (n) 굶주림

731. **Skin-deep** (*adj.*) – superficial, shallow 매우 얕은, 깊은 의미가 없는, 피상적인

1) He claims to have studied world history, but his knowledge is only *skin-deep*.
그는 그가 세계사를 공부해왔다고 주장하지만, 그의 지식은 매우 얕다.

2) She pretends to be my friend, but her friendship is only *skin-deep*.
그녀는 나의 친구인 척 하지만, 그녀의 우정은 깊이가 없다.

3) Her beauty is only *skin-deep*.
그녀의 아름다움은 피상적이다.

• pretend (v) 가장하다.

732. **Skip out (on)** – to leave without permission 허락 없이 (수업 등을) 빠지다.

1) The girl *skipped out* of school because she wanted to meet her friend.
그 소녀는 그녀의 친구를 만나기를 원했기 때문에 학교를 무단결석했다.

** **Skip over** (*v.*) – to omit 생략하다.

1) Our teacher *skipped over* Chapter 3 of the textbook because it didn't look interesting.
선생님은 재미없게 보인다고 제3장을 생략했다.

733. **Slap down** (*v.*) – to refuse roughly, to stop someone in a lower position from speaking
무례하게 거절하다. 자기보다 지위가 낮은 사람이 말을 못하도록 막다.

1) She brought her complaint to her supervisor, but it was *slapped down* immediately.
그녀는 그녀의 상관에게 불평을 전했지만, 그는 아주 냉정하게 그녀가 말도하지 못하게 했다.

2) Management *slapped down* their employees' suggestion of a pay raise.
경영진은 직원들의 임금인상 요구를 단번에 거절했다.

** **Slap in the face** (*n., v.*) – an insult, a disappointment, to insult or embarrass
모욕(하다). 실망이나 당황하게 하다.

1) Her refusal to return my phone calls was a *slap in the face*.
그녀가 나의 전화에 대답하지 않은 것은 나에 대한 모욕이었다.

2) He felt his demotion was a *slap in the face*.
그는 그의 좌천은 그에 대한 모욕이라고 느꼈다.

3) Your public insult felt like a *slap in the face*.
너의 공개적인 무례는 모욕적이었다.

• demotion (n) 좌천, 강등

734. **Sleep a wink** (*v.*) – to get a moment's sleep 잠깐 눈을 붙이다.

1) He was so concerned about his project that he didn't *sleep a wink* last night.
그는 그의 계획에 대해 너무 많이 걱정해서 지난 밤 잠시도 눈을 붙일 수 없었다.

735. **Sleep on it** (*v.*) – to consider something overnight before deciding
결정하기 전에 하루 밤 생각해 보다.

1) I'd like to join the club, but I'm not sure whether I have the time. Let me *sleep on it* and I'll give you an answer tomorrow.
나는 그 모임에 가입하고 싶지만, 내가 시간여유가 있는지 잘 모르겠다. 내게 하루 밤 생각해 볼 여유를 주면 내일 대답을 해 주겠다.

2) I appreciate your invitation, but let me *sleep on it* and I'll get back to you tomorrow.
저를 초청해 주셔서 감사합니다만, 제게 하루 밤 생각할 수 있도록 시간을 주시면, 내일 당신께 답을 드리겠습니다.

• appreciate (v) 감사하다. • invitation (n) 초대

736. **Slip away** (*v.*) – to pass unnoticed (알지 못하는 사이에) 눈에 띄지 않게 지나가다.

1) When I'm busy, time seems to *slip away*.
내가 바쁠 때 시간은 알지 못하는 사이에 지나가 버리는 것 같다.

2) Before they were aware of it, a month of their vacation had already *slipped away*.
그들이 깨닫기도 전에 휴가 한 달이 벌써 지나가 버렸다.

** **Slip out** (*v.*) – to leave quietly without being noticed
눈치 채지 않게 조용히 떠나다(빠져나가다).

1) We were tired and *slipped out* of the party early.
우리는 피곤했기 때문에 파티에서 일찍 조용히 떠났다.

2) She *slipped out* of the house after supper to meet her friends.
그녀는 저녁식사 후에 친구들을 만나기 위해 조용히 집에서 빠져나갔다.

737. **Slip of the tongue** (*n.*) – utterance of something by mistake
전혀 생각하지 않은 실수로 한 말.

1) He didn't mean to reveal the secret, it was just a *slip of the tongue*.
그는 비밀을 누설하려고 했던 것은 아니다. 그것은 실수로 한말이다.

2) Try not to make any *slips of the tongue* during your speech.
연설도중에 말실수를 하지 않도록 노력해라.

• reveal (v) 폭로, 누설하다. • revelation (n) 폭로, 누설

** **Slip up** (*v.*) – to make a mistake or an error 실수하다.

1) The bank teller must have *slipped up* when she was counting the money because her till was short more than $200.00.
은행 창구직원의 서랍에서 200달러 이상 돈이 모자라는 것을 보면, 그 행원은 돈을 세면서 실수한 것이 틀림없다.

2) I did all right on the exam, but I *slipped up* on the last question.
나는 시험을 잘 풀었는데, 마지막 문제에서 실수를 했다.

738. **Slow down** (*v.*) – to go slowly or cause to go more slowly
속도를 늦추다, 천천히 하다, 천천히 가게하다.

1) *Slow down*! There's no need to hurry.
속도 좀 늦춰, 서두를 이유 없잖아.

2) He's busy as usual, but one of these days he'll *slow down*.
그는 평상시처럼 바쁘다. 하지만, 조만간 시간의 여유를 가질 것이다.

3) The factory *slowed down* its production of the item because its demand was down.
그 공장은 제품의 수요가 줄어들었기 때문에 그들의 생산 속도를 늦추었다.

739. **Smash up** (*v.*) – to wreck completely 완전히 박살내다.

1) His car was *smashed up* in the accident.
교통사고로 그의 차는 완전히 박살났다.

2) The drunk driver drove into a wall and *smashed up* his car.
술에 취한 운전자가 벽을 향해 돌진해서 그의 차를 박살냈다.

S

740. **Smooth over** (*v.*) – to make a troubled situation seem better.
사태를 수습하다, 진정시키다.

1) The government is trying to *smooth over* the scandal.
정부는 그 추문을 무마 시키려고 노력하고 있다.

2) He is good at *smoothing over* disputes between management and labor.
그는 노사관계 상호의 불만을 잘 절충하는데 능숙하다.

• be good at ~ ~에 능숙하다. • dispute (v, n) 토론, 논쟁하다.
• management and labor 노사

741. **Snap out of it** (*v.*) – to recover quickly from a bad mood, depression or illness, etc.

나쁜 감정, 느낌, 버릇, 또는 병 등으로부터 빨리 회복되다.

1) She *snapped out of* her gloomy mood as soon as she got married.
그녀는 결혼하자마자, 그녀의 우울한 감정에서 벗어났다.

2) When he first heard the test results he was depressed, but he soon *snapped out of it* and got back to studying.
그가 시험결과를 처음 들었을 때 매우 실망했지만, 그는 곧 마음을 추스르고 다시 공부에 전념했다.

742. **Snap up** (*v.*) – to take quickly and eagerly 몹시 원하여 재빨리 사버리다(가져가다).

1) The customers *snapped up* all the Christmas items we had on sale.
고객들은 우리가 특가 판매한 크리스마스 상품들을 재빠르게 다 사갔다.

2) The children *snapped up* all of the cookies before she had even put the tray on the table.
아이들은 그녀가 식탁에 쿠키판을 놓기도 전에 쿠키를 다 집어 먹었다.

743. **Sneak up on** (*v.*) – to approach or move stealthily 몰래 접근하다.

1) He *sneaked up on* her and she screamed because it startled her.
그는 그녀에게 몰래 가까이 갔는데, 그 행동이 그녀를 깜짝 놀라게 해서 그녀는 비명을 질렀다.

• startle (v) 깜짝 놀라게 하다.

** **Sneak into / onto** (*v.*) – to enter a place stealthily without being noticed

몰래 눈치 채지 않게 들어가다.

1) A few students were late and *sneaked into* the classroom through the backdoor.
두세 명의 학생들이 지각을 해서 뒷문을 통해서 조용히 눈치 채지 않게 들어왔다.

2) Two young men were caught trying to *sneak onto* the ferry without paying.
배에 무임승차 하려던 두 젊은이들이 잡혔다.

744. **Snowed in** (*v.*) – to be trapped by heavy snow 폭설 속에 갇히다.

1) They were ***snowed in*** for three days because of heavy blizzard.
그들은 폭설 때문에 눈 속에 삼일 간 갇혀있었다.

• blizzard (v) 대단한 폭풍설

745. **So far, so good** – up until now things have gone well. 아직까지는 좋다.

1) We were worried about her ability to make the grade as a business woman, but ***so far, so good***.
우리는 그녀가 사업가로 성공할 수 있을지 걱정했지만, 지금까지는 잘해오고 있다.

2) All of the signs point to an improved economy, and ***so far, so good***.
모든 징조들이 경제호전을 가르치고 있으며 지금까지는 좋다.

• make the grade 목적을 이루다. 성공하다.

746. **Only so many** (*adj.*) – a limited number of 한정된 숫자의

1) There are ***only so many*** things I can accomplish in a day.
내가 하루에 할 수 있는 일들은 한정되어 있다.

2) They can ***only*** issue ***so many*** copies of each card under the terms of their agreement with Major League Baseball.
그들은 메이저리그 야구단과의 협정에 의해 각각의 카드에 대해서 한정된 수량만큼만 발행 할 수 있다.

3) I can do ***only so many*** things in a day.
내가 하루에 할 수 있는 일들은 한정되어 있다.

** **Only so much** (*adj.*) – a limited amount (of) 한정된 양의

1) I have ***only so much*** time to do so many things.
나는 할 일은 많은데 시간은 한정되어 있다.

2) I have ***only so much*** money to spend on home improvement, the rest of the money needs to go towards other things.
나는 집수리에 쓸 수 있는 돈이 한정되어 있다. 나머지 돈은 다른 일을 하는데 필요하다.

S

747. **Something (else)** (*adj.*) – something or someone very unusual, far beyond average

보통이 아닌(똑똑한, 특별한, 멋있는 등등)

1) That new hairdo she got is really ***something else***!
그녀의 새 머리 모양은 정말로 멋있다.

2) Yes, she's really ***something else***!
그래, 그녀는 정말로 특별한 사람이야.

3) The new Corvette sport cars are ***something else***!
새 콜벹 스포츠 자동차는 정말 멋있다.

** **Something else again** – something different 다른 것, 별개의 것

1) Borrowing the book is one thing, but taking it without permission is ***something else again***.
책을 빌리는 것과 허락 없이 그것을 갖는 것은 다르다.

• permit (v) 허가하다. • permission (n) 허락

748. **So-so** (*adj.*) – neither good nor bad 아주 좋지도 나쁘지도 않은, 그저 그런

1) The movie was ***so-so***.
그 영화는 그저 그랬다.

2) The food was quite good, but the service was ***so-so***.
음식은 참 맛있었는데, 서비스는 별로였다.

749. **So that** (*conj.*) – in order that, so, as a result of that

~하기 위해, 그래서, ~의 결과로써

1) I am going to make a few phone calls to realtors ***so that*** I can find a home.
나는 두세 곳의 부동산 중개사에게 전화를 걸 예정이다. 그래야 집을 구할 수 있다.

2) A meeting was called, ***so that*** we could discuss the issue.
회의가 소집되었다. 그래서 우리는 그 문제를 토의할 수 있었다.

3) I stayed in bed most of the day ***so that*** I would feel better for the party.
파티를 할 컨디션이 나아지도록 나는 거의 하루 종일 누워 있었다.

• realtor (n) 부동산중개인 • be called 소집되다.

** **So as to** (*prep.*) – in order to ~하기 위해서

1) Send packages early *so as to* be sure they arrive on time.
소포들이 제때에 도착하게 하기 위해서 일찍 발송해라.

2) I want to save as much as I can, *so as to* take a trip overseas.
나는 해외여행을 하기 위해, 최대한 많은 돈을 저축하기 원한다.

• take a trip overseas 해외로 여행하다.

** **So ~ that** – used with an adjective or an adverb.
(형용사나 부사와 함께 쓰여서)몹시 ~해서 ~하다.

1) She is *so* pretty *that* everyone notices her.
그녀는 몹시 아름다워서 모든 사람이 그를 주목한다.

2) The subway train was *so* crowded *that* I could barely squeeze in.
지하철이 몹시 붐벼서 겨우 끼어들 수 가 있었다.

3) He did *so* well on the test *that* he made the Dean's List.
그는 시험을 매우 잘 봐서 딘즈 리스트에 올라갔다.

750. **Sort out** (*v.*) – to arrange or sort by classification 분류하다.

1) His job is *sorting out* the mail.
그의 직업은 우편물을 분류하는 것이다.

2) *Sort out* these letters by alphabetical order.
이 편지들을 알파벳순으로 분류해라.

S

751. **Sought after** (*adj.*) – in demand 구해지는, 추구되어지는, 찾으려 애써지는

1) Her first film was so successful that now she's much *sought after*.
그녀의 첫 영화는 매우 성공적이어서 이제는 많은 사람들이 그녀(그녀의 인기가 높아졌다)를 찾는다.

2) Old and rare coins are *sought after* by collectors because of their value.
수집가들은 오래된 동전들의 희소성과 가치 때문에 그것들을 찾으려 애쓴다.

3) Classic furniture is always *sought after*.
고가구들은 항상 인기가 있다.

752. **Sound off** (*v.*) – to speak in a loud, or complaining way

크게 또는 불평조로 말하다.

1) The students *sounded off* when they received their poor grades.
그 학생들은 그들의 형편없는 성적들을 받았을 때 크게 불평조로 떠들어댔다.

753. **Sound out** (*v.*) – to try to find out how the other person feels or thinks cautiously

다른 사람의 생각 또는 느낌을 조심스럽게 타진하다.

1) She *sounded out* the boss about a week off, but decided against making the request.
그녀는 사장에게 1주일간의 휴무를 조심스럽게 타진했다. 그러나 요청을 하지 않기로 결정했다.

2) The meeting is to **sound out** the members about raising dues.
그 회의는 회비인상에 대한 회원들의 생각을 타진하기 위한 것이다.

• cautious (adj.) 조심스러운 • raise dues 회비를 인상하다.

754. **Space out** (*v.*) – to have gaps 간격을 두다.

1) She's a good student, but sometimes she is *spaced out*.
그녀는 좋은 학생이다. 하지만, 가끔 아무것도 안 할 때가 있다.

2) I like to *space* things *out* instead of trying to do everything at once.
나는 모든 것을 한꺼번에 시도하는 것보다는 간격을 두는 것을 좋아한다.

755. **Speak for** (*v.*) – to speak on behalf of, to claim ~을 대변하다. 요구(청구)하다.

1) I am here today to *speak for* the rights of all living creatures, including animals.
나는 지금 동물들을 포함한 모든 생명체들의 권리를 대변하기 위해 여기에 있다.

2) You don't need to *speak for* me, I can speak for myself.
당신은 나를 대변할 필요가 없다. 나는 내 자신을 위해 말할 수 있다.

3) A man asked her to dance, but she said she was already *spoken for*.

한 남자가 그녀에게 같이 춤출 것을 제안했으나, 그녀는 이미 춤 요청을 받아 같이 출 사람이 있다고 했다.

4) Would you like to dance with me? I'm already *spoken for*.
저하고 춤추시겠습니까? 이미 춤 요청을 받았어요.

756. **Speak of the devil and he appears** (*proverb.*)
– Used when people are talking about a person and the person shows up unexpectedly.

호랑이도 제말하면 온다.

1) *Speaking of the devil*, here comes Jim and we were just talking about him.
호랑이도 제말하면 온다더니, 우리가 짐에 대해 이야기 하고 있었는데, 저기 짐이 온다.

757. **Speak out** (*v.*) – to protest, to talk freely, to make one's opinions known

저항하다. 자유로이 자신의 의견을 말하다.

1) The oppressed will never better their lot until they *speak out*.
압박을 받는 자들은 그들의 주장을 낼 때까지 결코 그들의 운명을 개선할 수 없다.

2) Nowadays, labor often *speaks out* to the administration.
요즘 노동자들은 종종 경영진에게 자유로이 의견을 제시한다.

• oppress (v) 압박, 억압하다. • lot (n) 몫, 운명

** **Speak up** (*v.*) – to speak in a loud voice 큰 목소리로 말하다.

1) Please *speak up*, so everyone can hear you.
모든 사람들이 들을 수 있게 큰 소리로 말씀해 주세요.

** **Speak well for** (*v.*) – to be good evidence 좋은 증거이다.

1) The paper he wrote *speaks well for* his alma mater.
그가 쓴 논문은 그의 모교를 나타내는 좋은 증거이다.

2) His recent letter *speaks well for* a possible reconciliation.
그의 최근의 편지들은 화해가능성에 대한 좋은 증거이다.

• reconcile (v) 화해시키다. 조정하다. • reconciliation (n) 화해, 조정

758. **Speed up** (*v.*) – to go faster, to make go faster 속력을 내다 (내게 하다)

1) We'd better ***speed up*** the work pace or we'll have to work this weekend to get the job completed.
우리가 일하는데 좀 더 속력을 내야한다. 그렇지 않으면 우리는 이일을 끝마치기 위해 주말에도 일해야 한다.

2) The company made a decision to ***speed up*** its production.
그 회사는 생산속도를 증가시키기로 결정했다.

759. **Spell out** (*v.*) – to make clear and understandable, to read slowly letter by letter, to write out in full

분명하고 이해할 수 있게 하다.
천천히 한자씩 읽다. 약자를 쓰지 않고 전체를 다 쓰다.

1) The teacher ***spelled out*** the whole procedure.
선생님은 학생들이 전 과정을 이해할 수 있도록 설명했다.

2) She ***spelled*** her name ***out*** loud, "N-a-n-c-y."
그녀는 그녀의 이름을 크게 한자씩 읽었다. "N-a-n-c-y."

3) ***Spell out*** your full name, please.
당신의 이름 전체를 써주시기 바랍니다.

• procedure (n) 순서, 절차, 진행과정

760. **Split off** (*v.*) – to divide, to separate 쪼개다. 분리하다.

1) We ***split off*** some decayed branches and used them for firewood.
우리는 썩은 나뭇가지들을 쪼개서 불쏘시개로 썼다.

2) The management's decision to ***split off*** the sales department from the main office was not well received.
본사로부터 영업부를 분리하려는 경영진의 결정은 잘 받아들여지지 않았다.

• decayed (adj.) 썩은

** **Split up** (*v.*) – to split into pieces, to separate 쪼개다. 헤어지다.

1) They ***split up*** the work and finished it faster.

그들은 그 일을 분업해서 더 빠르게 끝냈다.

2) They're going to *split up* because they don't get along well.
그들은 원만하게 잘 지내지 못하기 때문에 헤어질 예정이다.

• get along well 사이좋게 지내다.

761. **Spread out** (*v.*) – to extend over a large area or time
널리 펴놓다. (시간적 공간적으로) 넓게 간격을 두다. 널리 퍼지다.

1) She *spread out* a cloth and placed the peppers on it.
그녀는 천을 넓게 펴놓고 그 위에 고추들을 올려놓았다.

2) We *spread out* the workload to give everyone a fair share.
우리는 모든 사람들에게 공평한 몫을 주기위해 일의 양을 분배했다.

3) The use of cell phones has *spread out* all over the country.
휴대전화의 사용은 전국에 걸쳐 널리 퍼져있다.

762. **Spring up** (*v.*) – to appear or emerge suddenly 나타나다, 일어나다.

1) The IT businesses seemed to *spring up* overnight.
IT 기업들이 갑자기 생겨나는 것 같았다.

2) Civil rights organizations have *sprung up* throughout the country.
인권단체들이 전국에 걸쳐서 생겨났다.

763. **Spruce up** (*v.*) – to make neat or improve the appearance of
말쑥하게 단장하다.

1) She has a large wardrobe and always *spruces* herself *up*.
그녀는 많은 종류의 의상을 가지고 있고 언제나 말쑥하게 차려입는다.

2) When we expect company, we always *spruce up* the house.
친구들이 올 예정이면 우리는 언제나 집안을 깔끔하게 단장한다.

• wardrobe (n) 의상

764. **Square off** (*v.*) – to get into a fighting position 싸울 자세로 들어가다.

S

1) The two boys had just *squared off* when the teacher arrived.
선생님이 도착했을 때 두 소년들은 막 싸우려는 찰나에 있었다.

765. **Square with** (*v.*) – to agree or conform 동의하다. 맞다.

1) Her story doesn't *square with* the facts.
그녀의 이야기는 사실과 다르다.

766. **A square peg in a round hole** – Someone who does not fit
어느 특정한 장소나 임무 등에 잘 맞지 않는 사람.

1) She quit her job because she felt like *a square peg in a round hole*.
그녀는 그녀의 직장이 그녀와 잘 맞지 않는다고 느꼈기 때문에 그만 두었다.

767. **Square up** (*v.*) – to settle debts, to make even 빚을 청산하다.

1) After I *square up* my debts, I'm going to take a long vacation.
내 모든 빚을 청산하고 나서, 나는 긴 휴가를 가질 예정이다.

2) Last time you paid for lunch, so today I'll pay. I'd like to *square up*.
지난번에 당신이 점심값을 냈으니 이번에는 내가 내겠다. 나는 공평한 것을 좋아한다.

768. **Stack up** (*v.*) – to pile one thing on another, to add up 포개다. 쌓아놓다.

1) His boss asked him to stay late and help *stack up* the boxes that would be shipped out on the next truck.
그의 상사는 그에게 늦게 까지 남아서 내일 트럭에 선적될 상자들을 쌓는 것을 도와 달라고 요청했다.

2) I've fallen behind on my payments and the bills have *stacked up*.
나는 납부금을 연체했고, 그래서 청구서들이 쌓여있다.

• ship out 배로 떠나다. • fall behind 뒤처지다.

769. **Stamp out** (*v.*) – to suppress, to destroy or put out by stamping, to make an impression in something by pressing down on it
근절하다. 억압하다. 밟아서 끄다. 틀로 찍어내다.

1) Customs officials are trying to *stamp out* the importation and sale of endangered species.
관세당국은 멸종위기 동물들의 수입과 판매를 근절하기 위해 노력하고 있다.

2) Despots, like Hitler and Stalin, were unsuccessful in their bids to *stamp out* democracy.
히틀러나 스탈린 같은 독재자들은 민주주의를 근절시키려는 시도에서 실패했다.

3) We *stamped out* the campfire and then doused it with water.
우리는 모닥불을 밟아서 끈 후에 그 위에 물을 부었다.

4) The mint is *stamping out* more Nobel Peace Prize commemorative coins to meet public demands.
조폐국은 대중의 수요를 충족시키기 위해 노벨평화상 기념주화를 더 많이 주조해 내고 있다.

- endangered species 멸종위기 종
- douse (v) 끄다. 물을 뿌리다.
- commemorative (adj.) 기념의
- commemorate (v) 기념하다.

770. **Stand a chance** (v.) – to have a possibility or hope of succeeding
가능성이나 희망을 갖다.

1) She didn't think she *stood a chance* of being elected to Congress.
그녀는 그녀가 국회의원으로 선출될 가능성을 가지리라고 생각하지 않았다.

2) Unless you buckle down and begin to study, you don't *stand a chance* of passing the course.
네가 진지하게 달라붙어서 공부하기를 시작하지 않는다면, 너는 그 과정을 통과할 가능성이 없다.

771. **Stand by** (v.) – to be loyal to, to wait until needed or called
충성하다. 돕다. 대기하다.

1) She had a party in honor of the friends who *stood by* her when she was in dire straits.
그녀는 그녀가 매우 곤란한 시절에 그녀를 도와준 친구에게 경의를 표하기 위해 파티를 열었다.

2) Passengers should *stand by* at the gate and have their seats confirmed.
승객들은 게이트에 대기해서 그들의 자리를 확인해야 한다.

** **Stand up for** (v.) – to be loyal to or side with, to support 편들다, 지키다.

S

1) She always *stands up* for her brother.
그녀는 항상 자신의 남동생 편을 든다.

2) Whenever people blamed him, she *stood up* for him.
사람들이 그를 비난할 때면, 그녀는 항상 그를 옹호해 주었다.

3) We must encourage people to *stand up* for their inalienable rights.
우리는 자신들의 절대권리를 지키도록 사람들에게 용기를 주어야한다.

• inalienable (adj.) 빼앗을 수 없는, 양도할 수 없는

772. **Stand for** (*v.*) – to put up with, to bear, to represent in a symbolic or shortened form

견디다. (축약된 모양이나 형상으로) 상징하다. 의미하다.

1) I won't *stand for* students fighting in the classroom.
나는 학생들이 교실에서 싸우는 것을 참지 않을 것이다.

2) The $ symbol *stands for* dollar or dollars.
$표시는 달러를 상징한다.

773. **Stand off** (*v.*) – to withstand, to repel, to prevent an attack

잘 견디다. 저항하다. 격퇴하다.

1) The allies *stood off* a fierce enemy attack.
동맹국들은 격렬한 적군의 공격을 잘 견디어 내었다.

2) The enemy attacked our country, but our army *stood* the enemy *off*.
적이 우리나라를 공격했지만 우리의 군대가 격퇴했다.

• fierce (adj.) 격렬한

** **Standoffish** (*adj.*) – unfriendly, aloof 냉담한. 불친절한.

1) She's nice, but a little *standoffish*.
그녀는 멋있지만, 약간 쌀쌀맞다.

774. **Stand on** (*v.*) – to insist on, to have one's position in the opinion of others

주장하다. (의견 등) 자신의 입장을 취하다.

1) He *stood on* his Constitutional Right to have an attorney.
그는 변호사를 선임할 수 있는 그의 헌법상의 권리를 주장했다.

2) The voters wanted to know where the Presidential candidate *stands on* the issue of abortion.
투표자들은 낙태문제에 대해서 그 대통령 후보자가 어떤 주장을 하는지 알고 싶어 했다.

• Constitution (n) 헌법 • abortion (n) 낙태

** **Stand one's ground** (*v.*) – to defend one's beliefs, to hold out against attack or criticism
자기 입장을 지키다. 공격이나 비난에 맞서 싸우며 자신의 입장을 지키다.

1) He *stood his ground* when everyone criticized him.
그는 모든 사람들이 그를 비난할 때, 당당히 자신의 믿음을 변호했다.

2) Our soldiers *stood their ground* when the enemy attacked.
우리의 군인들은 적들이 공격할 때 도망가지 않고 맞서 싸웠다.

• criticize (v) 비난하다. • hold out 지탱하다.

** **Stand on one's own feet** (*v.*) – to be independent, to depend on oneself
독립하다. 스스로에게 의지하다.

1) Her parents told her they weren't going to pay her bills any longer because it was time for her to *stand on her own feet*.
그녀의 부모님들은 그녀가 이제 독립해서 살 때가 되었기 때문에 그녀에게 더 이상 그녀가 내야 하는 청구서 등을 갚아주지 않겠다고 말했다.

2) When I turned 18, I got a job and began *standing on my own feet*.
내가 18살이 되었을 때, 나는 직업을 가졌고, 독립해서 자주적으로 살기 시작했다.

3) I want to *stand on my own feet* as soon as possible.
나는 가능한 빨리 독립하고 싶다.

775. **Stand out** (*v.*) – to be noticeable, to continue to oppose, to be prominent, outstanding
눈에 띄다. 계속해서 반대하다. 탁월하다.

1) When compared with similar products on the market, our products *stand out*.

시장에서 동종의 제품과 비교할 때, 우리의 제품은 탁월하게 눈에 띈다.

2) Even after an agreement was reached, the dissatisfaction of some workers *stood out*.
합의가 이루어진 후에도 약간의 노동자들의 불만족은 계속되었다.

3) The team played well, but their center really *stood out*.
그 팀은 경기를 잘하지만, 그들의 센터는 탁월했다.

• noticeable (adj.) 눈에 띄는 • prominent (adj.) 탁월한 • outstanding (adj.) 탁월한
• dissatisfaction (n) 불만족

776. **Stand up to** (v.) – to face with courage 용기를 내서 맞서다.

1) His friends told him to *stand up to* the bully and they would support him.
그의 친구들은 자기네들이 그를 지지할 테니 그 불량배에게 용감히 맞서 싸우라고 말했다.

** **Stand up for** (v.) – side with 옹호·지지하다

1) I *stand up for* the belief that all living creatures deserve to be treated with respect.
나는 모든 생물들은 존중받아야 할 가치가 있다는 믿음을 옹호한다.

• living creature 생물

777. **Start out** (v.) – to begin a career or life, to begin to go
(직업, 경력, 인생 등을)시작하다. 가기 시작하다.

1) He *started out* as a newspaper boy and now he owns the newspaper.
그는 신문배달 소년으로 시작해서 지금은 신문사의 주인이 되었다.

2) I wanted to see them before they went on holiday, but they had already *started out* when I arrived at their house.
나는 그들이 휴가를 가기 전에 그들을 만나길 원했으나, 내가 그들의 집에 도착했을 때 그들은 이미 떠난 뒤였다.

** **Start up** (v.) – to get something started, to start operating
시작하다. 작동하다.

1) Despite the cold weather, the engine *started up* on the first try.
추운 날씨에도 불구하고, 엔진이 한 번에 시동이 걸렸다.

2) School is out for the summer and will *start up* again in September.
학교는 여름동안에 방학하고 9월에 개학할 것이다.

778. **Stay away** (*v.*) – not to go near　　가까이 하지 않다. ~에서 멀리 떨어지다.

1) Play in the yard, but *stay away* from the garden.
마당에서 놀되 정원에 들어가지는 말아라.

2) If you want to lose weight, *stay away* from snacks.
몸무게를 줄이기를 원하면, 간식을 멀리해라.

3) He told the young man to *stay away* from his daughter.
그는 그 젊은 남자에게 그의 딸에게서 떨어지라고 말했다.

• lose weight 체중을 줄이다.

779. **Stay over** (*v.*) – to stay in a place for an additional period of time
한 장소에서 추가로 더 머무르다.

1) We *stayed over* for an extra two days at their house when we visited them.
우리는 그들을 방문했을 때, 그들의 집에서 이틀 더 머물렀다.

2) They enjoyed their trip so much that they decided to *stay over* for another week.
그들은 그들의 여행이 너무 좋았기 때문에 한주를 더 머무르기로 결정했다.

780. **Stay put** (*v.*) – not leave or move　　떠나거나 옮기지 않고 그대로 머무르다.

1) When he called his mother to let her know he was going to walk home, she told him to *stay put* and she would pick him up.
그가 그의 어머니에게 전화를 걸어 지금 막 걸어서 집으로 가려고 한다고 하자, 그의 어머니는 아들을 차로 태우러 오겠다고 그냥 거기 움직이지 말고 있으라고 말했다.

2) In a heavy rain or a snowstorm, it is always wise to *stay put* instead of driving on the highway.
폭우나 폭설 시는 고속도로에서 운전하는 것보다 그냥 움직이지 않는 것이 항상 현명하다.

3) It's hard to find a new job. *Stay put* where you are now.

새 직업을 구하는 것은 어렵다. 현재 있는 곳에 그대로 있어라.

• pick up (차를 몰고 가서) 태우다.

781. **Stay up** (*v.*) – to stay without going to bed 밤을 새우다. 잠자지 않다.

1) She's like a night owl and likes to ***stay up*** late.
그녀는 올빼미처럼 밤늦게까지 자지 않고 있는 것을 좋아 한다.

2) We watched television last night, but we didn't ***stay up*** too late.
우리는 지난밤에 텔레비전을 보기는 했지만, 밤늦게까지 앉아 있지는 않았다.

782. **Steamed up** (*adj.*) – (usually a negative feeling) to be excited or angry at someone or something
(보통 부정적인 의미로) 몹시 흥분하거나 화내는

1) He's a nice guy, but he often gets ***steamed up*** over small matters.
그는 좋은 사람이기는 하지만, 종종 작은 일에 몹시 흥분하곤 한다.

2) He got ***steamed up*** when he found out his computer wasn't working.
그는 컴퓨터가 작동하지 않는 것을 알게 되자 흥분하며 화를 냈다.

** **Worked up** (*adj.*) – excited, angry, or worried 흥분한, 화난, 걱정하는

1) Don't get all ***worked up***, everything will probably turn out all right.
너무 걱정 하지 마라, 모든 일이 잘 될거야.

2) He's all ***worked up*** because he got blamed for something he didn't do.
그는 그가 하지도 않은 일로 비난을 받았기 때문에 흥분해 있다.

• get blamed 비난을 받다.

** **Fired up** (*adj.*) – (usually a positive and competitive feeling) to be excited or eager to do something
(보통 긍정적이고 경쟁적인 느낌) 몹시 흥분한, ~을 몹시 하고 싶어 하는

1) The coach's encouraging half-time speech got the team all ***fired up*** to win the game.
전반전이 끝난 후 감독의 용기를 주는 스피치는 팀원들이 몹시 경기에 이기고 싶어 하도록 만들었다.

• competitive (adj.) 경쟁적인

** **Run out of steam** – to lose the physical energy 기운이 빠지다.

1) He's working too many hours, and he's beginning to *run out of steam*.
그는 너무 많은 시간 일을 하고 있기 때문에, 이제 기운이 다 빠지고 있다.

2) The fighters punched each other hoping the other would *run out of steam* first.
권투선수들은 서로 상대방이 먼저 기운이 빠지기를 바라며 서로 주먹질을 했다.

783. **Step aside** (v.) – to move to aside, to give in 옆으로 비키다. 양보하다.

1) The usher asked the people waiting in line to *step aside* so that those already holding tickets could enter the theater.
그 안내인은 줄을 서서 기다리는 사람들이 옆으로 비켜서도록 요청했다. 그래서 이미 표를 가진 사람들이 극장 안으로 들어갈 수 있었다.

2) He willingly *stepped aside* because he felt the other candidate had a better chance of winning the election.
그는 다른 후보자가 선거에서 이길 확률이 더 높다고 생각해서 기꺼이 양보했다.

• win the election 선거에 이기다.

784. **Step down** (v.) – to resign from a high post, to come down from a higher place to a lower
높은 지위에서 물러나다. 높은 곳에서 낮은 곳으로 내려오다.

1) The president was forced to *step down* before completing his term.
그 사장은 계약기간이 만료되기 전에 퇴진하도록 강요받았다.

2) His reason for *stepping down* was health related.
그의 사퇴이유는 건강과 관련이 있었다.

• resign (v) 사직하다.

** **Step up** (v.) – to rise to a higher position, to increase, to go from a lower to a higher place
승진하다. 증가하다. (낮은 곳에서 위로) 올라가다.

1) Her promotion was certainly a *step up* and moved her closer to her goal of becoming the vice-president of the company.
그녀의 진급은 확실히 한 단계 올라간 것이고, 회사의 부사장이 되려는 그녀의 목표에 더 근접하였다.

2) We *stepped up* production to stay ahead of demand.
우리는 수요에 미리 맞추어 생산량을 늘렸다.

3) *Step up* to enter the kitchen.
부엌에 들어가기 위해서는 위로 올라가라.

785. **Step in** (*v.*) – to intervene, to enter for a moment
끼어들다. 간섭하다. 잠시 들어가다.

1) He *stepped in* to stop the fight before someone got hurt.
누가 다치기 전에 그는 싸움을 말리기 위해 끼어들었다.

2) Would you *step in* my office for a minute? I'd like to speak with you.
제 사무실로 잠깐 들어오시겠습니까? 당신과 이야기 하고 싶습니다.

• get hurt 다치다.

** **Step out** (*v.*) – to go outside for a short time 잠시 밖으로 나가다.

1) His secretary said he had just *stepped out* for a minute.
그의 비서는 그가 잠깐 자리를 비웠다고 말했다.

2) He just *stepped out* for a cup of coffee.
그는 커피를 마시기 위해 잠깐 나갔다.

** **Step into** (*v.*) – to take or gain without any difficulty, to enter
아무 어려움 없이 차지하거나 얻다. ~로 들어가다.

1) She was fortunate to *step into* such a good position so quickly.
그녀가 그렇게 좋은 자리를 그렇게 빨리 차지하다니 그녀는 참 운이 좋았다.

2) He *stepped into* a good position in his father's company as soon as he graduated from college.
그는 대학을 졸업하자마자 그의 아버지 회사의 좋은 자리를 차지해 들어갔다.

3) The supervisor asked me to *step into* his office for a minute.
내 상관은 내게 잠시 그의 사무실로 들어와 달라고 요청했다.

• fortunate (adj.) 행운의 • supervisor (n) 감독관, 직속상사

786. **Stick around** (*v.*) – to remain in the same place or stay nearby

한 장소에 머무르다. 근처에 머무르다.

1) I'll be finished in a few minutes. Can you ***stick around***?
잠시 후면 일 끝나니까, 근처에 좀 있어줄래?

2) She had nothing else to do, so she ***stuck around*** waiting for her friends to finish shopping.
그녀는 별 달리 할 일이 없었기 때문에, 그녀의 친구들이 쇼핑을 마칠 때까지, 근처에서 기다리면서 머물렀다.

787. **Stick by** (*v.*) – to remain faithful 충실하게 남다.

1) When people get married, they vow to ***stick by*** one another for better or worse.
사람들은 결혼 할 때 상대방에게 좋을 때나 나쁠 때나 충실할 것을 맹세한다.

2) Good friends are those who ***stick by*** you during difficult times.
좋은 친구란 네가 어려울 때, 네 옆에 충실히 남는 사람들이다.

• vow (v, n) 맹세하다. • good / better 더 좋은 • bad / worse 더 나쁜
• get married 결혼하다.

788. **Stick one's neck out** (*v.*) – to take a risk 모험을 하다.

1) Her credit is terrible, but he ***stuck out his neck*** and loaned her $10,000.
그녀의 신용은 아주 나쁜데, 그는 모험을 감수하고 그녀에게 1만 달러를 빌려주었다.

2) He really ***stuck his neck out*** when he supported the President on the controversial policy, but it paid off in the end.
대립되는 정책에서 대통령을 지지했을 때 그는 정말 모험을 했다. 그러나 끝에 가서 보상을 잘 받았다.

• loan (v) 빌려주다. • controversial (adj.) 대립되는

789. **Stick out** (*v.*) – to be prominent or obvious, to stand out 눈에 띄다. 튀다.

1) He's extremely tall and has colored his long curly hair blue, so he *sticks out* in any crowd.
그는 굉장히 키가 큰데다가, 그의 곱슬머리를 파랗게 물들여서, 어떤 많은 사람들 속에서도 쉽게 눈에 띈다.

2) The green car certainly *sticks out* in any parking lot.
그 초록색 차는 어떤 주차장에서도 눈에 띈다.

• prominent (adj.) 눈에 띄는, 탁월한

790. **Stick to** (v.) – to persist 고집하다. 고수하다.

1) Once she begins a job she *sticks to* it until it's finished.
그녀는 일단 한번 일을 시작하면, 그것이 끝날 때까지 놓지 않는다.

2) People don't seem to *stick to* the old customs any more.
사람들은 더 이상 오래된 전통을 고수 하지 않는 것 같다.

** **Stick with** (v.) – to continue doing something (usually a difficult task), to stay with
계속해서 하다(어려운 일들을). 계속 ~하다.

1) Getting through college is difficult, but *stick with* it. The rewards are great.
대학을 졸업하는 것은 어렵다. 하지만, 계속해서 해라. 보상이 크다.

2) Although many of his friends didn't like her, he *stuck with* her.
그의 친구들 중 여럿이 그녀를 싫어함에도, 그는 여전히 그녀와 붙어 있었다.

3) He divorced his wife and is *stuck with* paying child support until his children turn eighteen.
그는 아내와 이혼했고, 그의 아이들이 18세가 될 때까지 꼼짝 없이 계속 그들의 양육비를 대고 있다.

• get through 끝내다. 완수하다.

791. **Stir up** (v.) – to arouse, to incite (기분, 감정 등을) 휘젓다. 움직이다.

1) He was fired because he was always trying to *stir* things *up*.
그는 항상 문제를 일으키려고 시도했기 때문에 해고되었다.

2) His girlfriend's elopement *stirred* him *up* because he didn't know she was

seeing someone else.
그는 그녀가 다른 사람을 만나는 것을 몰랐기 때문에 그녀의 애정 도피는 그의 마음을 휘저어 놓았다.

• elope (v) 애정, 도피하다. 눈이 맞아 함께 달아나다

792. **Stock up on** (*v.*) – to put or lay in a supply of ~을 비축해 두다.

1) People who live in rural areas usually ***stock up on*** food for the winter.
시골에 사는 사람들은 대개 겨울을 대비해서 식량을 비축해 놓는다.

** **Store up** (*v.*) – to put aside for future use 저장하다.

1) Squirrels ***store up*** acorns and walnuts to eat during the winter.
다람쥐들은 겨울동안에 먹기 위해서 도토리와 호두를 비축한다.

2) We use our pantry to ***store up*** staple food and other items.
우리는 우리의 주요 식품과 그밖에 식품들을 보관하기 위해 부엌 옆의 창고를 사용한다.

• pantry (n) 식료품 저장실 • staple (n) 흔한 또는 중요한 품목

793. **Stop off / over** (*v.*) – to make a short stop on the way to somewhere, to stay or visit briefly
(~로 가는 도중에) 잠깐 들르다. 잠깐 머무르다.

1) On our way home to Korea we ***stopped off*** in Hawaii.
한국의 집으로 돌아가는 도중에 우리는 하와이에 잠시 들렀다.

2) He ***stopped off*** to have a beer with some friends after finishing work.
그는 일을 마치고, 맥주를 마시기 위해 친구들과 잠시 들렀다.

3) She called her parents-in-law and asked them to ***stop over*** for coffee and dessert after dinner.
그녀는 시부모님께 저녁 식사 후 커피와 후식을 드시러 오시라고 전화 했다.

794. **Stow away** (*v.*) – to put away in a proper place, to be a stowaway
적당한 곳에 보관하다. (공짜로 배, 비행기, 기차 등에) 몰래 타다.

1) We've ***stowed away*** our Christmas decorations until next year.

S

우리는 우리의 성탄절 장식을 내년까지 적당한 곳에 치워놓았다.

2) The refugee ***stowed away*** on the ship hoping not to be caught.
그 난민은 잡히지 않을 것을 바라면서 그 배에 무임승차 했다.

• refugee (n) 난민

** **A stowaway** (*n.*) – a person who hides on a ship, train, etc. to get a free ride
무임승차를 위해 기차나 배 등에 숨는 사람

1) During the flight from Rome to Chicago, the flight crew discovered ***a stowaway***. They turned him over to Customs officials when the flight landed at O' Hare Airport.
로마에서 시카고로 비행하고 있던 중, 승무원들이 무임승차한 사람을 발견했다. 그들은 비행기가 O' Hare 공항에 도착했을 때 그를 세관에 넘겼다.

795. **Straight away** (*adv.*) – immediately, without hesitation　즉시, 망설임 없이

1) His father told him to come home ***straight away***.
그의 아버지는 그에게 즉시 집으로 오라고 말했다.

2) He seldom beats around the bush, so he came to the point ***straight away***.
그는 좀처럼 돌려서 말하지 않는다, 그래서 즉시 요점을 말했다.

• beat around the bush 빙 돌려서 말하다.

796. **Straighten out** (*v.*) – to solve problems, to reform, to correct
해결하다. (행동, 생각 등을) 바로 잡다. 바르게 고치다.

1) We need to ***straighten out*** something between us.
우리 사이에 뭔가 바로 잡아야 할 일이 있어.

2) They thought a military academy would help ***straighten out*** their unruly son.
그들은 그들의 망나니 아들을 바로잡는데 사관학교가 도움이 될 거라고 생각했다.

** **Straighten up** (*v.*) – to correct, to behave better, to make neat or orderly
(행동 등을) 바로 잡다. 깔끔하게 정리하다.

1) You'd better ***straighten up*** from this new year.

너는 이 새해부터 행동을 잘 해야 한다.

2) This closet is cluttered and it needs to be *straightened up*.
이 벽장은 지저분해서 정리를 해야 한다.

• cluttered (adj.) 너저분한

797. **Stretch the point** (*v.*) – to make an exception, to go beyond the limits of
예외를 만들다. 과장하다. 왜곡하다.

1) He *stretches the point* whenever he thinks it will be to his benefit.
그는 그에게 이익이 될 것이라고 생각하면, 언제든지 예외를 만든다.

2) "Don't *stretch the point*. Just tell the truth."
"과장·왜곡 하지 말고 진실만을 말해."

798. **Stretch out** (*v.*) – to become lengthened or widened 쭉 뻗다. 늘이다.

1) After a hard day's work, it feels good to *stretch out* and take a quick nap before dinner.
하루의 격무를 마치고나서 기지개를 펴고, 저녁 식사 전에 잠깐 눈을 붙이는 것은 기분이 좋다.

2) Students usually try to *stretch out* their ten-minute break and usually end up taking a fifteen-minute break.
학생들은 대개 그들의 10분 휴식 시간을 늘리려고 시도를 해서, 대개 15분의 휴식을 취하게 된다.

799. **Strike it rich** (*v.*) – to gain a sudden wealth 뜻밖의 대 횡재를 하다.

1) He *struck it rich* by finding an oil well.
그는 유정을 찾음으로써 뜻밖의 대 횡재를 하였다.

2) Her dream was to *strike it rich* by winning a lottery.
그녀의 꿈은 복권에 당첨되어 갑작스럽게 횡재를 하는 것이다.

• win a lottery 복권에 당첨되다.

800. **Strike out (at)** (*v.*) – to hit indiscriminately 무차별로 때리다.

1) He *strikes out at* those around him when he's angry.

S

그는 화가 났을 때, 그 주변에 있는 것들을 물불가리지 않고 때린다.

** **Strike out** (*v.*) – to eliminate, to cross out　　　삭제하다. 선을 그어 지우다.

1) Her editor asked her to ***strike out*** several awkward phrases.
그녀의 편집장은 그녀에게 몇 개의 어색한 표현을 지우도록 요구했다.

2) So she ***struck*** them ***out***.
그래서 그녀는 그것들을 지웠다.

• awkward (adj.) 어색한

801. **Strike up** (*v.*) – to play music vigorously, to bring about, to begin
음악을 힘차게 연주하다. 시작하다.

1) The band ***struck up*** the national anthem as the ceremonies got under way.
그 악단은 행사가 진행되자 국가를 힘차게 연주했다.

2) We met at the university and immediately ***struck up*** a lifelong friendship.
우리는 대학에서 만나 즉시 평생을 같이할 우정을 시작했다.

• anthem (n) 헌신, 찬양의 노래

802. **String along** (*v.*) – to delay and mislead, to keep someone waiting or dangling, to follow along or cooperate
질질 끌면서 그릇되게 인도하다. (속임수로) 매달리게 하다. 따르다. 협조하다.(원하지는 않지만)

1) She loved him but he ***strung*** her ***along*** although he had no intention of marrying her.
그녀는 그를 사랑했는데, 그는 그녀와 결혼 할 의사가 없으면서도 그녀가 그에게 매달리게 했다.

2) My decision is as follows: give me a new contract or release me, don't ***string*** me ***along***.
내 결정은 이래요. 저와 새 계약을 체결하든지, 아니면 놓아주세요. 저를 속임수로 잡아두지 마세요.

3) Although they didn't agree with his plan, they decided to ***string along*** and see what developed.
그들은 그의 계획에 동의하지 않았으면서도, 그의 계획을 따르기로 결정하고, 무슨 일이 일어나나 관망하기로 했다.

• dangle (v) 매달리다. 매달다. • intention (n) 의향, 목적 • intentional (adj.) 고의적인

** **Pull strings** (*v.*) – to use one's influence or power in order to gain an advantage
이득을 위해 ~의 영향력이나 권력을 이용 또는 사용하다.

1) Mr. Kim told her that he could *pull strings* if she wanted the position.
김씨는 그녀가 만약에 그 자리를 원한다면 그가 그녀를 위해 힘을 써 줄 수 있다고 말했다.

2) He can *pull strings* for you.
그는 너를 위해 힘을 써 줄 수 있다.

803. **Strip** (*v.*) – to undress, to rob or plunder, or to remove by stripping
벗다, 약탈하다. 벗겨서 제거하다.

1) The *stripper* danced across the stage.
나체 무희가 무대를 가로질러서 춤을 추었다.

2) The Civil War *stripped* the country of its most valuable asset, people.
미국 남북전쟁은 그 나라의 가장 귀중한 재산인 사람들을 희생했다.

3) The carpenters *stripped* off the old varnish, sanded the cabinet, and then varnished it again.
목수는 오래된 칠을 벗겨낸 다음, 그 진열장을 사포로 문지른 다음에 다시 니스를 칠하였다.

• varnish (v) 니스를 칠하다.

804. **Subject to** (*adj.*) – under the control or authority of, to be prone or liable
~의 지배하에 있는, ~하기 쉬운, 영향을 받는

1) Employees who joined the company after June 1, 1995 are *subject to* the new retirement policy.
1995년 6월 1일 이후에 이 회사에 채용된 근로자들은 새로운 은퇴정책의 적용을 받는다.

2) All fees and service charges are *subject to* change without notice.
모든 수수료와 서비스 비용은 알리지 않고 바뀔 수 있다.

3) Southeast Asia is *subject to* typhoons during the monsoon season.
동남아시아는 몬순시즌에는 태풍의 영향에 놓인다.

• retire (v) 퇴직하다. • typhoon (n) 태풍

S

805. **Sum up** (*v.*) – to summarize 요약하다.

1) The lecture can be *summed up* in a few brief sentences.
그 강의는 두셋의 간단한 문장으로 요약될 수 있다.

2) My boss asked me to write a letter *summing up* the main points of our discussion.
나의 사장은 우리 토론의 주요점을 요약하는 편지를 쓸 것을 요구했다.

806. **Summon up** (*v.*) – to gather, to arouse, to rouse, to call forth
(용기, 기운, 열정 등을)모으다. 불러일으키다.

1) When she finally *summoned up* enough courage to sing, most of the audience had already left for home.
그녀가 마침내 노래할 용기를 내었을 때는 이미 많은 청중들이 집으로 떠났다.

2) Gifted speakers generally consider it an easy task to *summon up* passion in their listeners.
타고난 연설가들은 대개, 청중들의 열정을 불러일으키는 것이 쉬운 일이라고 생각한다.

• gifted (adj.) 재능 있는, 타고난

807. **Sure enough** (*adv.*) – as expected 기대했던 대로

1) Her boyfriend promised to marry her, and *sure enough*, he proposed.
그녀의 남자친구는 그녀와 결혼하기로 약속했다. 기대했던 대로, 그가 청혼했다.

2) The weather forecast was for a stormy weekend, and *sure enough*, the weekend brought gusty winds and heavy rains.
일기예보는 폭풍의 주말을 예보했고, 예상대로, 주말에는 강풍과 폭우를 몰고 왔다.

• gusty (adj.) 세찬, 돌풍의

808. **Survival of the fittest** (*n.*) – the idea that often those species best able to adapt survive and those unable to adapt die out
적자생존(適者生存)
(주어진 환경에 가장 적절히 순응하는 생명체는 살아남고, 그렇지 않으면 소멸된다는

1) The natural world is a good place where it shows a clear example of *survival of the fittest*.

자연세계는 적자생존의 극명한 예를 보여주는 좋은 장소이다.

2) Life in our increasingly competitive world is another example of *survival of the fittest*.
점점 경쟁이 심해지는 세상에서 우리의 삶 또한 적자생존의 또 다른 예이다.

• adapt (v) 적응하다. • survive (v) 생존하다.

809. **Swallow one's pride** (*v.*) – to bear humbly or tolerate
(자존심을 죽이고) 받아들이다. 견디다.

1) When he was demoted, he decided to *swallow his pride* and continue working for the company.
그가 강등되었을 때, 그는 자존심을 죽이고, 그 회사를 위해 계속 일하기로 결심했다.

• tolerate (v) 견디다. • demoted (adj.) 좌천된

** **Swallow one's words** (*v.*) – to retract words one has uttered
자신의 말을 철회하다.

1) They said he would never reach the major in the Air Force, but he did and they were forced to *swallow their words*.
그들은 그가 결코 공군에서 소령이 되지 못할 것이라고 말했지만, 그는 소령이 되었고, 그들이 한 말을 취소하도록 강요받았다.

2) Her harshest critics had to *swallow their words* when she won a Grammy Award.
그녀의 가장 신랄한 비평가들은 그녀가 그래미상을 받자 그들이 한 말을 철회할 수밖에 없었다.

** **Swallow one's feelings** (*v.*) – to suppress one's feelings 감정을 억누르다.

1) When he first received the university's rejection letter he was devastated, but after a few weeks he was able to *swallow his feelings* and get on with his life.
그가 처음 그 대학의 거절 편지를 받았을 때, 그는 망연자실 했으나, 몇 주가 지난 후 그의 감정을 억누르고 다시 삶을 살아갈 수 있었다.

• get on with 계속 나아가다. 잘 지내다.

810. **Swallow up** (*v.*) – to destroy or consume 삼키다. 파괴하다.

1) A large conglomerate ***swallowed up*** the small company.
   한 거대 복합 기업이 그 작은 회사를 삼켰다.

2) She said she didn't like large crowds because she always felt as if she were being ***swallowed up***.
   그녀는 자신이 마치 삼켜질 것 같이 느껴지기 때문에 많은 군중들을 싫어한다고 말했다.

811. **Swear by** (*v.*) – to name something in taking an oath as a pledge of truth or honesty, to have great confidence in

(진실이나 정직의 표시로서) 맹세나 서약을 하다. ~에 대단한 자신감을 갖다.

1) He ***swore by*** all that he held holy that he would be faithful.
   그는 그가 가진 모든 거룩한 것에 대고 충실하겠다는 서약을 했다.

2) She likes that brand so much that she ***swears by*** it.
   그녀는 그 상표를 대단히 좋아해서 그 것에 대단한 자신감을 가지고 있다.

• take an oath 선서, 맹세하다. • pledge (v, n) 서약하다.

** **Swear in** (*v.*) – to administer a legal or official oath to, to have someone swear to do one's duty

법적·공적인 선서를 하게 하다. 임무를 할 것을 선서하게 하다.

1) The President ***swore in*** the Chief Justice of the Supreme Court.
   대통령은 대법원의 대법관에게 선서하도록 했다.

2) Shortly after the jury was ***sworn in***, one of the jurors was excused because of illness.
   배심원들이 선서를 한 바로 후에, 그들 중의 한 사람은 병 때문에 제외되었다.

3) When a new President is ***sworn in***, he takes an oath.
   새 대통령이 서약을 할 때, 그는 취임선서를 한다.

• be excused 면제, 제외되다.

812. **Swear off** (*v.*) – to pledge to give up something ~을 끊겠다고 맹세하다.

1) She ***swore off*** smoking after she got pregnant.
   그녀는 임신한 후에 금연하겠다고 맹세했다.

2) He *swore off* drinking many times, nevertheless he continues to drink.
그는 금주하겠다고 몇 번이나 맹세했지만, 그럼에도 불구하고 여전히 술을 마신다.

• get pregnant 임신하다.

813. **Sweep off one's feet** (*v.*) – to cause very strong feeling and excitement
강한 충동으로 들뜨게 하다.

1) She was *swept off her feet* by his attractive appearance.
그녀는 그의 매력적인 모습에 그녀의 마음이 들떴다.

2) She gets easily *swept off her feet* by handsome men.
그녀는 멋있는 남자를 보면 쉽게 마음이 들뜬다.

814. **Swim with the stream** – to go along with the majority 대세에 편승하다.

1) He disagreed with the proposed plan, but decided that *swimming with the stream* was his best option if he wanted to stay with the firm.
그는 그 제안된 계획에 반대했지만, 만약 자신이 그 회사에 머물기를 원한다면, 대세를 따르는 것이 가장 좋은 선택일 수 있다고 결정했다.

** **Swim against the stream or current** – to go opposite from the majority
대세에 역류하다. 거스르다.

1) People generally go with the flow rather than attempt *swimming against the stream* of public opinion.
사람들은 대개 대중의 의견에 거스르려 시도하기 보다는 시류를 따른다.

그랜드센트럴

T

815. **Tag along** (*v.*) – to follow closely (often when not wanted)

바짝 따라 다니다. (대부분 원하여지지 않는)

1) I don't have anything to do. Do you mind if I *tag along* with you when you go shopping?
나 별로 할 일이 없는데, 너 쇼핑할 때 따라다녀도 괜찮겠니?

2) When I go for a walk, my dog won't stay home because he always *tags along* behind me.
나의 개는 내 뒤를 항상 바짝 따라 다니기 때문에 내가 산책하는 동안 집에 있지 않으려 한다.

816. **Take a chance** (*v.*) – to take a risk 모험을 하다.

1) She decided to leave home and *take a chance* on finding a job in the city.
그녀는 집을 떠나 도시에서 직장을 구하는 모험을 하기로 했다.

2) She usually doesn't help strangers, but she *took a chance* this time.
그녀는 대개는 낯선 사람을 잘 도와주지 않는데, 이번에는 모험을 했다

817. **Take advantage of** (*v.*) – to use a person unfairly for one's own advantage, to make good use of

자신의 이익을 위해 부당하게 이용하다. 적절히 잘 이용하다.

1) He is generous and some people *take advantage of* his generosity.
그는 너그러운데, 어떤 사람들은 그의 너그러움을 부당하게 이용한다.

2) The students *took advantage of* the new library.
학생들은 새 도서관을 적절히 잘 이용했다.

• generous (adj.) 관대한 • generosity (n) 관대함

818. **Take after** (*v.*) – to resemble, to chase 닮다. 뒤쫓다.

T

1) He *takes after* his father in his physical appearance and mannerisms.
그는 그의 아버지의 외모와 버릇을 빼 닮았다.

2) The dog *took after* a squirrel.
그 개는 다람쥐를 뒤쫓았다.

• appearance (n) 모습, 용모 • mannerism (n) 버릇, 틀에 박힌 습관

819. **Take apart** (*v.*) – to dismantle, to criticize severely 분해하다. 심하게 비평하다.

1) My brother likes to *take* radios and watches *apart*.
내 동생은 라디오와 시계를 분해하는 것을 좋아한다.

2) The student's main argument was quickly *taken apart* by the professor.
그 학생의 주된 논증은 교수에 의해서 심하게 비평 받았다.

820. **Take at one's word** (*v.*) – to believe what someone says
Take someone's word for it
~의 말을 그대로 믿다.

1) She *took* him *at his word* when he said he'd never lie to her again.
그녀는 그가 다시는 그녀에게 거짓말 하지 않겠다고 말했을 때, 그 말을 그대로 믿었다.

2) I *took* you *at your word*, but you deceived me.
나는 그의 말을 그대로 믿었는데 너는 나를 속였다.

821. **Take back** (*v.*) – to return, to withdraw 반환하다. 철회하다.

1) I *took back* a pair of slacks and got a refund.
나는 바지 한 벌을 반환하고 돈을 되돌려 받았다.

2) The fight began when one of the boys refused to *take back* what he had said about the other boy.
그 싸움은 그 소년들 중의 한명이 다른 소년에 대해 말한 것을 철회하지 않음으로 일어났다.

• get a refund 환불받다.

822. **Take care of** (*v.*) – to look after, to do what is needed to, to solve,
돌보다, 처리하다.

1) He *took care of* the baby while his wife went shopping.
그는 그의 아내가 장보러 간 사이 그의 아기를 돌보았다.

2) It's difficult to contact her because she works and *takes care of* her mother.
그녀는 일을 하고 그리고 그녀의 어머니도 돌보기 때문에 그녀와 연락이 닿는 것은 쉽지 않다.

3) We need to *take care of* the bills before we go on vacation.
우리는 휴가가기 전에 청구서들을 처리해야 한다.

• go on vacation 휴가가다.

** **Take care** (*v.*) – to heed or beware, to be careful about 조심하다.

1) He was late so often that his boss told him he'd better *take care* or he'd be out of a job.
그는 직장에 자주 지각을 해서 그의 상사는 그에게 조심하지 않으면 직장을 잃을 것이라고 말했다.

823. **Take charge** (*v.*) – to lead, to take control or responsibility
이끌다. 책임을 맡다.

1) He was promoted and will take *charge of* the department as of January 1, 2012.
그는 승진이 되었고, 2012년 1월 1일부터는 그 부서를 이끌게 것이다.

2) While her mother was away, she took *charge of* the house.
그녀의 어머니께서 안 계시는 동안, 그녀가 집안을 책임졌다.

824. **Take down** (*v.*) – to put in writing, to bring from a higher place to a lower place, to dismantle
(글로)적다. 메모하다. 떼어내리다. 분해하다.

1) He *took down* my phone number.
그는 나의 전화번호를 적었다.

2) We decided not to *take* the Christmas Tree *down* for another week.
우리는 한 주간 더 성탄트리를 분해하지 않기로 결정했다.

3) Let's *take down* the old tree house and build a new one in its place.
그 오래된 트리하우스를 뜯어 내리고 그 자리에 새 것을 지읍시다.

825. **Take effect** (*v.*) – to produce a change, to become lawfully operative

효력이 발생하다. 합법적으로 운용되기 시작하다.

1) The doctor told him that the medication would *take effect* immediately.
   의사는 그 약이 바로 효과가 발생할 것이라고 그에게 말했다.

2) The new policy will *take effect* as of the first working day of next month.
   새 정책은 다음 달의 첫 근무일부터 효력을 발생할 것이다.

• medication (n) 약(藥)

826. **Take exception** (*v.*) – to be displeased, to object to, to take issue with

불쾌하게 받아들이다. 반대하다. 문제 삼다.

1) She's contentious and *takes exception* to anything anyone says.
   그녀는 논쟁적이서 누가 무슨 말을 하든 문제를 삼는다.

2) He didn't have a valid reason to *take exception* to my comments.
   그는 내 논평을 문제 삼을 타당한 이유가 없었다.

• displeased (adj.) 불쾌한 • contentious (adj.) 논쟁적인

827. **Take for** (*v.*) – to suppose someone to be something other than they are (often mistakenly)

잘못 알다(보다). 잘못 간주하다.

1) The policeman *took* the man with a moustache *for* a drug dealer.
   경찰관은 콧수염이 있는 그 남자를 마약 판매상으로 오인하였다.

2) I *took* the tall woman *for* a teacher.
   나는 저 키 큰 여성을 선생님으로 잘 못 봤다.

3) I'm sorry. I *took* you *for* someone I know.
   미안해요. 당신을 내가 아는 사람으로 잘못 봤어요.

• moustache (n) 콧수염

828. **Take for granted** (*v.*) – to accept without a realization of importance of

~의 가치를 느끼지 못하고 당연한 것으로 받아들이다.

1) It upset him that people *took* his generosity *for granted*.
사람들이 그의 관대함을 당연하게 느낀 것이 그를 기분 상하게 했다.

2) Many people *take* their parents *for granted* until it is too late.
많은 사람들이 너무 늦을 때까지 그들의 부모의 존재를 당연하게 여긴다.

3) We, humans, *take* Nature *for granted*.
우리 인간들은 자연을 당연한 것으로 여긴다.

• grant (v) 주다. 부여하다.

829. **Take heart** (*v.*) – to take courage or confidence 용기를 내다.

1) *Take heart*! You can do it if you really work hard.
용기를 내어라! 네가 정말 열심히 일을 하면 그것을 할 수 있다.

2) It *took heart* for her to return to school and study computer science at the age of 60.
60세의 나이에 그녀가 학교로 돌아가서 컴퓨터 과학을 공부하는 것은 용기를 낸 것이다.

830. **Take in** (*v.*) – to include or comprise, to grant admittance to, to deceive, to trick, to provide a shelter
포함하다. 구성하다. 속이다. 거처를 제공하다.

1) The United Kingdom *takes in* England, Scotland, Wales, and Ireland.
대영제국은 영국, 스코틀랜드, 웨일즈, 아일랜드를 포함한다.

2) Last summer, Lotte World *took in* over 100,000,000 visitors.
지난여름 롯데 월드에는 1억 명 이상이 입장했다.

3) She *takes in* stray animals and feeds them.
그녀는 길 잃은 동물들을 받아 들여서 먹인다.

4) The insurance company *took* people *in* on their product.
그 보험회사는 그들의 상품을 팔기위해 속임수로 사람들을 끌어들였다.

831. **Take in stride** (*v.*) – to accept everything as it is and move on
좋은 일이건, 나쁜 일이건 모든 일을 그대로 받아들이고 앞으로 나아가다.
모든 일을 쉽게 잘 해결해 나가다.

1) After years of arguing with his boss, he has learned to *take* things *in stride*.
그의 상사와 수년 동안 논쟁한 끝에 그는 일들을 있는 그대로 받아들이고 지나가는 것을 배웠다.

2) He doesn't get upset when he fails because he has learned to *take* things *in stride*.
그는 일들을 그대로 수용하는 방법을 배웠기 때문에, 그가 실패 하더라도 별로 당황하지 않는다.

3) You must *take* things *in stride* or you will feel depressed and angry all of the time.
당신은 일들을 있는 그대로 받아들이고 나가야한다. 그렇지 않으면 당신은 늘 마음이 우울하고 화가 날 것이다.

832. **Take into account** (*v.*) – to consider with other matters in a decision
고려하다. (어떤 일을 결정함에)

1) We didn't *take* the traffic *into account* and we were late for the opera.
우리는 교통상황을 고려하지 않았기 때문에 오페라에 늦었다.

2) The trip will cost about $6,000.00 when you *take* everything *into account*.
모든 것을 고려해서 계산하면 그 여행은 약 6000달러가 들을 것이다.

** **Take into consideration** (*v.*) – to consider 고려하다.

1) We thought the new house would be completed earlier than it was because we failed to *take* human error *into consideration*.
우리는 사람들의 실수를 고려하지 않았기 때문에 새 집을 건축하는 것이 좀 더 일찍 끝날 것이라고 생각했었다.

2) We must *take* the icy road *into consideration* and allow more time to get to the airport.
우리는 빙판길을 고려해서 공항에 도착하는데 더 많은 시간을 할애해야한다.

• consider (v) 고려하다. • complete (v) 완성하다.

** **Take under consideration** (*v.*) – to think seriously 신중히 생각하다.

1) A company offered me a better position and I need to *take* it *under consideration*.
한 회사가 나에게 더 좋은 자리를 제안했고, 나는 신중히 생각해야 될 필요가 있다.

833. **Take it** (*v.*) – to endure, to get the impression 참다. 견디다. ~로 받아들이다.

1) The other kids are picking on him and he can't *take it* anymore.

다른 아이들이 그를 괴롭히고 있고, 그는 더 이상 그것을 참을 수 없다.

2) It was said as a joke, but she *took it* personally.
그것은 농담으로 한 말이었는데, 그녀는 그것을 개인적으로 받아들였다.

** **Take it out on** (*v.*) – to abuse by venting one's anger or frustration
~에게 자신의 화풀이를 하다.

1) When she's angry, she *takes it out on* her children.
그녀는 화가 나면, 아이에게 화풀이를 한다.

• vent (v) 배출하다. (분노 등을)내뿜다. • frustration (adj.) (어려움으로) 어쩔 줄 모르는

** **Take it or leave it** (*v.*) – accept someone or something as it is or refuse it
그대로 받아들이든가 또는 그만 두든가 하다.

1) The team told him it was their final offer and he could either *take it or leave it*.
그 팀은 그것이 그들의 마지막 제안인데 그것을 받아들이든지, 그만두든지 하라고 그에게 말했다.

834. **Take it easy** (*v.*) – to avoid hard work, to go or act gently
심한 일을 피하다. 천천히 여유 있게 지내다. 진정하다.

1) She's been working too hard, so her boss told her to *take it easy*.
그녀는 너무 열심히 일해 왔다. 그래서 그녀의 상사가 그녀에게 좀 천천히 쉬어가면서 하라고 말했다.

2) If you're not feeling well you should *take it easy*.
만약에 몸이 좋지 않으면 조금 쉬는 것이 좋겠다.

3) Her husband was usually too strict with the children, so she asked him to *take it easy* with them.
대개 그의 남편은 아이들에게 너무 엄했다. 그래서 그녀는 그에게 아이들을 너무 심하게 하지 말라고 요구했다.

835. **Take liberties with** (*v.*) – to behave in a way that offends by being overly friendly, to make changes in too much freely, to use someone's property without permission
지나치게 친근하게 굴어 불쾌하게 만들다.
마음대로 많이 고치다. 허락도 없이 마음대로 쓰다.

1) The man regretted *taking liberties with* the young female secretary.
그 남자는 그 젊은 여비서에게 지나치게 친근하게 굴어 불쾌하게 만든 것을 후회했다.

2) The editor was accused of *taking liberties with* the author's writing.
그 편집자는 그 작가의 글을 마음대로 많이 고쳤다고 비난당했다.

3) The girl *took liberties* of using her roommate's personal property.
그 소녀는 그녀의 룸메이트의 개인소지품을 마음대로 사용했다.

• offend (v) 불쾌하게 하다. • property (n) 재산, 자산 • be accused of 비난받다.

836. **Take notice of** (*v.*) – to pay attention to 주의를 집중하다. 관심을 가지다.

1) Because of poor planning and promotion, the public *took* little *notice of* the event.
빈약한 계획과 홍보 때문에, 대중들은 그 행사에 별 관심을 가지지 않았다.

2) She is stunning and people immediately *take notice of* her.
그녀는 놀랄 정도로 아름다워서, 사람들이 즉시 그녀에게 주의를 집중한다.

837. **Take off** (*v.*) – to remove one's clothing, to rise up, to leave, to take time from
~을 벗다. 증가하다. 떠나다. 이륙하다. ~로 부터 시간을 내다.

1) When you enter a temple, you must *take off* your shoes.
사원에 들어갈 때는 신발을 벗어야만 한다.

2) Sales really *took off* after an extensive advertising campaign.
장기적이고 광범위한 광고 캠페인이 있은 후 매출이 많이 증가했다.

3) The flight was due to *take off* at 4:05, but heavy rains delayed its departure.
비행기는 4:05분에 이륙할 예정이었으나, 폭우로 인해서 출발이 연기되었다.

4) He *took* some time *off* and went to Hawaii.
그는 시간을 내서 하와이로 놀러갔다.

• extensive (adj.) 광범위한 • due to ~하기로 되어있는, ~할 예정인

838. **Take on** (*v.*) – to hire, to undertake 고용하다. 떠맡다.

1) The booming economy has caused the company to *take on* 1,000 new employees.
경제 부흥은 그 회사로 하여금 1000명의 새 직원을 고용하도록 하였다.

2) She couldn't *take on* the project because she already had too many things to do.
그녀는 이미 해야 할 일이 너무 많았기 때문에 그 계획을 맡을 수가 없었다.

839. **Take one's time** (*v.*) – not to hurry 서두르지 않고 천천히 하다.

1) His mother *told* him to take *his time* and not to rush through his homework assignments.
그의 어머니는 그에게 급하게 서두르지 말고 천천히 시간을 가지고 숙제를 하라고 했다.

2) Those who *take their time* usually make fewer mistakes.
대개 서두르지 않고 천천히 하는 사람은 거의 실수를 하지 않는다.

3) *Take your time*. You don't need to hurry.
천천히 해. 서두를 필요 없어.

840. **Take out** (*v.*) – to remove, to escort as on a date
꺼내다. (사교로) 데리고 나가다.

1) He *took* the meat *out* of the freezer before leaving for work, so it would have ample time to thaw.
그는 출근 전에 냉동고에서 고기를 꺼내 놓았다. 그래서 그것은 녹을 시간이 충분할 것이다.

2) The cookies are ready to be *taken out* of the oven.
과자들이 오븐에서 꺼내질 준비가 되었다.

3) His mother asked him to *take out* the garbage after dinner.
그의 어머니가 그에게 저녁식사 후에 쓰레기를 내어 놓으라고 말했다.

4) He *takes* her *out* once in a while, but they' re just friends.
그는 가끔 그녀를 데리고 나간다. 하지만 그들은 단지 친구일 뿐이다.

• thaw (v) 녹(이)다.

T

841. **Take over** (*v.*) – to control the management of
(지배권이나 경영권 등을) 계승하다. 점령하다.

1) New management *took over*, so employees are expecting a lot of changes.
새 경영진이 경영권을 계승했다. 그래서 직원들은 많은 변화가 있을 것을 예상한다.

2) When he retired, his son *took over* the business.
그가 은퇴하면서, 그의 아들이 사업을 계승했다.

842. **Take place** (*v.*) – to happen, to occur 발생하다, 일어나다.

1) The event will *take place* at the Palace Theater.
그 행사는 Palace 극장에서 개최될 것이다.

2) The accident *took place* at the four-way intersection.
그 사고는 사거리 교차로에서 일어났다.

• intersection (n) 교차로

843. **Take steps** (*v.*) – to take actions to get things done, to begin to make plans or arrangements
조처를 취하다, 계획이나 조정 등을 하다.

1) The company is *taking* the necessary *steps* to upgrade its products.
그 회사는 자사 제품을 향상시키기 위해 필요한 조처를 취하고 있다.

2) He promised to *take steps* to improve his job performance.
그는 그의 업무 수행을 향상시키기 위해 조처를 취할 것을 약속했다.

• upgrade (v) 향상시키다. • job performance 업무수행

844. **Take to** (*v.*) – to become fond of, to proceed with something as if it has become habitual
좋아하게 되다. 마치 습관적으로 해 왔던 것처럼 하다.

1) He *took to* her immediately.
그는 곧바로 그녀를 좋아하게 되었다.

2) She didn't think she'd like swimming, but she *took to* it like a fish.
그녀는 자신이 수영하는 것을 좋아하게 되리라고 생각하지 않았었으나 물고기인양 수영을 좋아하게 되었다.

• habitual (adj.) 습관적인

845. **Take the law into one's own hands** (*v.*) – to punish or to take revenge without reference to a court
범법자나 악행자를 법적인 절차를 거치지 않고 직접 벌을 주다.

1) Police arrived before the mob *took the law into its own hands*.
경찰들은 폭도들이 자기들 임의대로 행동하기 전에 도착했다.

2) Vigilantes are people who *take the law into their own hands*.
자경단원이란 법적인 절차를 거치지 않고 직접 보복을 하는 사람들이다.

• revenge (v) 보복하다. • reference (n) 위탁, 문의, 추천서

846. **Take to heart** (v.) – to be deeply affected or troubled by something
깊이 영향(상처)을 받다.

1) She *took* her friend's death *to heart*.
그녀는 그녀의 친구의 죽음에 상처를 받았다.

2) He often *takes* things said in anger *to heart*.
그는 종종 화가 나서 한 말에 마음의 상처를 받는다.

847. **Take turns** (v.) – to do or take part in something one after another
차례로 하다, 교대로 하다.

1) We *took turns* driving on the highways.
우리는 고속도로에서 교대로 운전했다.

2) We *take turns* washing the dinner dishes.
우리는 교대로 저녁식사 접시들을 씻는다.

848. **Take up** (v.) – to develop an interest, to begin with, to shorten, to use up or occupy
흥미를 개발하다. 시작하다. 줄이다. (공간 등을) 차지하다.

1) She *took up* jogging last year and has become an avid runner.
그녀는 작년에 조깅을 시작해서 조깅애호가가 되었다.

2) We'll *take up* the matter of sick days at the next staff meeting.
우리는 다음 직원회의에서 병가에 관한 문제를 다루기 시작할 것이다.

3) These slacks need to be *taken up* an inch.
이 바지는 1인치 정도 줄여져야 한다.

4) That sofa *takes up* too much space.
저 소파는 너무 많은 공간을 차지한다.

T

• avid (adj.) 열심인

** **Take up with** (*v.*) – to develop a friendship with

~와 교제를 시작하다. ~와 돌아다니기 시작하다.

1) Since he has *taken up with* her, he ignores his other friends.
그녀와 교제를 시작한 이래로, 그는 그의 다른 친구들을 무시한다.

2) His behavior has changed since he *took up with* that crowd.
그가 그 패거리들과 같이 다니기 시작하면서 그의 행동은 변했다.

849. **Talk back** (*v.*) – to reply rudely, to respond in a disrespectful way

무례하게 대답하다. 말대꾸 하다.

1) Her parents punished her for *talking back* to her teacher.
그녀의 부모님은 그녀가 선생님께 말대꾸 한 것에 대해서 벌을 주었다.

2) He was dismissed because he *talked back* to his supervisor.
그는 상사에게 말대꾸했기 때문에 해고되었다.

• dismiss (v) 내보내다.

850. **Talk down (to)** (*v.*) – to depreciate, to address someone in a condescending manner

경시하다. 얕보다. 짐짓 우월감을 가지고 상대를 낮춰보는 듯이 말하다.

1) She *talks down to* me and is disdainful of my work.
그녀는 나에게 낮추어 말을 하고, 그리고 내 일을 경멸한다.

2) He's not well liked because he *talks down to* everyone.
그는 모든 사람에게 거만하게 말하기 때문에 별로 사랑 받지 못한다.

• disdain (v) 경멸하다. • disdainful (adj.) 경멸적인, 오만한

851. **Talk into** (*v.*) – to persuade ~을 설득해서 ‥하게 하다

1) I didn't want to go to the dance, but he *talked* me *into* going.
나는 춤추러 가고 싶지 않았으나 그의 설득에 넘어가서 갔다.

2) You *talked* her *into* skipping classes.
너는 그녀가 수업에 빠지도록 꾀었다.

** **Talk out of** (*v.*) – to dissuade someone from doing something
~을 설득해서 ··하지 못하게 하다

1) I *talked* him *out of* gambling.
나는 그가 도박을 하지 말도록 설득했다.

2) We *talked* him *out of* fighting his friends.
우리는 그가 그의 친구들과 싸우지 못하도록 설득했다.

3) They hope to *talk* her *out of* getting married until she completes her studies.
그들은 그녀가 공부를 끝마칠 때까지 결혼하지 말도록 설득하기를 바란다.

• get married 결혼하다.

852. **Talk out** (*v.*) – to resolve by discussing thoroughly 충분히 토론해서 해결하다.

1) We have a lot of problems, but we've been trying to *talk* them *out*.
우리는 많은 문제들을 가지고 있지만, 충분한 토론을 통해 해결하려고 노력하고 있다.

2) If you have a problem with me, let's *talk* it *out*.
나하고 무슨 문제가 있다면, 대화를 통해 풀어보자.

• thoroughly (adv.) 충분히, 자세하게

** **Level with** (*v., informal*) – to be frank and open, to tell frankly and completely
솔직하다. 솔직하게 다 말하다.

1) The negotiators *leveled with* each other in the meeting to resolve the problem.
협상자들은 그 문제를 해결하기위해 회의에서 서로에게 솔직했다.

2) The boy's father wants his son to be a football player, but he doesn't like to be an athlete. The boy should *level with* his father.
그 소년의 아버지는 그의 아들이 축구선수가 되기를 바라지만 그의 아들은 스포츠인이 되는 것을 싫어한다. 그 소년은 그의 아버지와 솔직하게 털어놓고 얘기해야한다.

3) He finally *leveled with* his wife that he lost quite a sum of money in stocks and nothing left in his savings.

그는 결국 그의 아내에게 자신이 주식에서 많은 돈을 잃었고 예금이 한 푼도 남아있지 않다고 솔직하게 다 말했다.

• negotiate (v) 협상하다.

853. **Talk over** (*v.*) – to discuss something in depth. 자세히 의논하다. 자세히 얘기하다.

1) I like to ***talk over*** my decisions before I act on them.
나는 내 결정들을 실행에 옮기기 전에 자세히 의논하고 싶다.

2) She's busy, but she can ***talk*** it ***over*** with you later.
그녀는 지금 바쁘지만, 나중에 너와 자세히 이야기 할 수 있을 것이다.

• in depth 자세히, 깊이 있게

854. **Tear down** (*v.*) – to demolish, to destroy or criticize severely
부수다. 헐다, 몹시 비난하다.

1) They're going to ***tear down*** the old building and build a new one on the existing site.
그들은 오래된 건물을 헐고 현재 그 자리에 새 건물을 지을 예정이다.

2) He was their hero. But when his new film flopped at the box office, the studio ***tore*** him ***down***.
그는 그들의 총아였으나, 그의 새 영화가 인기순위에서 밀리자 그 영화사는 그를 몹시 비난했다.

** **Tear up** (*v.*) – to tear or rip into small pieces 갈기갈기 찢다.

1) She read the letter and then ***tore*** it ***up***.
그녀는 그 편지를 읽고 나서는 갈기갈기 찢었다.

2) She ***tore*** it ***up*** because its contents upset her.
그것의 내용이 그녀의 마음을 상하게 했기 때문에 그녀는 그것을 갈기갈기 찢어 버렸다.

855. **Tell off** (*v.*) – to criticize or scold sharply 몹시 야단치다.

1) The boss lost his temper and ***told*** her ***off***.
사장은 화를 참지 못하고 그녀를 몹시 야단쳤다.

2) She deserves to be *told off* because she gave us terrible service.
그녀는 우리에게 형편없는 서비스를 했기 때문에 몹시 야단을 맞아도 당연하다.

• deserve (v) ~을 받을 가치가 있다. ~할 만하다.

856. **Think about** (*v.*) – to examine, to consider or reflect on
생각하다, 고려하다. 회상하다, 기억하다.

1) My brother is *thinking about* going overseas.
내 형은 해외로 나가는 것에 대해 생각 중이다.

2) My girlfriend asked me to *think about* lending her my camera.
내 여자 친구는 자기에게 내 카메라를 빌려줄 것을 생각해 보라고 부탁했다.

3) He told his daughter to go to her room and *think about* her behavior.
그는 그의 딸에게 방으로 가서 자기 자신의 행동에 대해서 생각해 보라고 말했다.

• go overseas 해외에 가다.

** **Think of** (*v.*) – to consider a matter, to recall, to imagine, or suggest
고려하다. 생각하다, 기억하다, 상상하다, 제안하다.

1) Our family is *thinking of* moving to a smaller city.
우리 가족은 작은 도시로 이사 가는 것을 고려하고 있다.

2) I can't *think of* her name.
나는 그녀의 이름을 기억해 낼 수가 없다.

3) I can't even *think of* what life would be like without great art, music, or literature.
위대한 미술, 음악 또는 문학이 없는 삶이 어떨지 나는 상상할 수가 없다.

4) Can you *think of* a good place to go for dinner?
저녁을 먹기에 좋은 장소를 하나 제안해 주시겠습니까?

• literature (n) 문학

857. **Think better of** (*v.*) – to reconsider and make a better decision about
재 고려하여 더 나은 결정을 하다. 마음을 바꾸다.

1) He was going to quit his job, but *thought better of* it.

그는 직장을 그만둘 예정이었으나 마음을 바꾸었다.

2) She thought of stealing the money, but *thought better of* it.
그녀는 그 돈을 훔치려고 생각했었으나 마음을 고쳐먹었다.

858. **Think nothing of** (*v.*) – to regard as routine or usual
일상으로 생각하다. 대수롭지 않게 생각하다.

1) My roommate *thinks nothing of* playing loud music late at night.
나의 룸메이트는 늦은 밤에 시끄러운 음악을 연주하는 것을 대수롭지 않게 생각한다.

2) He *thinks nothing of* borrowing things and keeping them.
그는 물건을 빌리고는 되돌려주지 않는 것을 대수롭지 않게 생각한다.

• routine (adj.) 일상적인

859. **Think over** (*v.*) – to think carefully before coming to a decision
심사숙고하다. (결론에 도달하기 전에) 깊이 생각하다.

1) Take your time and *think* it *over* before you give your final answer.
결론을 답하기 전에 시간을 가지고 깊이 생각해라.

2) I've already *thought* it *over* and I've decided to accept the position.
나는 이미 충분히 숙고했고, 그 자리를 받아들이기로 결심했다.

• come to a decision 결론에 도달하다.

** **Think twice** (*v.*) – to reconsider or think carefully 재고하다.

1) They asked their son to *think twice* before quitting school.
그들은 그들의 아들에게 학교를 자퇴하기 전에 다시 한 번 생각해보라고 부탁했다.

2) *Think twice* before you borrow money from a loan shark.
고리대금업자에게 돈을 빌리기 전에 다시 한 번 생각해봐라.

• quit school 자퇴하다.

860. **Throw away** (*v.*) – to discard, to waste as useless 버리다, 낭비하다.

1) Don't *throw away* these magazines, as I haven't read them yet.
아직 읽지 않았으니 이 잡지들을 버리지 말라.

2) He *threw away* his money at the racetrack.
그는 그의 돈을 경마장에서 낭비했다.

3) He *threw away* his money on drinking and philandering.
그는 주색에 그의 돈을 낭비했다.

• philander (v) (남자가) 여자를 쫓아다니다.

** **Throw out** (*v.*) – to discard, to reject, to force to leave
버리다, 거부하다, 강제로 떠나게 하다.

1) She *threw out* her old shoes and bought new ones.
그녀는 낡은 구두를 버리고 새것을 샀다.

2) The boss *threw out* the idea before the meeting.
상사는 회의 전에 그 아이디어를 거부했다.

3) He was *thrown out* of school for setting off the fire alarm.
그는 화재경보기를 작동시켰기 때문에 학교에서 퇴학당했다.

• set off 터지게 하다. 작동시키다.

861. **Throw up** (*v.*) – to regurgitate, to vomit 토하다.

1) After heavy drinking, the student *threw up*.
그 학생은 술을 많이 먹은 후 토했다.

862. **Tide over** (*v.*) – to support through a difficult period
곤란한 시기에 도움이 되다.

1) If you could lend me $25.00, it would *tide* me *over* until payday.
만약 네가 25 달러를 빌려줄 수 있다면, 월급날이 될 때까지 내게 큰 도움이 될 텐데.

863. **Tie down** (*v.*) – to lash down, to restrict the freedom of, to limit or confine
묶다. 제한하다. 속박하다.

1) The boys put their camping gear on top of the van and then *tied* it *down*.
그 소년들은 그들의 야영용품을 밴 지붕에 싣고는 묶었다.

2) She's *tied down* with her studies and rarely goes out.
그녀는 공부에 얽매여서 거의 나가지 않는다.

** **Tie up** (*v.*) – to stop the movement of, or to prevent from doing something, to have money invested that cannot be used
(움직임, ~하는 것)막다. 꼼짝 못하게 하다. 돈을 한곳에 모두 투자해서 쓸 수 없게 하다.

1) The accident *tied up* traffic for more than two hours.
그 사고로 교통이 두 시간 이상 정체되었다.

2) She's *tied up* in meetings all morning, but she's free after lunch.
그녀는 아침 내내 회의에 참석해야 하지만, 점심 후에는 시간이 있다.

3) His money is *tied up* in a trust fund until he's twenty-five.
그의 모든 돈은 그가 25살이 될 때까지 신탁자금에 묶여있다.

864. **Tie in (with)** (*v.*) – to have a connection with ~과 관련이 있다.

1) They're releasing the film which was *tied in* with the book.
그들은 그 책과 관련된 영화를 발표 할 것이다.

2) The suspect's confession *tied in* with the evidence.
그 용의자의 자백은 증거와 관련이 있다.

• suspect (n) 용의자 • confess (v) 자백하다.

865. **Tighten up** (*v.*) – to make tighter 더 꼭 조이다.

1) After we put the bookcase together, we'll *tighten up* the screws.
우리는 책장들을 붙여 놓은 다음에, 나사를 꼭 조일 것이다.

2) The wheels may need to be *tightened up* more.
그 바퀴들은 더 꽉 조여져야만 할 것 같다.

866. **Time and again / Time after time** (*adv.*) – repeatedly 반복해서

1) I've asked her *time and again* not to slam the door when she leaves, but

she still does it.
나는 그녀에게 나갈 때 문을 세게 닫지 말라고 몇 번이나 요청했지만, 그녀는 아 직도 그렇게 한다.

2) The elderly patients tend to be forgetful and need to be told *time after time* to take their medication.
나이 많은 환자들은 잘 잊어버리는 경향이 있기 때문에 약을 먹도록 몇 번이고 말하여질 필요가 있다.

• take medication 약을 복용하다.

867. **The time is ripe** (*v.*) – An auspicious time has arrived to do something
시간이 적당하다. 시기가 무르익다.

1) She says that she'll get married when *the time is ripe*.
그녀는 적당한 시기가 되면 결혼하겠다고 말한다.

2) The legislators believe that *the time is ripe* for this piece of legislation.
국회의원들은 이 법을 입법할 시기가 무르익었다고 믿는다.

• auspicious (adj.) 상서로운, 좋은 • legislation (n) 법률제정
• legislate (v) 법률을 제정하다.

868. **Tip off** (*v.*) – to provide advance or inside information to
사전, 혹은 내부 정보를 제공하다.

1) The police were *tipped off* and were waiting for the robbers when they entered the bank.
경찰들은 사전정보를 입수해서 은행 강도들이 침입할 때 기다리고 있었다.

2) A friend *tipped* me *off* by telling me that a job would soon be opening up in her office.
한 친구가 그녀의 사무실에서 곧 일자리 하나가 나올 것이라는 것을 내게 미리 가르쳐 주었다.

869. **To-be / To be** (*adj.*) – about to become, that is going to be ~이 될

1) She hugged her mother-in-law-*to-be*.
그녀는 그녀의 미래의 시어머니를 껴안았다.

2) He has always believed that what is *to be*, will be.
그는 항상 될 것은 된다고 믿어왔다.

870. **To be sure** (*adv.*) – with certainty 의심할 여지없이, 확실히

1) *To be sure*, we'll win the tournament.
확실히, 우리는 그 경기대회에서 이길 거야.

2) The new system went online without a glitch, but you can *be sure* that there will be some problems down the road.
그 새로운 시스템이 작은 결함도 없이 컴퓨터 네트워크에 연결되었지만, 틀림없이 앞으로 문제들이 발생할 것이다.

• tournament (n) 경기 • glitch (n) 작은 고장

871. **To blame** (*adj.*) – responsible, to be blamed 책임 있는, 비난 받아야할

1) They wanted to know who was *to blame* for the broken lamp.
그들은 그 램프를 깬 것이 누구의 잘못인지 알기를 원했다.

2) As it turned out, John, their youngest, was *to blame*.
밝혀졌듯이, 그들의 막내인 존이 잘못했다.

872. **To date** (*adj., adv.*) – until now, up to the present time 현재까지

1) *To date*, less than ten students have registered for the class.
지금까지 10명이 채 안 되는 학생이 이 과목에 수강신청을 했다.

2) The university hasn't sent out registration materials *to date*.
지금까지 대학당국은 등록서류를 보내지 않았다.

3) *To date*, the data from our experiments is inconclusive.
현재까지, 우리의 실험 자료는 결론이 나지 않았다.

• register (v) 등록하다. • inconclusive (adj.) 미결정의

** **Up to date** – in line with the current knowledge, modern methods, or recent styles

최신지식, 정보, 방법 또는 스타일에 편승한

1) The research was based on the most *up to date* information.
그 조사는 가장 최근의 자료에 기초하고 있다.

2) The police promised to keep the family *up to date* on any progress they made

in their ongoing investigation.
경찰은 진행 중인 수사에서 어떠한 진전이라도 보이면 그 가족들에게 알려 주겠다고 약속했다.

• investigate (v) 수사하다. 조사하다.

** **Out of date** – no longer current or useful, no longer in style
구식의, 시대에 뒤진, 유행이 지난

1) Her report was flawed because she had used *out of date* data.
그녀가 더 이상 사용되지 않는 옛날 자료를 사용했기 때문에 그녀의 보고서에는 결함이 있었다.

2) Torn jeans and maxi-skirts are *out of date*.
찢어진 청바지와 발목까지 덮는 긴 치마는 구식이다.

• flawed (adj.) 결함있는

873. **Tone down** (*v.*) – to make more moderate, to soften 완곡히 하다. 부드럽게 하다.

1) She was asked to *tone down* and behave more professionally.
그녀는 좀 더 적절하고 전문적으로 행동할 것을 요구받았다.

2) After *toning down* some inflammatory statements, he sent the letter.
그는 격앙된 말을 좀 더 부드럽게 고친 후 편지를 보냈다.

3) She *toned down* the colors in her apartment.
그녀는 그녀의 아파트를 부드러운 색으로 칠했다.

• moderate (adj.) 적당한 • inflammatory (adj.) 격상된

** **Tone up** (*v.*) – to make stronger, healthier, brighter or more vigorous
더 강하게, 더 건강하게, 더 밝게, 또는 더 생동감 있게 하다.

1) He lifts weights twice a week to *tone up*.
그는 더욱 강해지기 위해 일주일에 두 번씩 역기를 든다.

2) A good decorator can *tone up* even the drabbest apartment.
좋은 실내 장식가는 가장 우중충한 아파트라도 생동감 있게 만들 수 있다.

874. **Too bad** (*adj.*) – regrettable, unfortunate 참으로 안된, 유감스러운

1) It's *too bad* Tom was laid off, he was an asset to the company.
참으로 불행하게도 그 회사의 인재였던 Tom이 임시 해고를 당하였다.

2) It's *too bad* that the company is losing so many quality people.
유감스럽게도 그 회사가 좋은 직원들을 많이 잃고 있다.

• be laid off 해고당하다.(회사 사정으로)

875. **Top off** (*v.*) – to complete or add a finishing touch

마지막 마무리를 해서 완성하다.

1) We had salad for dinner and *topped* it *off* with ice cream sundaes.
우리는 저녁에 샐러드를 먹었고, 아이스크림 선데로 마무리를 했다.

2) They went to Australia on their holiday and *topped* it *off* with three days in Singapore on their way home.
그들은 휴가로 호주에 갔고, 돌아오는 길에 싱가포르에서 3일을 보내면서 그들 의 휴가를 마쳤다.

876. **Toss off** (*v.*) – to perform in a quick, easy, and casual manner, to drink quickly, to make or say easily without thinking hard

빠르고, 쉽게 일을 처리하다. 빨리 마시다. 힘들게 생각함이 없이 쉽게 말하다.

1) She is so skilled at her job, she is able to *toss off* any problem that arises.
그녀는 그녀의 직업분야에 대단히 숙련되어, 일어나는 어떤 문제든지 쉽게 해결할 수 있다.

2) We *tossed off* a glass of beer and then went to dinner.
우리는 맥주 한 잔을 단번에 들이키고는 저녁을 먹으러 갔다.

3) His reputation as a speaker is based on his ability to *toss off* a witty remark whenever the audience appears to be getting restless.
그의 강연자로서의 명성은 청중들이 점점 지루해 한다고 보일 때마다 즉흥적으로 재미있고 우스운 말들을 쉽게 하는 그의 능력에 기반한다.

• reputation (n) 평판, 명성 • get restless 안절부절하다.

877. **To the best of one's knowledge** – to the extent of one's knowledge

~가 아는 한, ~의 아는 범위에서는

1) *To the best of my knowledge*, she is single.
내가 아는 한 그녀는 독신이다.

2) He's an honest and sincere man, *to the best of my knowledge*.
내가 아는 한 그는 정직하고 성실한 남자이다.

878. **To the fore** (*adj., adv.*) – in or to the front, forward, out into notice

지도적 입장에서, 앞으로, 눈에 띄는

1) During our meeting, several key issues were brought *to the fore*.
회의 동안, 몇 가지 주요한 사항들이 중요하게 거론되었다.

2) His ability as a brilliant strategist came *to the fore* during the war.
훌륭한 전략가로서의 그의 능력이 전쟁기간동안 나타났다.

• strategy (n) 전략 • strategist (n) 전략가

879. **To the good** (*adv.*) – for the best, to one's benefit 아주 잘 된, 이익이 된.

1) We never made it to the ski resort, but that was all *to the good* because we got home early and had a few days rest before returning to work.
우리는 스키장에 갈 수가 없었지만, 오히려 이번 일은 모두 잘 되었다. 우리는 집에 일찍 도착했고, 일하러 돌아가기 전에 이삼 일을 쉴 수 있었다.

2) After she sold the flowers, she was $80.00 *to the good*.
그녀는 꽃을 팔고나서 80 달러의 이익을 보았다.

880. **To the letter** (*adv.*) – exactly, with attention to every detail

그대로, 세심하게 주의를 기울이며

1) He followed her instructions *to the letter*.
그는 그녀의 지시를 그대로 따랐다.

2) The judge swore to perform her duties *to the letter* of the law.
그 판사는 법에 적힌 그대로 그녀의 의무를 수행할 것을 맹세했다.

881. **To the wall** (*adv.*) – in a trap or corner from which there seems to be no escape

피할 수 없는 상황에

1) His failing business drove him *to the wall*.
그의 사업실패는 그를 피할 수 없는 상황으로 몰고 갔다.

2) Her back was *to the wall*, but she's been in that position before and was certain she would find a way to succeed once again.
그녀는 심각한 상황에 처해있었다. 하지만 그녀는 그런 처지에 전에도 있어 보았으며, 그녀가 처한 상황에서 다시 성공할 수 있는 길을 찾을 것을 확신했다.

3) Losing her home due to her financial difficulty drove her *to the wall*.
재정적 어려움 때문에 집을 잃는 것이 그녀를 극한상황으로 몰아갔다.

• find a way 방법을 찾다.

882. **Touch off** (*v.*) – to cause a fire or explosion, to cause or start
폭발시키다, ~의 발단이 되다.

1) Smoking in bed *touched off* the fire.
침대에서 담배를 피운 것이 화재의 원인이 되었다.

2) A disagreement with the general manager *touched off* the coach's decision to resign.
단장과의 불화가 그 코치의 사직결심을 야기했다.

• explode (v) 폭발하다. 폭발시키다. • explosion (n) 폭발

883. **Touch on** (*v.*) – to mention briefly 간단히 언급하다.

1) He *touched* lightly *on* the subject of pay raises and then went on to other topics.
그는 임금인상에 대해서 간단히 언급한 후 다른 문제로 넘어갔다.

2) Despite the banner headline on anti-abortion, the article barely *touched on* the issue of abortion.
낙태반대 큰 표제에도 불구하고, 그 기사는 낙태에 관해서 겨우 간단히 언급했다.

• anti-abortion (n) 낙태반대

884. **Touch up** (*v.*) – to improve by making minor changes or additions, to paint over imperfections
약간 수정하거나 더하여 더 향상시키다, 조그만 흠이나 긁힌 곳 등에 페인트로 살짝 칠하다.

1) The apartment wasn't in too bad of a condition, it just needed a little *touching up*.
그 아파트는 그리 나쁜 상태가 아니어서, 단지 조금만 손볼 필요가 있었다.

2) You should *touch up* those rust spots on your car before they get any worse.
너는 네 차의 녹이 난 곳들이 더 나빠지기 전에 페인트로 살짝 칠해야 한다.

• add (v) 더하다. • addition (n) 추가 • rust (adj.) 녹슨

885. **Track down** (*v.*) – to locate by trailing or searching diligently
추적하여 찾아내다.

1) The police hope to *track down* the rapist before he strikes again.
경찰은 강간범이 다시 범죄를 저지르기 전에 그를 추적하여 찾아내길 바란다.

2) She spent nearly the whole day at the library before she was able to *track down* the information she needed for her research paper.
그녀는 그녀의 연구논문에 필요한 정보를 찾아내기 전에 도서관에서 거의 하루 종일을 보냈다.

• rape (v) 강간하다. • rapist (n) 강간자

886. **Trade in** (*v.*) – to give something old or used as a partial payment on a new purchase
새로운 제품 구입 시 사용하던 것을 주고 약간 싸게 구입함 (특히 자동차 구입시)

1) He's going to *trade in* his old computer for a newer model.
그는 그의 낡은 컴퓨터를 새것으로 보상 구입할 것이다.

2) The car dealer tried to talk me into *trading in* my old car when I showed interest in buying a new one.
그 차 판매인은 내가 새 차를 사는 것에 대해 관심을 보이자, 내가 보상 구입 하게 하려고 시도했다.

887. **Trade on** (*v.*) – to use to the greatest possible advantage, to exploit
가능한 최대한도로 이용하다. 남용하다.

1) The politician *traded on* his grandfather's reputation to win the election.
그 정치가는 선거에서 이기기 위해 그의 할아버지의 평판을 최대한 이용했다.

2) The professor is *trading on* his reputation because he hasn't published anything in more than ten years.
그 교수는 그가 10년 이상 아무런 책도 출간한 적이 없기 때문에 그의 명성을 최대한 이용하고 있다.

• exploit (v) 착취, 남용하다.

888. **Trial and error** (*n.*) – a way of solving problems by trying various possible ways until the best solution is found.

시행착오, 최상의 해결책을 찾을 때까지 여러 가지 방법들을 시도하는 일

1) Most scientists solve their problems by *trial and error*.
대부분의 과학자들은 시행착오를 통해서 그들의 문제를 해결한다.

2) John solved his algebra problem by the method of *trial and error*.
John은 그의 대수 문제를 시행착오 방법을 이용해서 풀었다.

3) Parents learn how to raise their children by *trial and error*.
부모들은 시행착오를 통해서 자녀를 양육하는 방법을 배운다.

• algebra (n) (수학) 대수 • raise children 아이들을 기르다.

889. **Trick or treat** (*n.*) – a phrase said by children on Halloween when going from door to door asking for goodies and then playing tricks when goodies are not given – custom

미국의 관습으로 할로우윈 데이에 아이들이 집집마다 돌아다니며 사탕이나 과자 등을 달라고 할 때 쓰는 말로써 주지 않으면 해코지로 장난을 치는 경우가 있다.

1) The children went out "*trick or treat*" on Halloween.
할로우윈 데이에 아이들은 과자를 얻으러 밖으로 나갔다.

2) They knocked at people's doors yelling "*trick or treat*."
그들은 "Trick or treat."을 외치며 사람들의 집 문들을 두드렸다.

890. **Trip up** (*v.*) – to cause to stumble, fall, or to make a mistake

넘어지거나 실수하게 하다.

1) The would-be purse-snatcher was *tripped up* by an off-duty policeman who was jogging nearby.
지갑을 소매치기 하려던 범인이 근처에서 조깅을 하던 비번인 경찰관에 의해 넘어졌다.

2) Quite a few of the students were *tripped up* on the exam by tricky questions.
꽤 많은 학생들이 시험 볼 때 함정문제들에서 실수를 했다.

• off-duty (adj.) 비번의

891. **Try on** (*v.*) – to put on to see the appearance or if it fits

(어떤가 보기 위해) 입거나, 신거나, 써보다.

1) She's ***tried on*** several coats, but she hasn't found one she likes.
   그녀는 몇 개의 코트를 입어보았으나 그녀가 원하는 것을 찾지 못했다.

2) I'd like to ***try on*** this skirt to see how it looks on me.
   저는 제게 어울리나 보기 위해 이 치마를 입어보고 싶습니다.

892. **Try out (for)** (*v.*) – to take or undergo a test in an attempt to qualify, to test by trial

경험, 시험 등을 하다.

1) Companies ***try out*** hundreds of designs before they decide on one they will market.
   회사들은 시장에 내놓을 것을 결정하기 위해 수백 가지의 디자인을 실험해본다.

2) She ***tried out*** pottery, but didn't like it much.
   그는 도자기 만들기를 시도해보았으나 좋아하지는 않았다.

3) He ***tried out for*** the swim team but he wasn't chosen.
   그는 수영팀에 들기 위해 테스트를 받아보았으나 뽑히지 않았다.

893. **Tune in** (*v.*) – to adjust a radio or television to get a particular broadcast

특정 방송을 청취(시청)하기 위해 채널을 조정하다.

1) ***Tune in*** to Channel 9 to watch the drama "Wang Gun."
   드라마 왕건을 보기 위해 9번을 틀어라.

2) I adjusted the antenna on my radio, now I can ***tune in*** to Cool FM on 98.6.
   나는 내 라디오의 안테나를 조정했고, 그래서 지금은 98.6의 쿨 FM을 들을 수 있다.

• particular (adj.) 특정한

894. **Tune up** (*v.*) – to adjust a musical instrument to a desired key or sound, to adjust many parts of a machine so as to put it into proper conditions, to prepare oneself for a specified activity

악기를 조율하다. 기계, 엔진 등을 조정하다. (특정 활동을 위해) 준비하다.

1) The band was just *tuning up* when we arrived at the club.
우리가 클럽에 도착했을 때 그 밴드는 악기만 조율하고 있었다.

2) She took her car in for a *tune-up*.
그녀는 엔진을 튜닝하기 위해 차를 안으로 몰고 들어갔다.

3) You really need to *tune up* your skills before the final exam.
당신은 마지막 시험 전에 당신의 기술을 다듬어야 할 필요가 있다.

• proper (adj.) 적절한 • adjust (v) 조정, 조절하다.

895. **Turn away** (*v.*) – to send away, to reject 보내 버리다, 거절하다.

1) She couldn't *turn away* her daughter.
그녀는 자기 딸을 보내 버릴 수가 없었다.

2) At a bar, the customer was *turned away* because he had already had too many drinks.
그 고객은 이미 너무 많이 술을 마셨기 때문에 한 술집에서 거절 되었다.

896. **Turn down** (*v.*) – to reject or refuse to accept, to reduce the loudness, brightness, or heat, etc.
거절하다. 소리나 밝기, 온도 등을 낮추다.

1) Management has *turned down* my request for a raise.
경영진은 내 임금인상 요구를 거절했다.

2) We called our neighbor and asked her to *turn down* her stereo because she had it turned up too loud.
우리는 우리 이웃에게 전화를 걸어 그가 너무 크게 틀어 놓은 전축의 소리를 줄 여줄 것을 요구했다.

3) *Turn down* the heat, it's too warm.
온도를 낮추어라, 너무 덥다.

** **Turn up** (*v.*) – to discover or be found by chance, to appear unexpectedly, to increase the volume
우연히 발견되거나 나타나다. 볼륨을 높이다.

1) I was going through some boxes and the credit cards which I thought I had lost *turned up*.

나는 상자들을 뒤적이고 있었는데, 거기에서 내가 잃어버린 줄 알았던 신용카드가 우연히 발견되었다.

2) Our research *turned up* new information.
우리의 연구는 새 정보를 우연히 발견했다.

3) Please *turn up* the volume, I can't hear what they're saying.
볼륨을 높여주시겠습니까? 그들이 뭐라고 말하는지 들리지가 않습니다.

897. **Turn in** (*v.*) – to hand in, to give over, to return, to deliver or give information about, to go to bed

제출하다, 돌려주다, (경찰에)인도하다, 밀고하다, 잠자리에 들다.

1) You must *turn in* all assignments by the last week of the semester.
너는 모든 과제를 학기의 마지막 주까지는 제출해야만 한다.

2) Tell Joe that he needs to *turn in* the videotape by Saturday.
조에게 토요일까지는 비디오테이프를 반납해야 한다고 말해라.

3) An informer *turned* him *in* for the reward.
한 밀고자는 현상금 때문에 그를 고발했다.

4) I'm tired, so I'm going to *turn in* early tonight.
나는 피곤해서 오늘은 일찍 잠자리에 들려고 한다.

• assignment (n) 과제

898. **Turn off** (*v.*) – to stop the operation or flow of, to leave by making a turn, to disgust, repel, or bore

물, 전기, 엔진 등을 끄다, 방향을 바꾸다, 싫증, 혐오하게 하다.

1) You forgot to *turn off* the heater, so I *turned* it *off*.
너 전열기구 끄는 것을 잊었더구나, 그래서 내가 껐다.

2) We should *turn off* at the next exit.
우리는 다음 출구에서 방향을 바꾸어야 한다.

3) People who claim never to be wrong *turn* me *off*.
결코 실수하지 않는다고 주장하는 사람들은 나를 역겹게 한다.

• claim (v) 주장하다.

** **Turn on** (*n., v.*) – to begin the operation, flow, activity, etc., to put on a light, to arouse the pleasant senses, to be very interested in

전기, 수도, 엔진 등을 켜다. 관심, 성적인 흥미 등이 생기게 하다.

1) The hallway light *turns on* and off automatically.
복도의 등은 자동으로 켜지고 꺼진다.

2) Please *turn on* the air conditioner.
에어컨 좀 켜주세요.

3) Please *turn on* Channel 30.
채널 30번 좀 틀어주세요.

4) He's very attractive and she gets *turned on* every time she sees him.
그는 매우 매력적이어서 그녀가 그를 볼 때면 성적인 호기심이 발동한다.

5) The astronomy course was such a *turn on* that I considered changing my major.
천문학 과목이 정말 재미있어서 나는 내 전공을 바꿀까 생각했다.

• arouse (v) 자극하다. • astronomy (n) 천문학

899. **Turn of the century** (*n.*) – the time between the end of one century and the beginning of the next century

한 세기의 말과 다음 세기 초의중간시기

1) The *turn of the century* is usually a time of strife and turmoil.
세기말은 대개 투쟁과 소동의 시기이다.

2) Automobiles were introduced at the *turn of the 19th century*.
자동차는 19세기 말에 도입되었다.

• strife (n) 투쟁 • turmoil (n) 혼란

900. **Turn one's back on** (*v.*) – to refuse to help (도움이 필요할 때) 외면하다.

1) I thought he was my friend, but he *turned his back on* me when I needed help.
나는 그가 내 친구라고 생각했는데, 그는 내가 도움이 필요할 때 외면했다.

2) I will not *turn my back on* you when you need my help.
나는 네가 내 도움이 필요할 때 외면하지 않겠다.

901. **Turn one's stomach** (*v.*) – to make one feel sick (속을) 메스껍게 하다.

1) The strong odor emanating from the room *turned his stomach*.
그 방에서 나는 강한 냄새가 그의 속을 뒤집어 놓았다.

2) The accident was so horrible that it *turned her stomach*.
그 사고는 너무 끔찍해서 그녀의 속을 메스껍게 하였다.

• odor (n) 냄새 • emanate (v) (냄새, 빛, 소리, 열 등이) 나오다.

902. **Turn out** (*v.*) – to shut off, to produce or create, to result or end up, to attend or assemble as for a public event, to be found to be, to evict or eject, to turn inside out or empty

끄다, 생산하다, 조립하다, 결과가 되다, 참석하다, 판명되다, 쫓아내다, 안팎을 뒤집다

1) Please *turn out* the lights before you come to bed.
잠자리에 들기 전에 전등을 꺼주시기 바랍니다.

2) The new printer *turns out* sixty pages a minute.
새 프린터는 1분에 60장을 인쇄한다.

3) Many workers have been displaced because robots are now used to *turn out* automobiles.
지금은 자동차를 조립하는데 로봇들이 사용되고 있기 때문에 많은 노동자들이 일자리를 잃었다.

4) I don't know how the project will *turn out*, but I'll give it my best.
나는 그 연구계획이 어떤 결과가 나올지 모르지만, 최선을 다할 것이다.

5) Thousands of people *turned out* for the rock concert.
수천 명의 사람이 그 록콘서트에 참석했다.

6) The rumor that she was divorced *turned out* to be false.
그녀가 이혼 당했다는 소문은 거짓으로 판명 났다.

7) The former tenants were *turned out* because they didn't pay the rent.
이전 세입자들은 집세를 내지 않았기 때문에 쫓겨났다.

8) He *turned out* his pockets looking for the missing car keys.
그는 잃어버린 차 열쇠를 찾기 위해 그의 주머니를 뒤집었다.

• displaced (adj.) 제거된, 대체된, 쫓겨난 • be divorced 이혼당하다. • tenant (n) 세입자

903. **Turn over** (*v.*) – to rotate, overturn or shift position, to think about, to transfer to another

뒤집어엎다. 시동이 걸리다. 곰곰이 생각하다. (경찰에) 넘기다. (책장 등을) 넘기다.

T

1) The engine won't *turn over* because the battery is dead.
배터리가 다 방전되었기 때문에 엔진의 시동이 걸리지 않는다.

2) Take a few days to *turn* the offer *over* in your mind before coming to a decision.
결론을 내리기 전에 이삼일 마음의 여유를 가지고 곰곰이 생각해 봐라.

3) The defendant was *turned over* to state correction officers after his conviction.
피고는 유죄판결 후에 주 교도관들에게 인계되었다.

4) *Turn over* the page.
페이지를 넘겨라.

• defendant (n) 피고 • correction officer 교도관 • conviction (n) 유죄입증

** **Turnover** (*n.*) – the act of turning over, the number of workers hired to replace those who have left, a small pastry made with a filling, usually apple

turn over의 명사형, 이직 또는 그 자리를 메우기 위해 고용되는 사람들의 수, 페이스트리 종류 (대개 사과)

1) The *turnover* rate for teachers is pretty high in this district.
이 지역에서 교사들의 이직률은 상당히 높다.

2) These apple *turnovers* are delicious.
이 사과 페이스트리들은 매우 맛있다.

904. **Turn to** (*v.*) – to apply, appeal, or resort to something or someone for support, information, etc. to begin work, to refer to a specified page in a book, etc.

도움을 받기 위해 ~에 의지하다. 일을 시작하다. 참조하다.

1) The refugees *turned to* the Chinese Government for assistance, but were returned to North Korea instead of being granted asylum.
그 난민들은 중국 정부에 도움을 요청했으나, 그들은 신변보호 대신 북한으로 송환되었다.

2) Please *turn to* the page 24 of the text.
교과서의 24쪽을 참고하기 바랍니다.

• appeal (v) 호소, 간청, 항소하다. • assistance (n) 도움
• asylum (n) 안전한 장소(주로 난민에게 주어지는)

905. **Underage** (*adj.*) – below legal age 미성년의

1) He's *underage* and isn't allowed to buy alcoholic beverages.
그는 미성년자이기 때문에 알코올음료를 사도록 허가되지 않는다.

2) He can't get a driver's license because he's *underage*.
그는 미성년이기 때문에 운전면허를 딸 수 없다.

• allow (v) 허락하다. • beverage (n) 음료

906. **Under arrest** (*adj.*) – held by the police or held in legal custody 체포된

1) The woman was placed *under arrest* for shoplifting.
그 여성은 가게에서 물건을 훔친 죄로 체포되었다.

2) You are *under arrest*, and you have a right to hire a lawyer.
당신은 체포되었다. 그리고 변호사를 고용할 권리가 있다.

• legal (adj.) 법적인 • custody (n) 후견, 구금 • shoplift (v) 가게에서 물건을 훔치다.

907. **Under fire** (*adj.*) – under attack, blame, or accusations
공격을 받는, 비난, 비평을 몹시 받는

1) The troops came *under* heavy *fire* and were forced to retreat.
그 군대는 심한 공격을 받아서 후퇴할 수밖에 없었다.

2) Japan has been *under fire* for refusing to correct their textbooks.
일본은 그들의 교과서를 수정하라는 요구를 거절함으로써 몹시 비난을 받아왔다.

3) The new law came *under fire* before it was even enacted.
새 법은 그 것이 제정되기도 전에 몹시 비난을 받았다.

• accuse (v) 비난하다. • retreat (v, n) 퇴각하다. • enact (v) 법률을 제정하다.

908. **Under the table** (*adv.*) – in secret 비밀리에

1) He earned a modest salary, but became rich through bribes received *under the table*.
그는 적은 급료를 받았지만, 비밀리에 뇌물을 받았기 때문에 부자가 되었다.

2) She gave him some money *under the table*.
그녀는 비밀리에 그에게 약간의 돈을 주었다.

909. **Up against** (*adj.*) – confronted with (많은 어려움 등에) 당면하고 있는

1) The plan to consolidate the two companies has come *up against* many difficulties.
그 두 회사를 합병하려는 계획은 많은 문제에 당면해 있다.

2) John is *up against* the wall because he's going to lose his job.
존은 직장을 잃을 것이기 때문에, 피할 수 없는 어려움에 당면하고 있다.

• consolidate (v) 결합·합병하다.

910. **Up-front** (*adj.*) – honest, open, frank, in advance, prepaid
솔직한, 공개적인, 미리, 선불의

1) The Service Company was *up-front* about their maintenance fees.
그 서비스 회사는 그들의 유지비용에 대해서 매우 솔직했다.

2) The mayor was *up-front* about his political convictions and policies.
시장은 그의 정치적인 신념과 정책에 대해서 솔직하고 공개적이었다.

3) The delivery person demanded an *up-front* payment.
그 배달부는 선불을 요구했다.

• maintenance (v) 유지하다. • political conviction 정치적 신념

911. **Ups and downs** (*n.*) – good and bad periods 오르내림, 좋을 때와 나쁠 때 (기복)

1) Everyone goes through periods of *ups and downs*.
모든 사람에게는 좋을 때와 나쁠 때가 있다.

2) A successful life has more *ups than downs*.
성공적인 삶이란 나쁜 때보다 좋은 때가 더 많다.

912. **Up to** (*prep.*) – dependent upon, occupied with, prepared for

~에 달린, ~하고 있는, 준비(각오)등이 되어있는

1) The position is yours if you want it. It's really *up to* you.
네가 원하기만 하면 그 자리는 네 것이다. 그것은 완전히 네게 달려있다.

2) Hearing a loud bang, I wondered what they were *up to*.
쿵하는 큰 소리를 들었기 때문에, 나는 그들이 무엇을 하고 있는지 궁금해 했다.

3) Although she had no proof, she was sure her neighbor was *up to* no good.
아무런 증거도 없지만, 그녀는 그녀의 이웃이 좋지 않은 일을 하고 있다고 확신했다.

4) He's out of the hospital and feels he'll be *up to* returning to work in a week or two.
그는 퇴원을 했고, 1~2주 후에는 직장으로 돌아갈 준비가 될 것이다.

• proof (n) 증거 • return to work 직장으로 돌아가다.

913. **Use up** (*v.*) – to consume completely 다 써버리다.

1) She *used up* all the butter making the cake and forgot to get more for tomorrow's breakfast.
그녀는 케이크를 만드는데 모든 버터를 다 써버리고는 내일 아침식사를 위해 더 준비하는 것을 잊어버렸다.

2) He *used up* all his energy playing volleyball and now he doesn't want to go dancing.
그는 배구를 하는데 모든 힘을 다 써버려서 지금은 춤추러 가고 싶지 않다.

3) We *used up* all the shampoo, so we have to buy more.
우리는 샴푸를 다 써버려서 새로 더 사야 된다.

인스코프극장

V

914. **Vote** (*v.*) – to vote 투표하다.

1) The Democratic Party is calling on every registered *voter* to vote in the upcoming election.
민주당은 모든 등록된 선거권 자에게 다가오는 선거에 투표하라고 요청하고 있다.

• call on 요청하다, 방문하다.

** **Vote for** (*v.*) – to vote in favor of ~에 우호적으로 (찬성하여) 투표하다.

1) The voters *voted for* the tax increase by a margin of 2 – 1.
유권자들은 2대1로 세금인상에 찬성투표를 했다.

** **Vote against** (*v.*) – to vote to oppose 반대하여 투표하다.

1) The school board *voted against* the proposal to hire more teachers.
학교 위원회는 더 많은 교사를 채용하자는 제안에 반대투표를 했다.

915. **Vote down** (*v.*) – to defeat or to reject by vote 부결하다.

1) The proposed amendment was *voted down*, seven to three.
제안된 수정안은 7대 3으로 부결되었다.

2) The Congressional Committee *voted down* the proposal to increase imports.
입법 위원회는 수입 증가 제안을 부결시켰다.

• amendment (n) 수정, 변경

916. **Vote in** (*v.*) – to elect (투표로) 선출하다.

1) He was *voted in* by a narrow margin, and yet we're happy with the way

he's handling his job.
그는 근소한 표차로 당선되었다. 그럼에도 우리는 그가 일 처리 하는 방식에 만족한다.

2) Mr. Kim was *voted in* at the annual shareholders meeting.
김씨는 연례 주주회의에서 선출되었다.

• margin (n) 가장자리, 여백, 판매수익 • shareholder (n) 주주

유니언 스퀘어

W

917. **Wait on** (*v.*) – to serve or attend as a waiter, waitress, sales clerk, etc.
(식당, 가게, 병원 등 공공시설에서) 웨이터나 웨이트리스 영업직원 등으로서 시중들다.

1) They wanted to know why they hadn't been ***waited on*** yet because some other customers that had arrived after them were already being served.
그들은 그들보다 늦게 온 다른 고객들이 이미 안내되었음에도 불구하고, 아직 그들이 안내되지 못한 이유를 알고 싶어 했다.

2) She has a part-time job ***waiting on*** tables.
그는 테이블에서 시중드는 시간제 직을 가지고 있다.

918. **Wake up** (*v.*) – to awake, to arouse conscious interest in
(잠 또는 정신적인 면에서) 깨다. 깨우치다.

1) I usually ***wake up*** at about six o'clock.
나는 보통은 6시 경에 잠에서 깬다.

2) He ***woke up*** late and missed his first class.
그는 늦잠을 잤기 때문에 1교시 수업에 빠졌다.

3) The speaker was so inspirational that it ***woke up*** many of his listeners to the plight of refugees.
그 연사는 매우 영감적이어서 많은 청중들에게 난민들의 어려운 처지를 알게 해 주었다.

• conscious (adj.) 의식적인 • inspirational (adj.) 영감을 주는 • plight (n) 곤경 • refugee (n) 난민

919. **Walk away from** (*v.*) – to leave or abandon, to survive with little or no injury from an accident
떠나거나 저버리다, (사고 등에서) 거의 다치지 않고 살아나다.

1) I cannot respect anyone who ***walks away from*** raising their young children.
나는 어린 아이들의 양육을 저버리는 어떤 사람도 존경할 수 없다.

2) She was lucky to ***walk away from*** the accident without a scratch.
그녀는 운 좋게도 긁힘 하나 없이 그 사고로부터 무사했다.

• injury (n) 부상 • raise a child 아이를 기르다.

** **Walk away with / walk off with** (v.) – to steal and take away, to gain through an act of personal excellence
훔쳐서 달아나다. 자신의 실력으로 따가다.

1) The thief must have ***walked away with*** the watch while I was helping another customer.
그 도둑은 내가 다른 고객을 도와주고 있는 동안 시계를 훔쳐서 달아난 것이 틀림없다.

2) The Russian team ***walked off with*** the gold medal.
러시아 팀이 금메달을 땄다.

920. **Walk of life** (n.) – social class or occupation, ways of living
사회계층, 생활, 직업 등등

1) People from all ***walks of life*** attended the conference.
모든 사회계층에서 온 사람들이 그 회의에 참석했다.

2) They objected to the wedding because their daughter and the man she wants to marry come from different ***walks of life***.
그들은 그들의 딸과 딸이 결혼하고 싶어 하는 남자가 사회계층이 다르기 때문에 결혼을 반대했다.

• occupation (n) 직업 • attend (v) 참석하다. • conference (n) 회의

921. **Walk out** (v.) – to go on strike, to leave suddenly, to desert
파업하다. 갑자기 나가다. 버리고 떠나다.

1) The teachers ***walked out*** in a move to get the district to listen to their demands for an increase in salary and other benefits.
교사들은 그들의 임금 인상과 다른 이익들에 대한 요구를 당국이 듣게 하기 위한 운동으로 파업을 했다.

2) When his promotion was denied, he just ***walked out*** of the office without saying a word.
승진이 거부되자, 그는 말 한마디 없이 사무실을 나가버렸다.

3) She *walked out* on her three children and never returned.
그녀는 그녀의 세 아이를 버리고 떠나고는 다시는 돌아오지 않았다.

• demand (v, n) 요구하다. • be denied 거부되다.

922. **Walk over / Walk all over** (*v.*) – someone who controls or manipulates another person without respect or concern

(누군가를)존중이나 배려 없이 마음대로 하다.

1) I don't know why she lets him *walk* all *over* her.
왜 그녀는 그가 자기를 함부로 대하도록 놓아두는지 나는 모르겠다.

2) He's such a wimp. He lets his wife *walk all over* him.
그는 매우 무기력한 사람이라 그녀의 아내가 그를 아무렇게나 대하도록 놓아둔다.

• manipulate (v) 조종하다.(나쁜 의도로)

923. **Warm up** (*v.*) – to make or become warm or warmer, to become ready for action by exercising or practicing

더워지다. 덥히다. 준비운동하다.

1) The weather is going to *warm up* toward the end of the week.
이번 주말로 가면서 날씨가 따뜻해 질 것이다.

2) I *warmed up* some soup for dinner.
나는 저녁을 위해 스프를 조금 데웠다.

3) Athletes *warm up* before their performance.
운동선수들은 경기 전에 준비운동을 한다.

924. **Wash out** (*v.*) – to remove by washing or by the action of water

물로 씻어 제거하다, 씻어 내다.

1) This shirt has a coffee stain that needs to be *washed out*.
이 셔츠에는 씻겨져야 하는 커피얼룩이 있다.

2) Blueberry stains won't *wash out*.
블루베리 열매의 얼룩은 물로 지워지지 않는다.

3) Heavy rains *washed out* the corn field.
폭우가 옥수수 밭을 쓸어버렸다.

925. **Waste away** (*v.*) – to become gradually thinner, weaker, feebler, to die slowly

점점 약해지고 야위어지다. 천천히 죽다.

1) After his wife died, he just seemed to ***waste away*** with grief.
그녀의 아내가 죽은 후, 그는 슬픔으로 약해져 가는 것 같다.

2) She is slowly ***wasting away*** with terminal cancer.
그녀는 치명적인 암으로 서서히 죽어가고 있다.

• feeble (adj.) 약한, 힘이 없는 • terminal (adj.) 치명적인

926. **Waste one's breath** (*v.*) – no use to talk, to speak with no result

말해도 소용없다.

1) Don't ***waste your breath*** talking to her, she doesn't accept advice.
그녀에게 말하는 것은 소용없다. 그녀는 충고를 받아들이지 않는다.

2) You're ***wasting your breath***. She's not going to change her mind.
말해도 소용없어. 그녀는 마음을 바꾸지 않을 거야.

927. **Watch out** (*v.*) – use caution, or be alert (자동차 등을 운전할 때) 조심하다.

1) ***Watch out*** for deer when driving on that road at night.
그 도로에서 밤에 운전할 때는 사슴에 주의해라.

2) When you cross the street, ***watch out*** for traffic.
도로를 건널 때는 차의 왕래를 조심해라.

• caution (n) 조심 • alert (adj.) 정신을 바짝 차린

928. **Water down** (*v.*) – to weaken or reduce the force of, to make less potent

(적당히 조절하여) 강도를 약하게 (물을 타서)하다.

1) He thought it was the best article he had ever written until the editor ***watered*** it ***down*** to appease the newspaper's owner.
편집자가 신문사의 사주를 유화하기 위해 그 기사를 약하게 조절하기 전까지, 그는 그 기사가 지금까지 자기가 쓴 기사 중에 최고의 기사라고 생각했다.

2) These drinks taste like they're ***watered down***.
이 음료들은 마치 물을 탄 것 같다.

• appease (v) 달래다. 진정시키다.

929. **Ways and means** (*n.*) – methods and resources to do something, especially for defraying expenses

의회의 예산 위원회, ~을 위한 방법이나 재원.

1) He was selected to serve on the *ways and means* committee.
그는 의회 예산위원으로 선출되었다.

2) I have neither the *ways* nor the *means* to travel.
나는 여행할 돈도 없고 돈을 마련할 방법도 없다.

• expense (n) 비용 • resource (n) 자원 • defray (v) 지불하다.
• neither ~ nor … ~도 …도 아니다.

930. **Wear down** (*v.*) – to decay as a result of use or friction, ruin

(사용이나 마찰의 결과로)다 부식하다, 지치게 하다.

1) Erosion *wore down* mountains over the years.
침식은 수년에 걸쳐서 산을 깎았다.

2) Teaching children is rewarding, but it can certainly *wear* you *down*.
아이들을 가르치는 것은 보람이 있지만, 그것은 정말 사람을 지치게 한다.

• friction (n) 마찰 • erosion (n) 부식, 침식 • rewarding (adj.) 보람있는

** **Wear out** (*v.*) – to use or be used until useless, to exhaust or tireout

너무 많이 써서 못쓰게 되다(하다). 피곤하게 하다.

1) I wore my favorite jeans until they *wore out*.
나는 나의 청바지가 닳아서 못쓰게 될 때까지 입었다.

2) He *wears out* two pairs of running shoes every three months or so.
그는 세 달꼴로 두 켤레의 운동화를 닳게 한다.

3) I had a rough day and I'm *worn out*.
오늘은 너무나 힘든 날이어서, 나는 지금 대단히 피곤하다.

4) The long hike *wore* me *out*.
오랜 시간동안의 하이킹이 나를 지치게 했다.

W

931. **Wear off** (*v.*) – to disappear gradually, to diminish by degrees

점차 사라지다. 점차 마모되다.

1) They've only been married for six months and their love is already beginning to *wear off*.
그들은 결혼 한지 고작 6개월이 지났을 뿐인데, 그들의 사랑은 벌써 시들기 시작하고 있다.

2) The names carved in the headstones *wore off* a long time ago.
묘석에 새겨진 이름들은 오래전에 닳아 없어졌다.

• diminish (v) 점차 약해지다. • carve (v) 새기다.

932. **Weed out** (*v.*) – to get rid of what is not wanted 불필요한 것을 제거하다.

1) This weekend, I'll *weed out* my old clothes.
이번 주말에 나는 나의 헌 옷들을 버릴 것이다.

2) We need to *weed out* harmful Internet sites to protect children.
우리는 아이들을 보호하기 위해 유해한 인터넷 사이트를 제거해야만 한다.

933. **Weigh down** (*v.*) – to burden or oppress 짓누르다. 압박하다.

1) The heavy overnight snow *weighed down* the evergreens.
밤새내린 폭설이 상록수들을 짓눌렀다.

2) The Olympic coverage was *weighed down* by commercials.
올림픽 방송이 상업 광고들로 짓눌렸다.

3) The truck was *weighed down* with a heavy load of tiles.
그 트럭은 무거운 타일 짐들로 눌려있었다.

4) The employees feel *weighed down* by the pending bankruptcy of the company.
직원들은 회사의 파산 계류 때문에 압박감을 느끼고 있다.

• coverage (n) 적용, 포함, 보도되는 범위 • pend (v) 조정, 타협을 기다리다.
• pending (adj.) 미해결의, 임박한 • bankruptcy (n) 파산

934. **What have you / What not** (*n.*) – any of various other things that might also be mentioned

그 밖의 여러 가지

1) I introduced myself and told them my name, where I was from, why I was here and ***what have you***.
나는 내 자신을 소개했고 그들에게 나의 이름, 내가 어디서 왔는가, 왜 여기 있는가, 등등을 말했다.

2) We have to buy milk, bread, butter and ***what not***.
우리는 우유, 빵, 버터 그리고 그밖에 여러 가지를 사야한다.

935. **What if** – what would happen if, suppose that

만약 ~하면 어찌할 것인가? 가정해서

1) ***What*** would you do ***if*** you were to find $1,000,000?
네가 1백만 달러를 찾게 된다면 어떻게 할 것인가?

2) He wondered ***what*** would happen ***if*** he couldn't find a job after graduation.
그는 그가 졸업 후에 직업을 얻지 못하면 어떻게 하나 생각했다.

3) ***What if*** I don't go on this business trip?
만약 내가 이번 출장을 가지 않으면 어떻게 될까?

936. **A while ago** (*adv.*) – not long ago 조금 전에

1) I saw him, although it was ***a while ago***.
나는 좀 전에 그를 보았다.

2) I left my dictionary here ***a while ago*** and now it's gone.
나는 조금 전에 내 사전을 여기에 놓아두었는데, 없어져 버렸다.

** **A while back** (*adv.*) – several weeks or months ago

수 주 또는 수개월 전에, 좀 오래전에

1) She worked here ***a while back***, but we haven't heard from her since she left.
그녀는 여기에서 좀 오래전에 일했었는데, 우리는 그녀가 떠난 뒤로 그녀의 소식을 듣지 못했다.

2) I went fishing there ***a while back*** and was disappointed at the amount of pollution.
우리는 거기에 얼마 전에 낚시 하러 갔었는데, 오염이 많이 되어있어 실망했다.

• disappointed (adj.) 실망한 • pollution (n) 오염

W

937. **Wide of the mark** (*adj., adv.*) – located away from a desired goal, deviated from something specified, not true

과녁에서 빗나간, 왜곡된, 사실이 아닌

1) My first two shots were *wide of the mark*.
나의 처음 두발은 과녁에서 빗나갔다.

2) His comments on the budget crisis were *wide of the mark*.
그의 예산 위기에 대한 발언은 많이 빗나갔다.

• deviate (v) 벗어나다. 빗나가다. • budget (n) 예산

** **Wide-awake** (*adj.*) – completely awake 완전히 잠이 깬.

1) Someone called me at 3 a.m. After I hung up the phone, I wanted to go back to sleep but I couldn't because I was *wide-awake*.
누군가 내게 새벽 3시에 전화를 했다. 전화를 끊은 후, 다시 잠을 청했으나 나는 완전히 잠이 깨었다.

• hang up the phone 전화를 끊다.

938. **Win out (over)** (*v.*) – to succeed or prevail ~에게 이기다, ~보다 낫다.

1) Hard work and diligence will usually *win out over* smooth talk.
대개 성실하게 일하고 부지런한 것이 아첨보다 낫다.

• prevail (n) 이기다. 흔하다.

** **Win one's way** (*adj.*) – to succeed in life

힘든 일을 통하여 또는 힘들게 인생에서 성공하다.

1) He *won his way* into her heart because he has a great sense of humor and a gentle nature.
그는 대단한 유머 감각과 친절한 천성을 가졌기 때문에 그녀의 마음을 얻었다.

939. **Win over** (*v.*) – to persuade to be on one's side

~을 설득해서 ~편으로 만들다.

1) He *won* her *over* just by being himself.
그는 단지 그 자신이 됨으로써 그녀를 자기편으로 만들었다.

2) His clear presentation and strong arguments finally *won* them *over*.
그의 명료한 발표와 강한 논리는 마침내 그들을 설득해서 자기편으로 만들었다.

• presentation (n) 발표

940. **Wind up** (v.) – to come to an end, finish, to tighten
~로 끝나다, 마무리하다, (태엽 등을) 감다.

1) The movie *winds up* with the typical happy ending.
그 영화는 전형적인 해피엔딩으로 끝났다.

2) I'll *wind up* what I'm doing and join you at the restaurant in about a half hour.
지금 하던 일을 마무리하고 30분정도 후에 그 식당에서 당신들과 합류 하겠다.

3) I woke up late because I'd forgot to *wind up* my alarm clock.
나는 자명종 시계의 태엽을 감아 놓는 것을 잊었기 때문에 늦게 일어났다.

941. **Wipe off** (v.) – to remove from the surface by wiping 표면을 닦다.

1) This table needs to be *wiped off*.
이 탁자는 닦아야 한다.

2) *Wipe off* the television screen.
텔레비전 화면을 닦아라.

** **Wipe out** (v.) – to remove, erase or wipe by rubbing, to destroy
닦아내다. 제거하다. 파괴하다.

1) She sprayed the stain remover on and then *wiped out* the stain.
그녀는 녹제거제를 뿌리고는 녹을 닦아 냈다.

2) The tornado *wiped out* dozens of homes at a local resort.
그 토네이도는 지역 휴양지에 있는 수십 채의 집들을 휩쓸었다.

3) Today's confrontation *wiped out* any possibility of a quick end to the hostilities.
오늘의 교전은 전쟁의 신속한 종결을 위한 모든 가능성을 다 없애버렸다.

• resort (n) 휴양지 • confront (v) 맞서다. • hostility (n) 적개심, (전쟁)교전

W

942. **Within reason** (*adj., adv.*) – moderate, within the limit of good sense
적당하게(한), 적절하게(한)

1) The company is willing, *within reason*, to accommodate the demands of striking workers.
그 회사는 파업 중인 노동자들의 요구를 기꺼이 적절히 수용할 것이다.

2) Her father promised to buy her any car she wanted, *within reason*.
그녀의 아버지는 적절한 선에서 그녀가 원하는 어떤 차던지 사주기로 약속했다.

• accommodate (v) ~의 편의를 봐주다. • moderate (adj.) 적당한

943. **With good grace** (*adv.*) – graciously, kindly and politely
품위 있게, 친절하게, 상냥하게, 공손히

1) They always acted *with good grace*, even when things didn't go their way.
그들은 일들이 자신들이 원하는 방향으로 가지 않았을 때라도, 항상 품위있게 행동했다.

2) My late grandmother used to treat people *with good grace*.
작고하신 내 할머니는 사람들을 아주 친절히 대하곤 하셨다.

** **With bad grace** (*adv.*) – disgracefully 불손하게, 악의로

1) The team embarrassed its coach by taking the latest lost *with bad grace*.
그 팀은 가장 최근의 패배를 불손하게 받아들이며 그들의 코치를 당황하게 만들었다.

• embarrass (v) 무안하게 하다.

944. **With no strings attached** (*adv.*) – without any condition attached 조건 없이

1) He said he wanted to help her fix her car and that he would do it *with no strings attached*.
그는 아무런 조건 없이 그녀가 차를 고치는 것을 도와주고 싶다고 말했다.

2) I will help you finish this project *with no strings attached*.
나는 네가 그 계획을 끝내도록 아무런 조건없이 도와주겠다.

• condition (n) 조건, 상태

945. **With open arms** (*adv.*) – gladly, eagerly 반갑게, 열렬히

1) After a long separation, her family welcomed her home *with open arms*.
오랜 기간 떨어져 있은 후에, 그녀의 가족들은 그녀를 반갑게 맞이했다.

2) I know we broke up, but if you want to get back together I'll greet you *with open arms*.
나는 우리가 깨진 것을 알지만, 만약 당신이 다시 합치기를 원하면 나는 반갑게 당신을 맞이할 거야.

946. **Without fail** (*adv.*) – certainly 확실히, 어김없이

1) They paid their mortgage every month for 30 years *without fail*.
그들은 주택 대출금을 매달 30년 동안 빠짐없이 냈다.

2) He promised his teacher that from now on he'd be on time for class *without fail*.
그는 지금부터는 수업시간에 맞추어 오겠다고 그의 선생님께 약속했다.

• mortgage (n) 주택대출금 • on time 정시에

947. **With the best (of)** (*adv.*) – as well as, as good as ~에 못지않게, ~ 만큼 잘

1) He can play basketball *with the best of* them.
그는 그들 못지않게 농구를 잘 할 수 있다.

2) She speaks English *with the best of* native speakers.
그녀는 원어민 못지않게 영어를 잘 말한다.

948. **Word for word** (*adv.*) – without changing a word, in exactly the same words
한자도 바꿈이 없이, 말 그대로

1) The reporter wrote down what was said *word for word*.
그 기자는 말해지고 있는 것을 한자도 바꿈없이 그대로 적었다.

2) I remember what you said *word for word*.
나는 네가 말한 것을 그대로 기억한다.

949. **Worked up** (*adj.*) – excited, angry, or worried 흥분한, 화난, 걱정하는

1) His wife gets all *worked up* whenever he comes home a few hours late.
그의 아내는 그가 두세 시간 집에 늦게 올 때면 항상 화낸다.

2) He was all ***worked up*** because he failed the test, however we reminded him that it wasn't the end of the world.
그는 그가 시험에 떨어졌기 때문에 착잡해 했지만, 우리는 그에게 그것으로 세상이 끝난 것은 아니라는 것을 상기시켜 주었다.

950. **Work off** (*v.*) – to get rid of something (일이나 활동을 통해) 제거하다. 풀다.

1) She constantly exercises to ***work off*** excess weight.
그녀는 그녀의 과체중을 줄이기 위해 항상 운동을 한다.

2) He has ***worked off*** his anger and he is calm now.
그는 화를 가라앉히고 지금은 냉정해졌다.

3) Jogging is an excellent way to ***work off*** unwanted pounds.
조깅은 원치 않는 몸무게를 줄이는 뛰어난 방법이다.

951. **Work on** (*v.*) – to affect, to have an effect on, to persuade
효과가 있다. 설득하다. 노력하다.

1) Since his retirement, he has been busy ***working on*** a variety of small community projects.
그는 은퇴를 한 이래로 작고 다양한 지역 프로젝트를 위해 바쁘게 일하고 있다.

2) The President is ***working on*** perceived fence sitters in an effort to get his tax reform initiatives through the finance committee.
대통령은 재경위원회에서 그의 조세 개혁법안을 입안하기 위한 노력으로 파악된 관망자들을 설득하고 있다.

952. **Work out** (*v.*) – to develop, to prove successful or suitable, to exercise
해결, 개발 또는 마련하다. 조정하다. 응용하다.

1) After months of wrangling, an agreement was finally ***worked out***.
수개월의 논쟁 끝에, 마침내 합의를 이끌어 냈다.

2) The administration ***worked out*** a new schedule that will benefit all employees.
경영진은 모든 고용인들에게 이익이 될 새 계획을 개발했다.

3) The government has been trying to ***work out*** a new approach to overhauling the national economic system since last year.
정부는 지난해부터 국가 경제구조에 대한 철저한 조사를 위한 새로운 접근방법을 개발하려고 시도해 오고 있다.

4) I see her *working out* at the gym every now and then.
나는 때때로 그녀가 체육관에서 운동하는 것을 본다.

- wrangle (v, n) 시끄럽게 논쟁하다.
- benefit (n) 이익, 도움을 주다. 이익, 유지
- approach (v, n) 접근하다. 접근
- overhaul (v, n) 철저한 조사, 수리, 재정비하다.

953. **Wrapped up in** (*adj.*) – thinking only in something 오직 ~에만 골똘하다.

1) I'm sorry I haven't called you, as I've been *wrapped up in* searching for a job.
나는 지금 일자리를 찾는데 골똘해 있어서 전화하지 않아서 미안해.

2) He is *wrapped up in* his final project and rarely has time to go out.
그는 그의 마지막 과제에만 골똘하고 있어 좀처럼 밖에 나갈 시간이 없다.

3) She's *wrapped up in* herself and doesn't think of anyone else.
그녀는 오로지 그녀 자신만 생각하고 다른 어느 누구도 생각하지 않는다.

- search (v) 탐색하다. 찾다.
- rarely (adv.) 드물게, 좀처럼 ~않다.

** **Wrap up** (*v.*) – to wrap, to end, to dress warmly 포장하다. 끝내다. 옷을 껴입다.

1) Please *wrap* this *up*, it's a gift.
이것 포장해주세요. 선물이거든요,

2) I should be able to *wrap up* my work in an hour or so and go home.
나는 한 시간 정도 후는 이 일을 끝내고 집에 가야 한다.

3) Be sure to *wrap up* today. It's freezing outside.
오늘 옷을 꼭 따뜻하게 입어라, 밖이 얼어붙을 정도로 춥다.

954. **Write down** (*v.*) – to put in writing 적어두다.

1) She *wrote down* the address and phone number in her phonebook.
그녀는 주소와 전화번호를 그녀의 전화번호부에 적었다.

2) I just bought a dictaphone, so now I just dictate and my secretary *writes* everything *down*.
나는 속기용 구술녹음기를 조금 전에 하나 샀다. 그래서 지금은 내가 말만하면 나의 비서가 모든 것을 받아 적는다.

** **Write off** (*v.*) – to cancel as a loss, to offset

(장부에서) 손실로 처리해 지우다. 공제하다.

1) Western nations are considering ***writing off*** all existing Third World loans.
서방국가들은 제3세계 국가들의 모든 차관을 공제해 주는 것을 고려하고 있다.

2) He filed for bankruptcy hoping to ***write off*** his debts.
그는 그의 빚들을 면제받을 희망으로 파산신청을 했다.

• bankrupt (adj.) 파산한 • bankruptcy (n) 파산 • debt (n) 빚

** **Write out** (*v.*) – to write in full (생략함이 없이) 다 기재하다. 자세히 쓰다.

1) Please ***write out*** your full name on the application form.
지원서에 당신의 이름을 생략하지 말고 다 쓰시오.

** **Write up** (*v.*) – to write a report or description of 보고서를 쓰다. 쓰다.

1) Reporters were busy ***writing up*** the articles for their newspapers when the fire began.
화재가 났을 때 기자들은 그들의 신문의 기사를 쓰느라고 바빴다.

2) The scientist ***wrote up*** the results of his experiment.
그 과학자는 그 실험의 결과를 썼다.

3) I was asked to ***write up*** a summary of the lecture.
나는 그 강의의 요약을 써줄 것을 부탁받았다.

• describe (v) 설명하다. 묘사하다. • description (n) 설명, 묘사 • experiment (n) 실험

Y

955. **Year-around / Year-round** (*adj.*) – operating all year, yearlong
일 년 내내 하는(할 수 있는, 사용할 수 있는, 이용할 수 있는)

1) Indoor rinks have turned ice skating into a *year-around* sport.
실내 스케이트장은 아이스 스케이트를 연중할 수 있는 운동으로 만들었다.

2) Athletes may play their sport only in season, although they get the *year-round* training.
운동선수들은 일 년 내내 연습을 하지만, 경기는 시즌에만 한다.

• Indoor rink 실내스케이트장 • athlete 운동선수

** **Yearlong** (*adj.*) – lasting throughout the year 일 년 내내 계속되는

1) *A yearlong* drought was a major factor in starting the massive forest fire.
연중 계속되고 있는 가뭄이 거대한 산불을 야기한 중요한 원인이었다.

2) It seems as if school is becoming a *yearlong* institution for many of today's students.
오늘날 많은 학생을 위하여 학교가 일 년 내내 운영하는 시설처럼 되어가고 있는 것 같다.

• massive 거대한 • drought 가뭄

956. **Year-end** (*adj.*) – made or occurring at the end of the year
연말에 작성하는, 연말의

1) Employees who work in the company's accounting office have to work this weekend compiling *year-end* reports.
그 회사의 회계부서에서 일하는 직원들은 연말 보고서를 만들기 위해 이번 주말에 일해야만 한다.

2) A *year-end* upsurge in the price of oil has had a disastrous effect on low-income families.
기름 값의 연말 폭등은 저소득 가정에게는 치명적인 영향을 주어왔다.

3) Many people tend to overly drink at the annual *year-end* party and many of them drive home while they are intoxicated.
많은 사람들이 망년회에서는 술을 많이 마시는 경향이 있고, 술에 만취한 상태로 집까지 운전한다.

- compile (v) 자료 등을 수집 또는 편집하다.
- intoxicated (adj.) 술취한
- disastrous (adj.) 파괴적, 치명적
- upsurge (n) 급등(하다)

957. **Yearn for** (*v.*) – to be filled with longing 간절히 바라다. 그리워하다.

1) She *yearns for* a nice companion; someone who will bring joy to her lonely life.
그녀는 훌륭한 동반자를 간절히 바란다. 그녀의 외로운 삶에 기쁨을 가져다 줄 그런 사람.

2) He *yearns for* a European vacation and it's his greatest yearning.
그는 유럽에서의 휴가를 간절히 바라고 있고, 그것이 그의 가장 큰 바램이다.

- companion (n) 동반자

958. **Yield** (*v.*) – to reveal 드러내다. 밝히다.

1) Through scientific discovery, the cosmos, little by little, has begun to *yield* its secrets.
과학적인 발견을 통해, 우주는 조금 씩 조금 씩 그것의 비밀을 드러내기 시작했다.

2) Excavation of the king's tomb *yielded* important information about life during the period of his reign.
왕릉 발굴은 그 왕 시대의 삶에 대한 중요한 정보를 드러냈다.

- through ~를 통해
- discover (v) 발견하다. 알아내다.
- excavate (v) 발굴하다. 파다.
- (the) cosmos (n) 우주
- reign (n) (왕이나 여왕의)나라통치기간, (v) 나라를 통치하다

CULTURAL - CRITICAL THEORY
LATER LACAN

저자약력

김옥경

- 미국 Ohio에 있는 Kent State University에서 심리학 학사와 동 대학원에서 교육학 석사 받음.
- Kent State University 신입생담당 어드바이저로 근무.
- 퍼스트 내셔널 뱅크 주택융자과 근무.
- 세계은행 번역담당 역임.
- 대전 우송대학교 영어 전임강사 역임.
- 청주대학교 영미어문학과 외국인교수역임
- 자연사랑 모임 '한국자연의 친구들' 대표.
- 1998년 미주 중앙일보 신춘문예에 논픽션 부문 가작 수상(미국 시집에 영시 게재).

[저서]

- 김옥경의 하이클래스 Conversation 1, 2 (2012), 우용출판사

김옥경의 미국식 실용 Vocabulary & Sentences

2012년 5월 07일 초판 인쇄
2012년 5월 17일 초판 발행

저자 / 김옥경
발행인 / 고우용
발행처 / 우용출판사
등록일 / 1997년 11월 25일
출판등록 / 제 313-1997-139호
주소 / 서울특별시 마포구 망원1동 338-53
전화번호 / 02) 324-6577
팩시밀리 / 02) 324-6177

정가 / **23,000**원

ISBN / 978-89-6249-066-4 13740

www.choolpansa.com